Band 648

Andreas Fischer

Karl Martell

Der Beginn karolingischer Herrschaft

Verlag W. Kohlhammer

Alle Rechte vorbehalten
© 2012 W. Kohlhammer GmbH Stuttgart
Umschlag: Grabmal Marl Martells in Saint-Denis. *Bildarchiv Foto Marburg*
Umschlag: Gestaltungskonzept Peter Horlacher
Genealogien und Karten: Peter Palm, Berlin
Gesamtherstellung:
W. Kohlhammer Druckerei GmbH + Col. KG, Stuttgart
Printed in Germany

ISBN 978-3-17-020385-3

Inhalt

Vorwort 7

1 Einleitung 9

2 Familiäre Wurzeln: Pippiniden und Arnulfinger
  im Merowingerreich 21
  2.1   Die politischen Strukturen im Merowingerreich .. 21
  2.2   Pippiniden und Arnulfinger 25

3 Die Herkunft Karl Martells 43

4 Der Kampf um die Herrschaft: Karl Martell und
  die »pippinidisch-karolingische Sukzessionskrise«
  (714–718/23) 50

5 Wellen der Expansion: Die militärischen
  Aktivitäten an den Rändern des Reiches
  (718–739) 67
  5.1   Die Auseinandersetzungen mit Radbod und den
        Friesen 69
  5.2   Die Vorstöße nach Sachsen 79
  5.3   Die Eingliederung Alemanniens 84
  5.4   Karl Martell, die Agilolfinger und Bayern 94
  5.5   Die Integration Mainfrankens und Thüringens ... 103
  5.6   Der Kampf gegen Eudo von Aquitanien und die
        Araber 110
  5.7   Das Ausgreifen auf Burgund und die Provence ... 122

6 Karl Martell und die Kirche 137
   6.1   Bistümer und Klöster: Land und Herrschaft 137
   6.2   Mission und Kirchenorganisation: Willibrord und
          Bonifatius 152
   6.3   Das Papsttum und die Langobarden 160

7 Die letzten Jahre Karl Martells: Alleinherrschaft
und Erbteilung (737–741) 167
   7.1   Herrschaft ohne König 167
   7.2   Erbteilung und Tod 176

8 Nachleben 188

9 Resümee 198

10 Bibliographie 206
   10.1   Quellen 206
   10.2   Literatur 210

Anmerkungen 231

Stammtafeln 267
   Stammtafel 1: Arnulfinger, Pippiniden, Karolinger 267
   Stammtafel 2: Von Karl Martell zu Karl dem Großen ... 268
   Stammtafel 3: Die Herrscher der späteren
                Merowingerzeit 269

Karte 270

Personenregister 273

Vorwort

Wer sich der Gestalt Karl Martells anzunähern versucht, sieht sich zahlreichen modernen Studien zu einzelnen Aspekten seiner Herrschaft und ihrer Darstellung in den Quellen gegenüber. Eine geschlossene monographische Darstellung der Figur in ihrer Zeit erfolgte in deutscher Sprache hingegen zuletzt 1869. Vor diesem Hintergrund erschien es als nützliches Unterfangen, die seither weiter fortgeschrittenen Forschungen zu Karl Martell in einer Synthese zusammenzuführen und dem Leser die erreichten Erkenntnisse, aber auch die Kontroversen um die Herrschaft des Hausmeiers darzulegen.

Ziel dieses Buches ist es dabei zunächst, die Ergebnisse der bisherigen Forschungen zu Karl Martell zu bündeln, um seine Gestalt und ihre Zeit einem breiteren Leserkreis zugänglich zu machen. Zugleich soll die Darstellung aber auch zur intensiveren wissenschaftlichen Auseinandersetzung mit der Thematik anregen. Die umfangreichen Nachweise von Quellen und Literatur in den Anmerkungen sollen künftigen Studien zu Karl Martell eine Ausgangsbasis schaffen.

Viele haben an der Entstehung des Bandes mitgewirkt: Stefan Esders und Jörg Schwarz lasen Teile des Manuskripts und gaben wertvolle Hinweise und Anregungen; Sören Kaschke bewahrte mich durch die akribische Lektüre des gesamten Textes vor Fehlern und schärfte mein Verständnis für die Komplexität scheinbar einfacher Sachverhalte. Für Geduld und Entgegenkommen hinsichtlich der Abgabe des Manuskripts schulde ich Frau Monica Wejwar vom Kohlhammer Verlag großen Dank. Einen unschätzbaren Anteil an der Entstehung und Fertigstellung des Buches hatte Paloma Baño Henríquez, der ich weitaus mehr als nur dies verdanke.

Juli 2011   Andreas Fischer

1 Einleitung

Tief hat sich die Gestalt Karl Martells in das Gedächtnis der Nachwelt eingeprägt. Er hat in der Überlieferung Spuren hinterlassen und Bilder erzeugt, die nach Deutung verlangten und zugleich der Vereinnahmung seiner Person den Boden bereiteten. Maßgeblich dazu beigetragen haben seine militärischen Erfolge, die schon in den zeitgenössischen Quellen ausführlich behandelt wurden und ihm im 9. Jahrhundert seinen Beinamen *Martellus*, »der Hammer«, einbrachten. Insbesondere sein Sieg über die Araber und Berber in der Schlacht bei Poitiers im Jahr 732 hat sein Profil in der Erinnerung entscheidend bestimmt und ihn zur Identifikationsfigur für die Verteidigung des christlichen Europa gegen den Islam werden lassen.

Anhand der wenigen zur Verfügung stehenden Quellen hat auch die Forschung der Persönlichkeit Karl Martells Konturen zu verleihen versucht und in diesem Zusammenhang zum Teil stark wertende Urteile über ihn gefällt. Der Bogen reicht dabei vom »Bild des auf sich gestellten Tatmenschen, der mit Glück und Verschlagenheit seinen Weg nahm, ja gerade den Seinen zum Trotz die eigene Machtstellung durchsetzte und immer weiter steigerte« und der Bezeichnung als »Kämpfernatur« über die Einschätzung, Karl sei »eher ein unkomplizierter Mensch« gewesen, ihm habe in Ermangelung von Religiosität der geistliche Stand als »ein Stand wie jeder andere« auch gegolten, bis hin zu Überlegungen zu einer – wenn auch nur unscharf wahrzunehmenden – »Mischung von Brutalität und menschlicher Schäbigkeit«, die seinem Charakter ebenso anhaftete wie seinem Vater Pippin II. († 714) und seinem Enkel Karl dem Großen (768–814).[1]

Dabei wurzelte das wissenschaftliche Interesse an Karl Martell zwar auch in seinen militärischen Leistungen, vor allem aber in seiner historischen Bedeutung als zentrale Figur für die Geschichte der Karolingerdynastie, der er ihren Namen gab. Durch ihn wurden aus den Pippiniden und Arnulfingern die Karolinger.[2] Mit Karl Martell begann im engeren Sinn die Herrschaft des Geschlechts, das die Geschicke des Frankenreiches und angrenzender Gebiete in den nächsten beiden Jahrhunderten bestimmen sollte.

Im Rahmen des Aufstiegs der Familie von einer der führenden Adelsfamilien des Frankenreiches bis zu den Trägern der Königskrone, die sich der alten Herrscherdynastie entledigt hatten, nahm Karl Martell eine Schlüsselrolle ein. Er war der Sohn Pippins II., der kurz vor seiner Geburt der Familie durch den Sieg bei Tertry 687 eine Vormachtstellung im Frankenreich gesichert hatte, und der Vater Pippins III. († 768), der zehn Jahre nach Karls Tod 751 den letzten Merowinger vom Thron stoßen und selbst die Königswürde erlangen sollte. Die Lebenszeit Karl Martells deckte damit beinahe vollständig den Zeitraum ab, in den der Niedergang der Merowinger und der Aufstieg der Karolinger fiel. In historischer Rückschau erscheint diese Phase zwischen 687 und 751 als »Epochenscheide zwischen Merowinger- und Karolingerzeit« (Hubert Mordek), als Zeit des Übergangs, in der sich die »lange Machtergreifung« der Karolinger in Gestalt eines »Staatsstreichs« (Michael Richter) vollzog.[3] Dabei war Karl selbst noch nicht König, sondern ebenso wie sein Vater Hausmeier. Dennoch regierte er das Frankenreich am Ende seines Lebens vier Jahre lang (737–741), ohne einen Merowingerherrscher an seiner Seite zu haben.

Dass schon den Geschichtsschreibern im Umfeld Karls des Großen die Bedeutung seiner Person für den Aufstieg der karolingischen Familie zur Herrschaft im Frankenreich bewusst war, vermag der Beginn des um 790 entstandenen ersten Teils der Reichsannalen zu zeigen. Der Verfasser dieses offiziösen Werks rückte den Tod Karl Martells mit einem lapidaren Satz an den Anfang seiner Darstellung im Jahr 741.

Was wie ein loses Ende wirkt, dem die erläuternde Vorgeschichte fehlt, stellt tatsächlich den Anfangspunkt des geschichtlichen Horizonts des Annalisten dar.[4] Noch 50 Jahre nach seinem Tod war die Erinnerung an Karl demnach bedeutsam genug, um den Auftakt für die Beschreibung einer Erfolgsgeschichte der Karolinger zu bilden. Wenige Jahre danach griff der Verfasser der *Annales Mettenses priores*, die ebenfalls im Umfeld des Hofes entstanden, chronologisch an den Anfang der Lebenszeit Karl Martells um 688 zurück.[5] Zwar bezog er sich dabei nicht auf die Geburt des späteren Hausmeiers, sondern auf die Erlangung der Herrschaft durch dessen Vater, Pippin II. Allerdings lässt der für die Darstellung gewählte zeitliche Rahmen erkennen, wo der Annalist den Beginn seiner Erzählung vom Aufstieg des karolingischen Geschlechts sah. Zu Recht wird man daher die von der Historiographie im Umfeld des Karls-Hofes gewählten Eckdaten aufgreifen können, um die Lebensphase Karl Martells als einen ein vollständiges Menschenalter umfassenden, eigenständigen Zeitraum zu fassen.

Person und Zeit Karl Martells sind bereits mehrfach Gegenstände monographischer Darstellungen gewesen. Seine Gestalt ist in Romanen und populärwissenschaftlicher Literatur behandelt worden. Häufig richtete sich dabei der Fokus besonders auf die Schlacht bei Poitiers im Jahr 732. Ein amerikanisches Jugendbuch über den Hausmeier verweist schon im Titel auf den *Hammer of Gaul*, und auch neuere Darstellungen nehmen Bezug auf den epochemachenden Sieg gegen die Araber und Berber, mit dem der Hausmeier die islamische Flut abgewendet habe.[6] Zuletzt hat sich Paul Fouracre intensiv mit Karl Martell und seinem Zeitalter in einer wissenschaftlichen Darstellung auseinandergesetzt und damit die ältere französischsprachige Publikation von Jean Deviosse ersetzt.[7] In deutscher Sprache ist seit Jacob Burckhardts 1840 entstandener Arbeit und Theodor Breysigs 1869 erschienenem Buch keine Zusammenfassung des Forschungsstands in einer Monographie erfolgt, die möglichst viele Facetten des Lebens und der Herrschaft des Hausmeiers einschloss. Gleichwohl sind zahlreiche Einzelaspekte in der Forschung in den vergangenen Jahren intensiv behandelt worden, beispielsweise auf einer Tagung im Jahr 1992, deren Erträge 1994 in einem Sammelband vorgestellt wurden.[8] Als Resultat dieser Bemühungen erscheint vieles heute in neuem Licht.

Wenn auf den folgenden Seiten die Ergebnisse der Forschungen zu Karl Martell zusammengetragen und gebündelt werden, wird dabei keine Charakterstudie entworfen. Die insgesamt schmale Überlieferung zum Leben Karls bietet keine ausreichende Grundlage für eine umfassende Biographie des Hausmeiers, die sich auch seiner Persönlichkeit annähern könnte. Ähnlich wie bei anderen Gestalten des frühen Mittelalters bieten die Quellen allzu selten Einblicke in die Charakterzüge Karls. Im Unterschied etwa zu seinem Enkel Karl dem Großen wird man daher bei der Beschreibung seiner Persönlichkeit nicht über die Konturen hinausgehen können, die sich in seinen Handlungen widerspiegeln.[9]

Zentraler Gegenstand des Buches ist die Etablierung und Ausübung der Herrschaft Karl Martells im Frankenreich und seinen angrenzenden Regionen, der Beginn der karolingischen Herrschaft in den über die pippinidischen Kernlande und Neustrien, dem nordwestlichen Teil des Merowingerreiches, hinausreichenden Gebieten. Deren Voraussetzungen, wie die familiären Wurzeln Karls und sein Aufstieg zum Hausmeieramt, werden im Folgenden ebenso thematisiert wie seine Kirchen- und Missionspolitik. Auch die Phase seiner Alleinherrschaft zwischen 737 und 741, die Teilung von Reich und Amt auf seine Söhne und das Nachleben Karl Martells sind Teil der Darstellung.

Um die Frage zu beantworten, welche Rolle Karl Martell als Gestalter der Ereignisse in seiner Zeit spielte, ist es notwendig, den Hintergrund seiner durch die herrschaftlichen Strukturen im Merowingerreich vorgegebenen Handlungsspielräume zu erhellen. Nur so ist es möglich, den Ort und die Bedeutung der Gestalt in der Geschichte im Allgemeinen und im angesprochenen Übergang von der Merowinger- zur Karolingerdynastie im Besonderen zu bestimmen. Der Vorgeschichte und den vorhandenen Strukturen des Frankenreiches, seiner Teilregionen und der angegliederten Dukate wird aus diesem Grund Raum gewährt; wo erforderlich, wird über das Ableben Karl Martells hinausgegriffen, um die Fortdauer und den Wandel der von ihm geschaffenen Verhältnisse zu dokumentieren. Dabei wird ebenfalls die in der Forschung der vergangenen Jahre erhobene und auch umgesetzte Forderung nach Beachtung namentlich der zeitgenössischen Quellen berücksichtigt.[10] Auf diese Weise soll es gelingen, die Herrschaft Karl Martells in ihrer Eigenständigkeit, ihrer Kontinuität und ihren Brüchen präziser zu fassen.

Im Zentrum der Betrachtung stehen insbesondere zeitgenössische historiographische und hagiographische Quellen, während die Urkunden Karl Martells, von denen insgesamt nur sechs überliefert sind, eher nachgeordnete Bedeutung haben.[11] An dieser Stelle sollen die wichtigsten historiographischen und hagiographischen Zeugnisse ausführlicher vorgestellt werden, die den Kern der zeitgenössischen und zeitnahen Aussagen über Karl Martell bilden. Diese Texte werden auf den folgenden Seiten immer wieder behandelt und zitiert. Eine genauere Betrachtung erscheint daher sinnvoll.

Als ältestes unter den zeitgenössischen Geschichtswerken steht das »Buch der Frankengeschichte«, der *Liber historiae Francorum*, vielen Ereignissen zwar am nächsten, doch stellt er eine in ihrer Bedeutung für die Zeit Karl Martells umstrittene Quelle dar.[12] Während die Chronik, die 727 fertig gestellt wurde, für einen Teil der Forschung als unmittelbares historiographisches Zeugnis besonderes Gewicht besitzt, wird der Text von anderen Forschern skeptischer betrachtet.[13] Für die Darstellung zeichnet ein wahrscheinlich aus der Oberschicht Neustriens stammender Autor verantwortlich; die Chronik selbst ist aus neustrischer Perspektive verfasst. Dem Autor geht es offensichtlich darum, die Vorzüge im Zusammenspiel von König und Hausmeier, von Herrscher und Ratgebern zu unterstreichen. Dabei richtet sich die Kritik des Verfassers auf all jene, die sich gegen ihren Herrscher erheben, die aus seiner Sicht desaströsen Bürgerkriege auslösen und das Volk durch Maßnahmen und Forderungen bedrücken. Vor diesem Hintergrund wird der Person Karl Martells Lob zuteil. Er war es, der aus der Perspektive des Verfassers die gewalttätigen Zustände nach dem Tod seines Vaters Pippin II. beendete.

Nahe an den Ereignissen, aber auch an der Person Karl Martells, sind die Fortsetzungen der Chronik des sogenannten Fredegar niedergeschrieben worden.[14] Sie erscheinen – ihrer Bezeichnung entsprechend – damit zwar als Anknüpfung an eine fränkische Chronik des 7. Jahrhunderts, beruhen aber in ihrem ersten, auch Karl Martell betreffenden Teil (bis 727) stark auf dem *Liber historiae Francorum*. Verfasst in drei, möglicherweise aber auch nur zwei Stufen, die sich in den Jahren 736, 751 und 768 bzw. 751 und 768 lokalisieren lassen, deren letzte vielleicht aber auch auf einen späteren Zeitpunkt in den achtziger Jahren des 8. Jahrhunderts zu datieren ist, berichten sie aus der Perspektive der aufsteigenden Familie über Erfolge und Siege. Glaubt man einer aus dem 9. Jahrhundert stammenden Handschrift, die als einzige der gesamten Überlieferungsträger der Fortsetzungen der Fredegar-Chronik einen entsprechenden Eintrag nach dem Jahr 751 enthält, so war für die Niederschrift des Textes bis zu diesem Zeitpunkt mit Graf Childebrand († nach 751) ein Halbbruder Karl Martells, für die Phase danach bis zum Ende des Berichtszeitraums im Jahr 768 dessen Sohn Nibelung († nach 768) verantwortlich. Childebrands verwandtschaftliche Beziehung zu Karl ist nicht präzise zu bestimmen; denkbar ist, dass er der Sohn aus der Verbindung von Karls Vater Pippin II. und einer namentlich nicht bekannten Konkubine war. Als Halbbruder illegitimer Herkunft wäre er dann zwar nicht am politischen Erbe des gemeinsamen Vaters beteiligt worden, besaß aber unter Karl Martell eine hohe Position und wurde auch reich mit Gütern ausgestattet. Für die Darstellung des Hausmeiers, seiner Söhne und ihrer Taten blieben diese Zusammenhänge nicht ohne Folgen; insbesondere die Feldzüge Karl Martells an der Peripherie wurden in der Chronik breit thematisiert. Zu Recht sind die Fredegar-Fortsetzungen daher von der Forschung als »Familienchronik des karolingischen Hauses« (Wilhelm Levison) betitelt worden.

Die Informationen der älteren Metzer Annalen, der *Annales Mettenses priores*, sind für die Zeit Karl Martells insgesamt als glaubwürdig einzustufen, obschon sie erst zu Beginn des 9. Jahrhunderts zusammengestellt wurden.[15] 805/06 durch einen Anonymus möglicherweise in Saint-Denis, vielleicht aber auch in Metz, dessen ehemaligen Bischof Arnulf († um 640) der Annalist häufig nennt und in ein nicht näher spezifiziertes Verwandtschaftsverhältnis zu Pippin II. rückt, wahrscheinlicher aber im Doppelkloster von Chelles zusammengestellt, behandeln die Annalen in ihren nach einzelnen Jahren gegliederten Abschnitten den Zeitraum der Jahre von 687 bis 804. Die einzelnen Jahresberichte sind in unterschiedlichem Maß von verschiedenen Quellen abhängig. Während für die Beschreibung der Ereignisse um Pippin II. zwischen 687 und 697 die Quellen des Autors unbekannt sind, griff er für die Zeit danach im Wesentlichen auf die Fortsetzungen der Fredegar-Chronik zurück. Sie werden für den Berichtszeitraum nach 768 von den Reichsannalen als Hauptquelle abgelöst, denen der Text der älteren Metzer Annalen schon für die Ereignisse nach 741 so manche Information verdankt.

In den die Zeit Karl Martells betreffenden Passagen fällt auf, wie der Verfasser eigene Aussagen geschickt in seine Ausgangsbasis, die Fredegar-Fortsetzungen, einfügte. Verschiedene Zusätze haben einen bekräftigenden Charakter, nahezu alle Einfügungen unterstreichen nochmals die herausgehobene Stellung der pippinidisch-karolingischen Protagonisten. In vielen Aspekten wirkt sich die Königserhebung Pippins III. 751 und die Kaiserkrönung Karls des Großen im Jahr 800 auf die Darstellung des älteren Geschehens aus. Die Rangerhöhungen und Krönungen erscheinen in der Sicht des Annalisten als Zielpunkte der Entwicklung, auf die die Zeitläufte hinsteuerten. Insgesamt hat man dem Annalisten daher »imperialisierende Tendenzen« (Irene Haselbach) zugeschrieben.

Ebenfalls nach Jahren gegliedert sind die sogenannten frühkarolingischen Annalen.[16] Sie sind in insgesamt neun

Varianten überliefert, die teilweise voneinander abhängig sind und daher für zahlreiche Jahre die gleichen Eintragungen aufweisen, deren Texte sich bisweilen aber auch voneinander unterscheiden. Als kontinuierlich fortgeführte Geschichtswerke beinhalten die *Annales Sancti Amandi*, die *Annales Tiliani*, die *Annales Laubacenses*, die *Annales Petaviani*, die *Annales Laureshamenses*, die *Annales Mosellani*, die *Annales Alamannici*, die *Annales Nazariani* und die *Annales Guelferbytani*, die nach ihrem vermeintlichen oder tatsächlichen Entstehungsort, dem ehemaligen Besitzer oder dem Fundort der Handschrift bezeichnet wurden, wertvolle zusätzliche Informationen zu in anderen Quellen dokumentierten Ereignissen in der Zeit Karl Martells. Insbesondere die Vorstöße des Hausmeiers in den Bereich östlich des Rheins, nach Alemannien und Bayern, wurden von den Annalisten mit Interesse wahrgenommen und notiert, und es waren einige von ihnen, die für das Jahr 740 festhielten, dass Karl keinen Feldzug durchführte.[17] Notizen im ersten Teil der Reichsannalen und in den sogenannten Einhardsannalen, die als eine Überarbeitung des genannten ersten Teils der Reichsannalen durch einen anonymen, in der älteren Forschung fälschlich mit Einhard (um 770–840) identifizierten Fortsetzer wohl in den Jahren 814 bis 817 niedergeschrieben wurden, geben Auskunft über die Erbteilung Karl Martells und ihre Folgen.[18]

Dem 9. Jahrhundert zuzuordnen ist das sogenannte *Breviarium Erchanberti*. Das Werk entstand wohl im alemannischen Raum, wo es etwa 826 von einem unbekannten Verfasser namens Erchanbert niedergeschrieben wurde. Beim *Breviarium* handelt es sich um eine der bedeutsamsten Quellen zur frühen Geschichte der Karolinger. Zwar basiert es in seinen Berichten über diese Zeit weitestgehend auf den Ausführungen des *Liber historiae Francorum*, allerdings gibt es Einblick in den Widerstand, der sich gegen die Pippiniden-Karolinger formierte. So stellt es ein wertvolles Zeugnis für die Gegnerschaft der Herzöge nicht nur Alemanniens gegen Pippin II. dar. Zudem enthält der Text Nachrichten zur Erbteilung und Nachfolgeregelung Karl Martells.[19]

Ergänzt werden diese Zeugnisse durch Nachrichten aus anderen zeitgenössischen historiographischen Werken wie der »Kirchengeschichte des englischen Volkes«, die der angelsächsische Mönch Beda Venerabilis wenige Jahre vor seinem Tod im Jahr 735 niederschrieb und in der er auch den Blick auf den Kontinent richtete. Er befasste sich ebenso wie eine zeitgenössische, im Jahr 754 im arabisch beherrschten Spanien – wahrscheinlich in Toledo – verfasste Chronik, die auch als »mozarabische Chronik« bezeichnet wird, mit den Einfällen der von ihm als »Sarazenen« bezeichneten Araber und Berber. Daneben zählt auch die Langobardengeschichte des Paulus Diaconus (ca. 725–ca. 799), die zwischen 786/87 und 799 in Süditalien entstand und die in ihrem sechsten, bis 744 reichenden letzten Buch auch die Beziehung des Langobardenkönigs Liutprand (712–744) zu Karl Martell streift, zu den Quellen, die es gestatten, die Ereignisse aus einer anderen Perspektive zu betrachten.[20]

Wertvolle Informationen zu den Geschehnissen in der Zeit Karl Martells bieten ferner die Heiligenleben, die hagiographischen Zeugnisse. Eine wichtige Quelle zur Kirchenpolitik des Hausmeiers stellt die *Vita Eucherii*, die Lebensbeschreibung des Bischofs Eucherius von Orléans (718/19–738) dar, der von Karl nach anfänglichem Einvernehmen schließlich abgesetzt und im Kloster Saint-Trond inhaftiert wurde. Dort starb Eucherius wahrscheinlich 738, und kurz darauf verfasste ein anonymer Autor die Vita des Bischofs. Ergänzende Informationen zur Situation in Aquitanien während der Arabereinfälle liefert die Vita des heiligen Pardulf, der sich ihrem ebenfalls unbekannten Verfasser zufolge selbst an den Auseinandersetzungen beteiligt haben soll, ehe er 737 verstarb. Nicht lange danach wurde der Text der älteren *Vita Pardulfi* niedergeschrieben. Noch etwas später, im letzten Viertel des 8. Jahrhunderts, entstand im Kloster Lobbes die Lebensbeschreibung Erminos, der dem im Hennegau gelegenen Konvent zwischen 712 und 737 als Abt-Bischof vorstand. Sie gewährt ebenfalls Einblicke in die Geschehnisse namentlich der Anfangsjahre Karl Martells.[21]

Erkenntnisse lassen sich daneben auch aus den Lebensbeschreibungen gewinnen, die den angelsächsischen Missionaren gewidmet waren. So vermögen die Vita des Winfrid-Bonifatius (672/75–754), die bald nach dessen Tod wohl zwischen 763 und 768 von Willibald (um 700–787), einem in Mainz lebenden Priester, verfasst wurde und Alkuins (um 730–804) Vita Willibrords (um 657/58–739), die von dem aus York kommenden Gelehrten zwischen 785 und 797 am Hof Karls des Großen geschrieben wurde, zur Kenntnis der Kirchenpolitik Karl Martells beizutragen.[22] Wesentlich tiefere Einblicke in die Beziehungen zwischen Karl Martell und den Missionaren bieten allerdings andere Quellen: Zum einen das berühmte Kalendar Willibrords, das zu Beginn des 8. Jahrhunderts angelegt wurde und das nach dem Tod Karl Martells möglicherweise im letzten Viertel des Jahrhunderts in Echternach Griffelritzungen erhielt, die sich auf Ereignisse in der Zeit des Hausmeiers bezogen; es ist nicht auszuschließen, dass der Schreiber aus verlorenen Echternacher Annalen schöpfte.[23] Zum anderen handelt es sich dabei um die an Bonifatius gerichteten und von Lul (um 710–786), einem seiner Nachfolger auf dem Mainzer Bischofsstuhl, vor 786 in einer Sammlung zusammengestellten Briefe.[24] Die darin enthaltenen päpstlichen Schreiben werfen ein helles Licht auf das Verhältnis zwischen dem Papsttum und dem Hausmeier, und auch die beiden im *Codex Carolinus*, einer 790/91 auf Geheiß Karls des Großen kompilierten Briefsammlung, überlieferten Schreiben Gregors III. (731–741) zeigen anschaulich, wie der Papst den Hausmeier für seine politischen Ziele in der Auseinandersetzung mit den Langobarden zu gewinnen versuchte. Bereichert werden diese Zeugnisse durch Nachrichten aus den entsprechenden Papstviten des *Liber pontificalis*. Sie wurden als Berichte über die Taten der betreffenden Päpste im beginnenden 8. Jahrhundert während und nach dem jeweiligen Pontifikat verfasst und stellen somit ebenfalls zeitgenössische Quellen dar.[25]

Zu den späteren hagiographischen Quellen gehören die Passio des heiligen Salvius wohl vom Ende des 8. Jahrhunderts und die Tatenberichte der Äbte des neustrischen Klosters Saint-Wandrille (Fontenelle), die *Gesta abbatum Fontanellensium*. Sie entstanden offenbar in einem längeren Prozess während des zweiten Viertels des 9. Jahrhunderts in deutlichem zeitlichen Abstand zur Zeit Karl Martells, über die einige ihrer Abtsviten berichten. Gleichwohl handelt es sich hierbei um eine sehr bedeutsame Quelle, da einzelne Texte aus den zum Zeitpunkt der Niederschrift noch vorhandenen Dokumenten des klösterlichen Archivs schöpften. Ebenfalls aus dem 9. Jahrhundert stammen die Tatenberichte der Bischöfe von Auxerre und die *Vita Rigoberti*. Um 875 bzw. zwischen 888 und 895 zusammengestellt, liefern diese Texte Informationen über die Beziehungen zwischen den dort behandelten Personen und Karl Martell. In der Forschung sind sie hinsichtlich ihres Wertes und ihrer Aussagekraft für die Ereignisse des 8. Jahrhunderts allerdings umstritten.[26]

Diese Quellen bilden das Grundgerüst der Darstellung, das durch vereinzelte Informationen aus anderen Zeugnissen ergänzt wird. Schon ihre Anzahl verrät, dass vielfältige Nachrichten und Zeugnisse unterschiedlicher Herkunft kombiniert werden müssen, um sich ein Bild von Karl Martell und seiner Zeit machen zu können. In diesem Zusammenhang sieht man sich mit einem grundsätzlichen Problem im Umgang mit der vorhandenen Überlieferung konfrontiert. Denn dort, wo sich widersprüchliche Aussagen in zeitgenössischen und späteren Berichten nicht harmonisieren lassen, ist man genötigt, den jeweiligen Darstellungen unterschiedliches Gewicht zuzumessen. Dabei lässt sich die Bevorzugung der zeitgenössischen Dokumente durch ihre zeitliche Nähe zu den geschilderten Ereignissen begründen. Allerdings blieb den Autoren dieser Berichte oft auch wesentlich weniger Spielraum für Kritik, und bisweilen waren sie auch deutlich stärker der Einflussnahme durch den Herrscher selbst ausgesetzt. Im Falle der Fortsetzungen der Fredegar-Chronik etwa bedeutet dies, dass die entsprechenden Passagen im persönlichen Umfeld des Hausmeiers und seiner Söhne entstanden, möglicherweise also die Tatsachen zu ihren Gunsten beschönigen sollten. Die Deutung der wichtigen Ereignisse sowie die Einschätzung der handelnden Personen und ihrer Motive vollziehen sich daher stets im Spannungsfeld unterschiedlicher Berichte und ihrer Beurteilung. Hinzu kommt noch eine weitere Schwierigkeit: Wie eingangs dieses Abschnitts bereits angesprochen, werden einige Bereiche von den Quellen gar nicht oder nur in ungenügendem Maß abgedeckt. So lassen sich Aussagen über bestimmte Charakteristika Karl Martells wie Aussehen, sein Naturell oder über seine persönliche Frömmigkeit kaum treffen. Eine ungleich höhere Überlieferungschance besaßen die zahlreichen Kriege, mit denen sich die Zeitgenossen intensiv auseinandersetzten und die aus diesem Grund auch in dieser Darstellung breiten Raum einnehmen.

Um zu verstehen, auf welcher Grundlage Karl seine politischen und militärischen Aktivitäten entfaltete, gilt es allerdings zunächst, die Strukturen des Merowingerreiches zu erfassen, in das er hinein geboren wurde.

2 Familiäre Wurzeln: Pippiniden und Arnulfinger im Merowingerreich

2.1 Die politischen Strukturen im Merowingerreich

Den Rahmen für den Aufstieg der Vorfahren Karl Martells bildete das Frankenreich, die dauerhafteste der Herrschaftsbildungen auf dem Gebiet des Imperium Romanum. Die Franken, deren Name erstmals in einer Quelle am Ende des 3. Jahrhunderts belegt ist und als Sammelbezeichnung der Gruppen jenseits des Rheins von den Römern verwendet wurde, fielen zunächst immer wieder im Reichsgebiet ein und lieferten sich militärische Auseinandersetzungen mit den Kaisern und ihren Feldherren. Im 4. Jahrhundert wandelte sich das Verhältnis. Die offene Konfrontation wich der Annäherung und Koexistenz, und hier wie bei anderen germanischen Gruppen trugen die Römer entscheidend dazu bei, dass sich feste gentile Strukturen entwickeln konnten. Die Ansiedlung als Wehrbauern (*laeti*) auf Reichsboden und die Aufnahme zahlreicher fränkischer Krieger ins römische Heer zog nicht nur die Akkulturation und Integration der Franken nach sich. Vielmehr verschmolzen dadurch auch die einzelnen Gruppen des als »Stammesschwarm« (Reinhard Wenskus) charakterisierten Verbandes, deren Verbindung untereinander in der Forschung unterschiedlich interpretiert wird, zu einem Volk, einer *gens*.[1]

Ein Jahrhundert danach trat unter den Franken die Merowingerdynastie hervor, deren namensgebender »Stammvater« Merowech einer im 7. Jahrhundert verbreiteten Überlieferung nach von einem dem Meer entstiegenen Ungeheuer gezeugt worden sein soll. Abseits dieser Ursprungserzählung lässt sich das Geschlecht jedoch erst in der Gestalt von Childerich (vor 463–482) und seinem Sohn Chlodwig (482–511) sicher fassen. Letzterem gelang es im ausgehenden 5. und beginnenden 6. Jahrhundert, auf der Basis überkommener römischer Ämter- und Machtstrukturen, des eigenen Grundbesitzes sowie des Abschlusses von Freundschaftsbündnissen (*amicitiae*) und dem Ausbau seiner Gefolgschaft seine Herrschaft zunächst im nordgallischen Raum zu festigen und durch Feldzüge inbesondere nach Süden hin auszudehnen.

Unterstützung bei der Sicherung und Erweiterung seiner Herrschaft erhielt Chlodwig von den einflussreichen Bischöfen, insbesondere nachdem er wohl um 497 – das Datum ist in der Forschung umstritten – durch Remigius von Reims getauft wurde und den christlichen Glauben in seiner katholischen Prägung annahm. Der Übertritt zum katholischen Glauben erleichterte auch die Akzeptanz der fränkischen Herren durch die Romanen, die als ein Teil des Vielvölkergebildes Frankenreich die größte Gruppe der Bevölkerung stellten.[2]

Beim Tod Chlodwigs im Jahr 511 wurde das Frankenreich auf seine vier Söhne verteilt. Jeder seiner Nachfolger erhielt einen Anteil an der *Francia*, der Kernregion des Reiches, und dem städtereichen und wirtschaftlich prosperierenden Aquitanien, und jeder der neuen Herrscher, der an einem der gleichfalls in der *Francia* gelegenen Königssitze (*sedes regiae*) Reims, Paris, Orléans und Soissons residierten, führte den Titel »König der Franken« (*rex Francorum*). Es war die gemeinsame Zugehörigkeit zum königlichen Geschlecht und zur Erbengemeinschaft, welche die Samtherrschaft über das Reich repräsentierte, die das *regnum Francorum* zusammenhielt. 561 wiederholte sich die Aufteilung des Reiches auf vier Merowingersöhne, als Chlothar I. (511–561) verstarb, ehe nach dem Tod Chariberts I. im Jahr 567 sein Anteil unter den noch lebenden Brüdern aufgeteilt und das Reich somit in drei Herrschaftsgebiete geschieden wurde. In den Nachfolgestreitigkeiten und Bruderkriegen, in denen die als Regentinnen für ihre Söhne und Enkel agierenden Königinnen Fredegunde

(† 596/97) und Brunichilde († 613) der zeitgenössischen Historiographie zufolge eine unrühmliche Rolle gespielt haben sollen, boten sich den Großen gesteigerte Handlungsspielräume. Diese trugen entscheidend dazu bei, dass sich neue Teilreichsstrukturen in Gestalt der drei *regna* Neustrien, Austrasien und Burgund mit den jeweiligen Hauptresidenzen Paris, Metz und Chalon-sur-Saône ausbildeten und sich im Verlauf des 7. Jahrhunderts immer stärker verfestigten.[3]

Den Kern der Königsgewalt in der Merowingerzeit bildete der sogenannte Königsbann, das *bannum* oder der *bannus*. Dieses latinisierte germanische Rechtswort umschreibt die königliche Befehlsgewalt, die der Herrscher zur Durchsetzung und Wahrung des Friedens – seiner zentralen Aufgabe – in seinem Reich zur Anwendung bringen sollte und konnte. Der Königsschutz, der Königsfrieden, der Erlass königlicher Edikte und die Befugnis zur Rechtskodifikation leiteten sich aus dieser Banngewalt ab. Auch der Königsdienst und die Königsnähe der am Hof lebenden Personen wurzelten darin. Aufgrund des *bannum* blieb der Herrscher daher bis zum Ende der Merowingerzeit der Mittelpunkt des Verwaltungsnetzes, mit dem sein Reich erfasst, kontrolliert und regiert wurde. Die Inhaber der Hofämter ebenso wie die Abgesandten des Königs und die lokalen Amtsinhaber in den Städten (*civitates*) und Gauen (*pagi*) bezogen die Legitimation ihrer Handlungen aus ihrer Verbindung zum Herrscher und den durch ihn erteilten Auftrag.

Das wichtigste der Hofämter war das des Hausmeiers, des *maior domus*. Entwickelt hatte sich seine herausragende Stellung am Hof im Laufe des 6. Jahrhunderts aus dem Amt des Verwalters des königlichen »Hauses«, der mehr und mehr administrative und politische Kompetenzen in seiner Person vereinigte und so zum besonderen Vertrauten des Herrschers wurde. Im 7. Jahrhundert fand sich in jedem der Teilreiche ein Hausmeier, der das Königsgut verwaltete, der vielleicht auch die Aufsicht über das königliche Gefolge besaß und als Mittler zwischen den Großen, den Angehörigen eines sich in jener Zeit etablierenden Adels, und dem Herrscher fungierte. In zunehmendem Maß scheinen jene Großen erheblichen Einfluss auf die Besetzung des Amts ausgeübt zu haben, das aufgrund seiner Machtfülle und der daraus resultierenden hervorgehobenen Position zum begehrten Objekt rivalisierender Machtansprüche wurde. Mit Hilfe des Amts suchten sie die errungene Vormachtstellung innerhalb eines Teilreiches zum Ausbau der eigenen Macht zu nutzen und dauerhaft zu sichern, indem sie die Vererbung der Hausmeierwürde an ihre Nachkommen anstrebten. Und das Amt barg noch größeres Potential: Mit ihren umfassenden Kompetenzen und Befugnissen konnten die Hausmeier auch in Konkurrenz zum Königtum selbst treten. Es ist daher kein Zufall, dass die Hausmeier die Merowingerherrscher zunehmend in den Hintergrund drängten, ehe die pippinidisch-karolingischen Inhaber des Amts die Könige isolierten und schließlich vom Thron verdrängten.[4]

Ein weiteres bedeutsames Amt am Königshof hatte der *thesaurarius* (auch *cubicularius*) inne. Ihm oblag die Verwaltung des königlichen Schatzes. Dieser symbolisierte die Königsherrschaft selbst; er war Sinnbild und wichtiges Instrument der Herrschaft zugleich. Nicht nur unter den frühen Frankenkönigen, sondern auch in der späteren Merowingerzeit wurde der Schatz genutzt, um das Gefolge mit materiellen Gütern zu versorgen und so an den Herrscher zu binden. Auf Versammlungen der Großen spielten Geschenke eine wichtige Rolle. Gespeist wurde der Königsschatz durch die Beute, die man auf Kriegszügen gemacht hatte und durch die Tribute und Abgaben, die unterworfene Völker oder die Bewohner des Frankenreiches selbst leisten mussten. So wirkte der Schatz – wie es der belgische Historiker Henri Pirenne einmal formulierte – als »Saugpumpe«, die sammelte, erneut verteilte und es damit dem König erlaubte, durch seine Gaben das Machtgefüge unter den Großen im Reich auszutarieren.[5]

Die Kriegführung war ein zentraler Aufgabenbereich des Herrschers. Noch im 7. und zu Beginn des 8. Jahrhunderts zogen selbst unmündige Könige an der Spitze ihrer Heere in den Krieg, um Beute zu machen, Tribute zu erzwingen, ihre Herrschaft zur Geltung zu bringen und ihr Gebiet zu erweitern. Mit steigender Tendenz wurde die Führung von Feldzügen aber auch Amtsträgern wie den Hausmeiern oder den sogenannten Referendaren übertragen, die am und außerhalb des Königshofes zahlreiche Aufgaben wahrnehmen. Dazu zählten etwa die Eintreibung von Steuern, vor allem aber die Erledigung des Schriftverkehrs in der nach spätrömischem Vorbild gestalteten Kanzlei des Königs. Schließlich fungierten die Referendare auch als Beisitzer am Königsgericht. Hier sprach der Herrscher Recht und kam damit seiner Aufgabe der Friedenswahrung nach. Im 7. Jahrhundert wurde er vom Pfalzgrafen, dem *comes palatii*, vertreten, der ursprünglich die Aufsicht über die königlichen Residenzen, die Pfalzen, innehatte.

Auch die Entwicklung dieses Amts zeigt anschaulich, wie Aufgaben und Funktionen des Königtums nach dem 6. Jahrhundert in zunehmendem Maß von Amtsträgern übernommen wurden. Zur wachsenden Verlagerung königlicher Kompetenzen trug insbesondere bei, dass sich am Ende des 6. und in der Mitte des 7. Jahrhunderts die Herrschaft minderjähriger Könige und – damit verbunden – die Regentschaften der Königsmütter häuften. Die fränkischen Großen im Allgemeinen und der Hausmeier im Besonderen gewannen in dieser Konstellation erheblich an Gewicht.[6]

2.2 Pippiniden und Arnulfinger

Unter diesen politischen Rahmenbedingungen nahm der Aufstieg der Pippiniden und Arnulfinger seinen Anfang. Die beiden ältesten sicher nachweisbaren und zugleich namengebenden Vertreter der beiden Familien, Arnulf von Metz und Pippin I. († 640), begegnen erstmals in einem Geschichtswerk des 7. Jahrhunderts. Beide sollen 613 den neustrischen König Chlothar II. (584–629) zum Einfall nach Austrasien veranlasst haben, damit er auch in diesem *regnum* die Herrschaft übernähme. Vorausgegangen war ein Bruderkrieg zwischen Theuderich II. (596–612/13) und Theudebert II. (596–612), der nach dem nicht unvoreingenommenen Bericht der Fredegar-Chronik maßgeblich von der bereits erwähnten Brunichilde provoziert und gelenkt worden war. Theuderich war aus der Auseinandersetzung zunächst siegreich hervorgegangen und konnte Austrasien und Burgund unter seiner Herrschaft vereinigen, verstarb aber 612/13 in Metz. Gegen die darauf folgende Regentschaft Brunichildes für ihren Urenkel Sigibert (613), einen Sohn Theuderichs II., erhoben sich die Adeligen Austrasiens. Chlothar II. folgte dem Ruf der Großen, an deren Spitze der Chronist in seiner Darstellung Arnulf und Pippin gerückt hatte, und gliederte im Anschluss an seinen Heerzug die östlichen Gebiete des Frankenreiches wie auch Burgund seinem Herrschaftsgebiet an. Unter seiner Alleinherrschaft waren damit die drei Königreiche Austrasien, Neustrien und Burgund, die sich im Zuge der Teilungen des Merowingerreiches im Laufe des 6. Jahrhunderts als feste politische Größen gebildet hatten, erstmals seit Chlothar I. in einer *monarchia trium regnorum* wieder vereint. Brunichilde und die Nachkommen Theuderichs II. wurden vom Sieger dem Tod überantwortet; einzig Merowech, den Chlothar II. selbst aus der Taufe gehoben hatte, verschonte er. Fortan sollte sich die Nachfolge im Reich auf die Nachkommen aus seiner Linie der Dynastie beschränken.[7]

Auf die dynastische Absicherung seiner Herrschaft folgte die Ordnung der Verhältnisse im Gesamtreich. Wohl im Oktober 614 erließ Chlothar II. in Paris ein Edikt, das sogenannte *Edictum Chlotharii*. Es enthielt Bestimmungen, die auf einer konzertierten Reichs- und Kirchenversammlung gefasst worden waren. Zu den wichtigsten Verfügungen des Edikts zählte der Schutz der einzelnen Teilreiche vor Überfremdung durch königliche Amtsträger wie etwa Richter, die nicht aus den betreffenden Gebieten selbst kamen. Diese Maßnahmen sind wohl nicht als Zugeständnis an die austrasischen und burgundischen Großen zu werten, denen damit die freiere Entfaltung ihrer Herrschaft eingeräumt worden wäre. Vielmehr lassen sich die Verfügungen als probates Mittel zur Instrumentalisierung des lokalen Adels deuten. Mit seinem Edikt im Allgemeinen und den Verordnungen zu den Richtern im Besonderen suchte der Herrscher nach den verlustreichen Kämpfen Frieden und Ordnung (*pax et disciplina*) in den Reichsteilen wiederzuherstellen. Chlothar verfolgte eine »integralistische Reichskonzeption« (Eugen Ewig) und war bestrebt, unter Ausnutzung des verbleibenden königlichen Handlungsspielraums in allen Teilen des *regnum Francorum* seine Herrschaft zur Geltung zu bringen. Das Pariser Edikt bezeugt das angestrebte Zusammenwirken von König und Adel auf einer hierzu notwendigen, deutlich umrissenen rechtlichen Grundlage.[8]

Dass es Chlothar II. weniger darum ging, den Adeligen ihre Unterstützung bei der Übernahme der Herrschaft in Austrasien und Burgund zu vergelten, lässt sich auch an den Biographien Arnulfs und Pippins ablesen. Arnulf firmierte seit 614 als Bischof von Metz und hatte damit angesichts der Stellung der Bischöfe im Frankenreich ein auch politisch bedeutsames Amt inne.[9] Der in der Fredegar-Chronik gemeinsam mit ihm an die Spitze des austrasischen Adels gestellte Pippin erhielt jedoch nicht – wie es zu erwarten gewesen wäre – das Amt des Hausmeiers. Vielmehr betraute Chlothar II. zunächst Rado und nach ihm 617/18 noch einen gewissen *Chucus* (Hugo) mit dieser Position in Austrasien. Rado zählte wahrscheinlich zur Familie der im Elsaß begüterten Gundoine, deren Konkurrenz mit den Pippiniden-Arnulfingern im weiteren Verlauf des 7. Jahrhunderts in einer blutigen Fehde gipfeln sollte. Möglicherweise versuchte der König mit seiner Erhebung, die Machtverteilung innerhalb des austrasischen Adels zu steuern und so eine Balance zu erhalten, mit der er seinen Anordnungen Geltung verschaffen konnte.[10]

Fest steht jedenfalls, dass sowohl Arnulf als auch Pippin zur Spitzengruppe des austrasischen Adels zählten. Arnulfs Herkunft wird vom Autor seiner wahrscheinlich im ausgehenden 7. Jahrhundert verfassten Vita mit dem Attribut *nobilis* umschrieben. Seine Familie besaß nach dem Zeugnis späterer Urkunden ausgedehnte Besitzungen im oberen Maas- und Moselraum, namentlich um Metz, Verdun und Tongern. Seine Abstammung begünstigte wohl auch die Aufnahme am austrasischen Hof Theudeberts II., der Arnulf schon in jungen Jahren zum *domesticus* erhob und ihm die Verwaltung von insgesamt sechs »Provinzen« (*provinciae*) übertragen haben soll.[11] Auch wenn der Umfang seiner Kompetenzen und die Größe des ihm anvertrauten Gebiets nicht festgestellt werden kann: Arnulf war zu diesem Zeitpunkt zweifellos eine gewichtige Figur im austrasischen Machtgefüge. Seine hohe Bedeutung wurzelte im Grundbesitz und der Klientel seiner Familie auf der einen sowie seiner Stellung bei Hofe und seiner Aufsicht über die sechs »Provinzen« auf der anderen Seite. In seiner Person verschmolzen mehrere Faktoren, welche im Merowingerreich die Grundlage für den Aufstieg nicht nur der Arnulfinger und Pippiniden legten: familiärer Landbesitz, Gefolgschaft und ein vom König übertragenes Amt.

Auch nach Erlangung des Bischofsamts in Metz war Arnulf häufig am Hof Chlothars II. präsent. Der König bestimmte ihn zum Erzieher seines Sohnes Dagobert (623–638/39), als er ihn 623 zum Mitherrscher (*consors regni*) über ein verkleinertes Austrasien erhob. Da Dagobert zu diesem Zeitpunkt noch minderjährig war, führten Erzieher und Berater wie Arnulf die Regentschaft. Zu diesem Kreis zählte auch Pippin, der zum Jahr 624/25 erstmals als Hausmeier Austrasiens genannt wird. Damit war er nun auch formell an der Spitze des austrasischen Adels angelangt, in dessen Reihen ihn Fredegar schon mehr als ein Jahrzehnt zuvor verortet hatte. Die spätere Überlieferung lokalisiert Besitzungen Pippins und seiner Familie im und um den »Kohlenwald« südlich und östlich von Brüssel sowie am Rhein, später auch in den Ardennen. Sie bildeten die materielle Basis seiner Macht.[12]

Arnulf und Pippin lenkten nach 623 die Geschicke Austrasiens für den jungen Dagobert. Man geht daher kaum fehl in der Annahme, dass beide angesichts ihres schon für 613 bezeugten Zusammenwirkens auch an der Gewährung eines eigenen austrasischen Herrschaftsbereichs für den merowingischen Königssohn großen Anteil besaßen. Sie nutzten ihren Einfluss auf den jungen Merowinger, um ihre politischen Gegner auszuschalten. Auf ihr Betreiben hin soll Chrodoald, ein Angehöriger des Agilolfingergeschlechts, auf Befehl Dagoberts 624/25 in Trier ermordet worden sein. Mit seinem Tod gewann der Gegensatz zwischen den Familien, der unter ihren Nachkommen wiederholt aufbrechen sollte, erstmals deutliche Gestalt.[13]

Welch großes politisches Gewicht insbesondere Arnulf unter Dagobert I. besaß, zeigt seine Beteiligung als Schlichter im Konflikt über die im Zuge der Verkleinerung Austrasiens 623 abgetrennten Gebiete. Als der Bischof plante, sich von seinem Bistum und anderen weltlichen Dingen zurückzuziehen, bat Dagobert ihn eindringlich darum, zu bleiben. Arnulf ließ sich jedoch nicht umstimmen. An seine Stelle als geistlicher Berater des Königs trat Bischof Kunibert von Köln († 663?), der mit Pippin ein Freundschaftsbündnis (*amicitia*) schloss. Um das Jahr 640 starb Arnulf schließlich im Kloster Remiremont in den Vogesen, in das er sich zurückgezogen hatte. Bestattet wurde er in der Apostelkirche in Metz, die bald darauf seinen Namen tragen sollte. Zu Anfang des 9. Jahrhunderts ordnete ihn eine in Metz entstandene Genealogie unter die Vorfahren Karls des Großen ein, und um 835 erinnerte Ludwig der Fromme (814–840) in einem Brief daran, dass Karl Martell seinen Aufstieg an die Spitze der Herrschaft der Fürsprache des »Märtyrers« verdankte. Arnulf war zum »Hausheiligen« der Karolinger geworden.[14]

Für Pippin markierte der Tod Chlothars II. 629 und der anschließende Herrschaftsantritt Dagoberts im Gesamtreich einen Wendepunkt für seine Stellung am Hof. Der Merowinger verlagerte seine Residenz nach Neustrien, wo er sich nicht nur einem ausschweifenden Leben hingegeben, sondern auch sein persönliches Umfeld umgestaltet haben soll. Pippin, der bis dahin durch seinen Rat einen positiven Einfluss auf den König ausgeübt haben soll, wurde von Dagobert mit seinem Sohn Sigibert III. (638/39–656) nach Orléans gesandt. Die Maßnahme kam einer »Entmachtung« und »politische[n] Kaltstellung« (Matthias Werner) gleich, zumal Pippin in den nächsten Jahren am Königshof keine Rolle gespielt zu haben scheint. Auch für sein Wirken als austrasischer Hausmeier gibt es keine Belege in den Quellen, was weniger als ein Überlieferungsproblem denn als bewusste Zurücksetzung Pippins gewertet worden ist.

Erst nach dem Tod Dagoberts I. 638/39 verleiht die Überlieferung seinem Handeln wieder sichtbare Konturen. Pippin erneuerte zunächst die Freundschaftsbande (*amicitia*) mit Kunibert von Köln. Neuer König im austrasischen Unterreich wurde nun Sigibert III. Gemeinsam mit Kunibert vertrat Pippin den Kindkönig, als es um die Aufteilung des väterlichen Schatzes und die Überführung des Anteils Sigiberts nach Metz ging. Bald danach verstarb der Hausmeier im Jahr 640.[15]

Pippin hegte bei seinem Tod vielleicht die Hoffnung, das Hausmeieramt in Austrasien als erbliche Würde seiner Familie zu bewahren und an seinen Sohn Grimoald († 661/62) weiterzugeben. Dieser erhob jedenfalls Ansprüche auf die Nachfolge des Vaters und knüpfte zu diesem Zweck an die vorhandenen väterlichen Beziehungsgeflechte an, als er wie vormals Pippin ein Freundschaftsbündnis mit Kunibert einging. Er suchte sich in der Nähe des Königs aufzuhalten und begleitete Sigibert III. 641 auf einem Feldzug. 642/43 wurde ein Rivale im Kampf um das angestrebte Amt beseitigt, und schließlich konnte Grimoald mit der errungenen Würde die Herrschaft in Austrasien an sich ziehen.[16]

Dort lässt sich sein Wirken zunächst im kirchlichen Bereich fassen. Grimoald besaß maßgeblichen Anteil an der 646/47 erfolgten Güterausstattung des Klosters Cugnon und an der Verlegung der dortigen Gemeinschaft nach Stablo-Malmedy. Ferner zeichnete er für die Erhebung von Amandus († um 675) zum Bischof von Tongern-Maastricht (648/49) und die Ernennung Chlodulfs zum Bischof von Metz (654/55, † nach 670) verantwortlich. Beide waren mit seiner Familie auf unterschiedliche Weise verbunden: Der gebürtige Aquitanier Amandus hatte Grimoalds Mutter Itta (oder Iduberga, † 652) nach dem Tod seines Vaters bei der Gründung des Klosters Nivelles südlich von Brüssel helfend zur Seite gestanden, während der *domesticus* Chlodulf als Sohn Arnulfs von Metz zum Kreis der Verwandten Grimoalds gehörte. Noch vor

Arnulfs Ableben im Kloster Remiremont hatte sich sein Sohn Ansegisel († nach 662), der Bruder Chlodulfs, mit Begga († 693?), der Tochter Pippins, vermählt. Die so geschaffene Verbindung ließ Chlodulf zum Schwager Grimoalds werden und verband die beiden Familien der Arnulfinger und Pippiniden dauerhaft in der Person des zwischen 635/40 und 655 geborenen Pippin II., des gemeinsamen Sohnes von Ansegisel und Begga, und seiner Nachkommen, zu denen eben auch Karl Martell zählte.[17]

Die skizzierten Belege zu Grimoalds Amtsausübung vermitteln einen Eindruck von der großen Selbstständigkeit, mit der der Hausmeier sein Amt und die Herrschaft über Austrasien auch nach der Mündigkeit Sigiberts III. um 645 ausübte. Die errungene Stellung wurde nicht nur in historischer Rückschau als Symptom der zunehmenden Schwäche des merowingischen Königtums gedeutet, sondern scheint auch von Grimoald selbst so interpretiert worden zu sein. Der Hausmeier suchte mehr für seine Familie zu erreichen und strebte die Erlangung der Königswürde an – fast 100 Jahre, bevor der dynastische Wechsel an der Spitze des Frankenreiches tatsächlich vollzogen wurde.

Der genaue Ablauf der häufig unter der Bezeichnung »Staatsstreich Grimoalds« zusammengefassten Ereignisse ist in der Forschung umstritten und wird wohl nie in allen Einzelheiten aufzuklären sein. Der zumeist akzeptierten Deutung der Ereignisse zufolge hatte Grimoald seinen Sohn von Sigibert III. adoptieren und ihn den merowingischen Namen Childebert annehmen lassen. Nach dem Tod Sigiberts (wohl 656) soll der Hausmeier dann dessen noch minderjährigen Sohn Dagobert II. († 679) geschoren und ins Exil nach Irland geschickt haben, ehe er im Anschluss daran seinen eigenen Sohn zum König erhob. Dieser ist mit dem in einem Eintrag eines Königskatalogs als *Childebertus adoptivus* (656–662) bezeichneten Nachfolger Sigiberts identisch. Bei den Franken sorgte die Erhebung des Sohnes von Grimoald allerdings für erhebliche Missstimmung. Sie legten dem Hausmeier einen Hinterhalt, nahmen ihn gefangen und übergaben ihn dem neustrischen Herrscher Chlodwig II. (638/39–657). In Paris wurde er dann ins Gefängnis geworfen und soll schließlich unter heftigen Qualen zu Tode gekommen sein. Sein Sohn Childebert verschied spätestens Anfang 662.[18]

Für die Pippiniden endete der Versuch Grimoalds, Anschluss an die königliche Familie zu finden und über die Adoption seinem Geschlecht den Königsthron zu verschaffen, in der Katastrophe. Von ihrem tiefen Fall zeugen einige Indizien, die den Niedergang pippinidischen Einflusses selbst in ihren Kerngebieten beleuchten. Noch in die sechziger Jahre fiel die Bedrängnis, der sich die Äbtissin von Nivelles und Tochter Grimoalds, Wulfetrude († 669), durch »Könige, Königinnen und selbst Bischöfe« ausgesetzt sah. Diese suchten sie »aus Hass gegenüber ihrem Vater« aus ihrem Amt zu drängen. Offenkundig betrachtete man das einst von Itta gegründete Kloster als Ort pippinidischer Herrschaft, gegen den man sich nun wandte. Entsprechend wurde in den siebziger Jahren auch der Druck auf andere kirchliche Einrichtungen erhöht, die bislang von den Pippiniden gefördert worden waren. Um 670 wurde Lambert, wohl ein Gegner der Familie, zum neuen Bischof von Tongern-Maastricht erhoben (670–675, 682–705). Stärker noch trafen die Maßnahmen das Kloster Stablo-Malmedy, dessen Güterausstattung von König Childerich II. (662–675) in erheblichem Umfang vermindert wurde. In dem Dokument, das über dieses Vorgehen Auskunft gibt, wurde zudem die Initiative Grimoalds bei der Gründung des Konvents absichtsvoll übergangen.[19]

Hinter dem König stand im austrasischen Teilreich zu jener Zeit der Hausmeier Wulfoald († um 680), während in den unter einer Herrschaft zusammengefassten Gebieten Neustrien und Burgund, dem sogenannten Neustroburgund, der 658/60 zum Hausmeier ernannte Ebroin († 680/81) zunächst gemeinsam mit der Witwe Chlodwigs II., Balthild († um 680/81), ab dem wohl nicht ganz freiwillig erfolgten Rückzug der Königin in das von ihr gegründete Kloster Chelles 664/65 schließlich alleine für König Chlothar III. (657–673) die Fäden zog. Dass der Hausmeier den Herrscher von den Großen abschirmte, weckte Unmut und schürte ausgehend vom Episkopat vor allem im burgundischen Teilreich Widerstände. Nach dem Tod Chlothars III. 673 wendete sich das Blatt: Ebroin wurde zum Mönch geschoren und im Kloster Luxeuil gefangengesetzt. Von dort entkam er allerdings bald darauf, als Childerich II. nach einer mit Härte geführten zweijährigen Herrschaft im Gesamtreich 675 einer Verschwörung zum Opfer fiel.

Mit seinem Tod brachen heftige Auseinandersetzungen aus. Unterschiedliche Gruppen bildeten sich, die ihren jeweiligen merowingischen Prätendenten gegen die der Gegner durchzusetzen suchten. Erneut gewann Ebroin in Neustroburgund die Herrschaft. Er wuchs in der Folge zur bestimmenden Figur in diesem Konflikt heran. Mit seinem Vorhaben, für den Merowinger Theuderich III. (673/75–690/91), in dessen Namen er als Hausmeier handelte, die Herrschaft im Gesamtreich zu erlangen, schuf er sich allerdings auf beiden Seiten Feinde. 679 kam es bei Lucofao (wohl im Bois-du-Fays bei Laon) zur bewaffneten Auseinandersetzung mit den Austrasiern, an deren Spitze ein *dux* namens Martin und Pippin II., der Sohn Ansegisels und Beggas, standen. Zwar konnte Ebroin hier den Sieg erringen, doch wurde der Hausmeier wohl bald danach, spätestens aber 683, ermordet. Der Täter flüchtete zu Pippin, wie die *Annales Mettenses priores* berichten. Sie wissen auch von anderen neustrischen Großen, die in Pippin ihre Rettung vor dem als Tyrannen betrachteten Ebroin sahen und bei ihm Aufnahme fanden.[20]

Mag das von den älteren Metzer Annalen gezeichnete Bild eher der verklärenden Darstellungsabsicht geschuldet sein, mit der ihr um 805 schreibender Verfasser Pippin wie auch seine Nachfolger als Hausmeier und Könige in ein positives Licht tauchen wollte: In den Wirren der Jahre nach 675 waren die Pippiniden jedenfalls wieder an die Spitze des austrasischen Adels getreten. Dabei begegnete Pippin nicht nur als Sachwalter politischer Interessen austrasischer und neustrischer Adeliger, die er gegen Ebroin durchzusetzen suchte. Vielmehr machte er seinen wachsenden Einfluss offenbar auch geltend, um verlorene pippinidische Positionen zurückzugewinnen. Bischof Lambert von Tongern-Maastricht musste beispielsweise 675 sein Bistum verlassen und sich ins Kloster Stablo-Malmedy begeben. Möglicherweise geschah dies nicht ohne Pippins Zutun, der damit die personellen Maßnahmen nach dem gescheiterten »Staatsstreich« seines Onkels revidierte.[21]

Die kurze Zeitspanne, in der Pippin die Rückkehr in die verlorene Spitzenstellung gelang, wirft Fragen nach den personellen und materiellen Grundlagen des zügigen Wiederaufstiegs auf. Nachdem die Pippinidenfamilie mit dem Tod Grimoalds und des *Childebertus adoptivus* spätestens 662 in der männlichen Linie erloschen und auch die Grimoald-Tochter Wulfetrude kinderlos verschieden war, verblieb nur noch der Sohn Ansegisels und Beggas als männlicher Abkömmling der weiblichen Linie des Geschlechts. Im Kampf um den nötigen Rückhalt unter den austrasischen Großen gelang es ihm offenbar, die alten Gefolgsleute seines Vaters auf seine Seite zu ziehen. Es seien die Herzöge (*duces*) und die Großen (*optimates*) der Franken gewesen, so der Verfasser der älteren Metzer Annalen, denen der Vater Pippins einst große Ehren – wohl in Gestalt von Ämtern – hatte zuteil werden lassen, und die sich der Herrschaft des Sohnes unterwarfen. Vorausgegangen war die Blutrache Pippins am Mörder des Vaters: Ansegisel war nach dem Fall Grimoalds von Gundoin, dem der Dukat in Austrasien übertragen worden war, getötet worden. Irgendwann in den Jahren nach dem Tod Childerichs II. 675 wurde er von seinem Sohn gerächt. Im Gefolge der Tat soll Pippin nicht nur Schätze erlangt haben, die er unter seinen Anhängern verteilte. Vielmehr verschaffte ihm die Tötung Gundoins einen Ruf der Stärke, der ebenfalls für den Zulauf der Gefolgsleute seines Vaters sorgte. Deutlich lässt die Episode somit die »Mechanismen der Gefolgschaftsbildung« (Rudolf Schieffer) erkennen, die Pippins Aufstieg zur Macht begünstigte.[22]

Entscheidender aber noch als die Anknüpfung an ältere gefolgschaftliche Bindungen waren Erhalt und Zugewinn an Landbesitz, mit dem die Anhänger versorgt und dauerhaft an die Familie gebunden werden konnten. Nach dem Tod

Grimoalds und Childeberts ging das Hausgut der Familie auf Pippin als Erben über; andere Güter blieben durch die Übertragung an die von den Pippiniden und ihren Anverwandten gegründeten bzw. ausgestatteten Klöster vor dem Zugriff der Gegner bewahrt, obschon die erwähnte Bedrängnis, der sich Wulfetrude als Äbtissin von Nivelles ausgesetzt sah, bezeugt, wie man das Kloster und seinen Besitz der Familie zu entziehen versuchte. Verluste an Gütern konnten wenigstens teilweise durch das arnulfingische Erbe ausgeglichen werden. Nach dem Tod Chlodulfs und Aunulfs von Metz († nach 670), des Sohns und des Enkels Arnulfs, fielen die Besitzungen der Verwandtschaft väterlicherseits an Pippin, wie sich an urkundlichen Quellen ablesen lässt.[23]

Weitaus mehr als nur Kompensation für Verlorenes erlangte Pippin durch die Heirat mit Plektrud. Um 665, vielleicht aber auch erst knapp ein Jahrzehnt später scheint er die Angehörige eines wohlhabenden Adelsgeschlechts geehelicht zu haben. Plektrud war wahrscheinlich die Tochter Irminas von Oeren und Schwester Adelas von Pfalzel (ca. 660–ca. 735), die ihren umfangreichen, sich vom mittleren Moselraum um Trier bis in das Maas- und Niederrheingebiet nördlich von Köln erstreckenden Grundbesitz zur Gründung und Ausstattung von Klöstern wie Oeren, Pfalzel und Echternach nutzten. Einen Teil des Familienbesitzes brachte Plektrud in die Ehe ein. Damit baute Pippin die territoriale Machtbasis seines Geschlechts offenbar erheblich aus. Vielleicht bot die Heirat Plektruds Familie die Möglichkeit, das Fehlen eines männlichen Erben auszugleichen. Gewiss aber war man sich in ihrem Verwandtenkreis der Bedeutung der Ehe für Pippin bewusst, der in jenen Jahren um das politische Überleben kämpfte. Möglicherweise erklärt sich daraus auch die einflussreiche Stellung, die Plektrud später an der Seite ihres Mannes einnahm. Dass sich die Situation für den Abkömmling der Pippiniden und Arnulfinger nach der Grimoald-Affäre überaus prekär gestaltete, versuchte die spätere karolingerzeitliche Historiographie zwar zu verschleiern. Die Bedeutung des Zuwachses an Besitzungen ist für die weitere Entwicklung jedoch kaum zu überschätzen. Neben dem materiellen Wert der Güter stärkte dieser Erfolg auch das Prestige Pippins, und beide Faktoren zusammen ließen schließlich auch sein Gefolge und sein politisches Gewicht anwachsen.[24]

Die veränderten Machtverhältnisse erkannte auch Waratto an, der Nachfolger Ebroins als neustrischer Hausmeier, der sich mit Pippin auf einen Frieden verständigte. Anfang der achtziger Jahre drohte kurzfristig Gefahr für die Vormachtstellung Pippins in Austrasien, als Waratto von seinem Sohn Giselmar († 683) aus dem Amt gedrängt wurde. Als der wieder zum Hausmeier avancierte Waratto 686 starb, ging sein Schwiegersohn Berchar aus den Kämpfen um die Nachfolge als Sieger hervor. Unter den Angehörigen des neustrischen Adels, der die erfolgte Vererbung des Hausmeieramts mit Argwohn betrachtete, formierte sich bald Widerstand gegen sein Regiment. Und auch innerhalb der Familie selbst hatte sich Berchar offenkundig Feinde gemacht, wie die nachfolgenden Ereignisse zeigen sollten. Einige der neustrischen Großen schlossen ein Freundschaftsbündnis mit Pippin. Bei dieser Gelegenheit veranlassten sie ihn wohl auch dazu, für sie und gegen den neustrischen Hausmeier Partei zu ergreifen und sich zu einem Feldzug zu rüsten. Vom Kohlenwald aus stieß er mit seinem Heer ins Vermandois vor, wo es 687 bei Tertry an der Somme zur Schlacht kam. Berchar verlor die Auseinandersetzung und zog sich mit König Theuderich III. geschlagen nach Paris zurück. Pippin nahm nach Aussage der *Annales Mettenses priores* nunmehr die alleinige Führung der Franken an sich, nachdem er bis dahin nach ihrer Darstellung die Herrschaft nur über die östlichen Franken, den *principatus orientalium Francorum*, ausgeübt hatte.[25]

Dass der Sieger von Tertry nach seinem militärischen Erfolg keinen zügigen und umfassenden Wandel der Verhältnisse anstrebte, bezeugen die anschließenden Friedensregelungen. Sie sind zwar im Detail nicht bekannt, doch ist erkennbar, dass Pippin sich vorerst mit der Festigung seiner Oberherrschaft begnügte und jenseits des austrasischen Teilreiches keine Maßnahmen ergriff. So beließ er etwa Berchar im Amt des neustrischen Hausmeiers. Erst nachdem dieser auf Betreiben seiner Schwiegermutter Ansfled 688 oder 689 ermordet wurde, dehnte Pippin seine Autorität auch auf Neustrien aus. Allerdings bestellte er in der Person Nordeberts, dem die Grafschaft Paris übertragen wurde, auch jetzt nur einen Vertreter, der an seiner Statt die Aufsicht über die Merowingerherrscher führen sollte. Theuderich III. und seinen Nachfolgern wies er als Aufenthaltsorte die Königspfalzen nahe der Stadt an der Seine zu. Pippin erhob keinen der Söhne und späteren Nachfolger des Königs zum Herrscher im austrasischen Teilreich, wie es in den Jahrzehnten zuvor gerade bei Auseinandersetzungen zwischen Neustrien und Austrasien der Fall gewesen war. Chlodwig III. (690/91–694) und Childebert III. (694–711) wurden wie ihr Vater in den leicht zu kontrollierenden Residenzen nördlich von Paris festgesetzt; der Zugang der Adeligen zu ihnen wurde durch Pippin reguliert, während er selbst die Geschicke des Reiches von Austrasien aus lenkte. Darüber hinaus scheint Pippin seinen Rückhalt am neustrischen Hof nicht durch die Entsendung zahlreicher eigener Anhänger gestärkt zu haben. Nur wenige der über Urkunden im Umfeld des Hofes nachweisbaren Adeligen lassen sich dem Gefolge des Hausmeiers zuordnen. Vielleicht versuchte er mit diesem Vorgehen die Fehler, die einst Childerich II. und Ebroin gemacht hatten, zu vermeiden.[26]

Um seine Autorität in Neustrien abzusichern und auszubauen, konzentrierte sich Pippin auf Schlüsselpositionen. Gezielt knüpfte er familiäre Verbindungen und besetzte Ämter mit seinen Anhängern. Zunächst wurde sein ältester, aus der Verbindung mit Plektrud stammender Sohn Drogo († 708) mit der Tochter Ansfleds und Witwe Berchars, Adaltrude (oder Anstrude), verheiratet. Vielleicht schon zu diesem Anlass wurde er zum *dux* der Champagne erhoben. Nach 697 ist er zudem als *dux* der Burgunder bezeugt. Zur gleichen Zeit übertrug Pippin seinem jüngeren Sohn Grimoald († 714) das Hausmeieramt in Neustrien – ein einzigartiger Vorgang: Nie zuvor hatte ein Sohn parallel zum Vater das Hausmeieramt innegehabt.[27] Indem Pippin Amt und Kompetenzen weitergab, sich selbst aber die Leitung des Gesamtreiches vorbehielt, verlieh er einerseits seiner herausragenden Position in der Hierarchie des Reiches Ausdruck und unterstrich andererseits seinen Anspruch, die eigene Macht aufzuteilen und auf seine Nachkommen zu vererben.

Die zwischen Drogo und Adaltrude geschlossene Verbindung eröffnete den Pippiniden den Zugang zu den reichen Besitzungen ihrer neuen Verwandten im Gebiet der unteren Seine. Parallel dazu vermochte Pippin auf die Besetzung des Bistums Rouen und der Position des Abts von Saint-Wandrille Einfluss zu nehmen. So lieh der Hausmeier Klagen gegen Ansbert von Rouen († um 695) sein Ohr und verbannte den Bischof 690 in das Kloster Hautmont bei Maubeuge. Nachfolger im Bistum wurde Gripo, den man aufgrund der Namensähnlichkeit mit Grifo, dem Enkel Pippins und Sohn Karl Martells (ca. 726–753), möglicherweise zu den Verwandten der Pippiniden-Arnulfinger zu rechnen hat. In Saint-Wandrille trat Bischof Bainus von Thérouanne die Nachfolge Ansberts als Vorsteher des Konvents an (700–709). Denkbar ist, dass bei der Absetzung Ansberts die umtriebige Ansfled ihre Hände im Spiel hatte. Sie war es auch, die die Erziehung des für die geistliche Laufbahn bestimmten Drogo-Sohns Hugo († 731) an sich zog – ein deutliches Anzeichen dafür, wie das Gewicht zwischen den durch die Ehe verbundenen beiden mächtigen Adelsgeschlechtern verteilt war. Unter Karl Martell sollten Hugo schließlich mehrere Bistümer und Abteien zufallen (s. S. 63).[28]

Über eine aktive »Klosterpolitik« versuchten die Pippiniden ihre Herrschaft auch in anderen Regionen zu festigen. Konkret bemühte sich die Familie dabei nicht nur darum, Klöster zu fördern, sondern mit der Inschutznahme von Abteien ihren Einfluss zur Geltung zu bringen. Im Bereich der Maas, wo sich die Güter der Familie konzentrierten, erstreckte sich ihr Einfluss bereits auf die von Angehörigen des Geschlechts gegründeten bzw. durch Stiftungen begünstigten Abteien Nivelles, Fosses, Andenne, Mons und das als Exil Ansberts von Rouen bereits erwähnte Maubeuge. In Neustrien gewann

Pippin die Kontrolle nicht nur über Saint-Wandrille mit seinen Tochterklöstern, sondern auch über Lobbes; weiter östlich wurden mit der Übertragung und anschließenden Inschutznahme Echternachs, der Gründung von Sankt Hubert in den Ardennen und Kaiserswerth durch Pippin und Plektrud weitere Abteien dem »monastic empire« (Paul Fouracre) der Familie hinzugefügt. In der Champagne wurden Montier-en-Der und vielleicht auch Hautvillers in die Klosterpolitik einbezogen. Den Abschluss bildete schließlich das Kloster Susteren, das sich 714 der Familie verpflichtete und zur Stütze ihrer Herrschaft in der Umgebung von Lüttich wurde.[29]

Nicht überall war dieser »Klosterpolitik« der Pippiniden allerdings Erfolg beschert. Namentlich der Raum zwischen der mittleren Seine und der Oise blieb dem Zugriff der Familie weitgehend entzogen.[30] Als es zwischen den beiden Pippin-Söhnen sowie dem Abt von Tussonval und dem Abt von Saint-Denis zu Konflikten um Landbesitz und Zölle kam, wurde im Zuge von Gerichtsverfahren in den Jahren 697 und 709/10 durch den König und anwesende Adelige zugunsten der Abteien und gegen Ansprüche Drogos bzw. Grimoalds entschieden. Die Machtfülle der Pippiniden war in diesem Gebiet demnach keineswegs schrankenlos. Die Klöster waren mit ihren Forderungen im Recht – und dies mussten auch die Pippiniden anerkennen. Zudem bezeugen die beiden Urteile anschaulich, dass der Hausmeier und seine Familie auch auf die Autorität des Königs Childebert III. Rücksicht nahmen und sein Urteil akzeptierten. Noch immer war der Merowingerkönig eine herrschaftliche Instanz, die es zu berücksichtigen galt (s. S. 168).[31]

Jenseits der umrissenen Gebiete in Austrasien und Neustrien verfügte Pippin ebenfalls nur über begrenzten Einfluss. Insbesondere der Dukat Aquitanien war seinem Zugriff entzogen; über Poitiers, Bourges und Clermont hinaus konnte Pippin seine Autorität offenbar nicht zur Geltung bringen. Im Grenzraum von Neustrien, Aquitanien und Burgund hatten sich im Schatten der neustrisch-austrasischen Auseinandersetzungen der zweiten Hälfte des 7. Jahrhunderts die sogenannten »Bistumsrepubliken« etabliert, deren Vorsteher wie beispielsweise die Bischöfe von Orléans und Auxerre weitgehend selbstständig und frei von äußerer Einflussnahme agierten (s. S. 124 – 126). In der Provence stieß Pippin bei der Durchsetzung seiner Herrschaft sogar auf Widerstand. Der dortige *rector* bzw. *patricius* Antenor nahm zwar 697 noch an einer Versammlung auf dem Märzfeld teil, geriet aber bald darauf aus nicht bekannten Gründen mit dem Hausmeier in Konflikt.[32]

Diesem Gesamtbild widerspricht die Darstellung der älteren Metzer Annalen, die Pippin nach der Erringung der Herrschaft über die Franken gegen Aquitanier, Basken und Bretonen zu Felde ziehen lassen. Kriege führte der Hausmeier ihrem Bericht zufolge auch mit Sachsen, Friesen, Alemannen und Bayern, die mit der Unterwerfung aller genannten Völker an der Peripherie des Reiches endeten. Tatsächlich scheint Pippin jedoch im Südwesten des Frankenreiches nicht militärisch interveniert zu haben. Gegen die Sachsen wandte er sich ebenso wenig wie gegen die Bayern. Allein mit den Friesen und den Alemannen gab es militärische Auseinandersetzungen. Dabei gelang es Pippin, gegen den Widerstand des heidnischen Friesenfürsten Radbod († 719) in den neunziger Jahren des 7. Jahrhunderts das fränkische Herrschaftsgebiet offenbar nach Norden zu verschieben und so auch die Voraussetzungen für die weitere Bekehrungsarbeit in diesem Raum zu schaffen, die von angelsächsischen Missionaren unter seiner Ägide und der der Päpste durchgeführt wurde. Zwischen 709 und 712 entsandte Pippin dann in jedem Jahr ein Heer in den alemannischen Dukat, wo Streitigkeiten innerhalb der dort herrschenden Familie den Anlass zum Eingreifen boten.[33]

Nicht alle Angaben der älteren Metzer Annalen lassen sich somit bestätigen, und der Hausmeier führte insgesamt offenbar nur einen kleinen Teil der genannten Feldzüge tatsächlich durch. Stärker als in den Randgebieten, wo die Autorität der Franken um die Wende des 7. zum 8. Jahrhundert verloren gegangen war, scheint sich Pippin in den Jahren nach seinem Erfolg bei Tertry weitgehend auf die Stabilisierung seiner Macht im Reich selbst konzentriert zu haben.

In der Forschung ist die Schlacht von Tertry oft als Wendepunkt in der Geschichte des Frankenreiches betrachtet worden. Im historischen Rückblick sah man hier den Beginn der Ablösung der Merowinger durch die Pippiniden-Arnulfinger. Die Erhebung Drogos zum *dux* der Champagne und der Burgunder sowie die Ernennung Grimoalds zum Hausmeier in Neustrien durch Pippin hat man vor diesem Hintergrund als »letzten Schritt zur Etablierung der Herrschaft seines Hauses im Frankenreich und zur Entmachtung der Merowinger« (Eugen Ewig) bewertet.[34] Tatsächlich hatte Pippin über seine herausragende Stellung ein politisches Gewicht erlangt, das es dem Hausmeier gestattete, die Merowingerherrscher ohne Rücksichtnahme auf die Großen in den Teilreichen räumlich zu isolieren und politisch an den Rand zu drängen. Ohne selbst die unmittelbare Nähe der Könige suchen zu müssen, beherrschte er das Gesamtreich von Austrasien aus. Insgesamt hatte Pippin eine über das Hausmeieramt hinausreichende Stellung erlangt, die der Verfasser des *Liber historiae Francorum* mit der Bezeichnung *princeps* umschrieb.[35]

Die Erfolge Pippins hatten das machtpolitische Verhältnis der wichtigsten Herrschaftsträger im Frankenreich – des Königs und des Hausmeiers – verändert, nicht jedoch die Strukturen seiner Verfassung. Pippin bediente sich auch weiterhin eines Merowingerkönigs, um die eigene Position zu legitimieren. Damit bewegte sich der Hausmeier nach wie vor in den überkommenen staatsrechtlichen Bahnen, die auch das Handeln seiner Vorgänger im Amt bestimmt hatten.[36] Pippin verstand es zudem, sich der Loyalität des Adels und bedeutsamer weltlicher und kirchlicher Amtsträger zu versichern. Die Besetzung zentraler Positionen mit eigenen Anhängern sollte ebenso wie die Begünstigung seiner Gefolgsleute mit Landbesitz und beweglichen Gütern das Erreichte nachhaltig sichern. Mit der Erhebung Drogos zum *dux* und Grimoalds zum Hausmeier formulierte Pippin den Anspruch auf Fortsetzung der pippinidischen Herrschaft auch in der nächsten Generation. Gelingen konnte dies jedoch nur, wenn es die Nachkommen verstanden, in das beim Tod des Vaters hinterlassene Machtvakuum einzutreten und im Geflecht gegenseitiger Abhängigkeiten die fehlende Mitte zu ersetzen. Eben darin lag die Schwäche der durch Pippin etablierten Machtstellung innerhalb der bestehenden Strukturen des Frankenreiches. Nach seinem Tod am 16. Dezember 714 sollte sich zeigen, wie weit die Familie von der Ablösung der alten Dynastie an der Spitze der Herrschaft, ja von der Verdrängung anderer, konkurrierender Kräfte im Reich tatsächlich entfernt war – auch wenn spätere Annalisten die Situation anders schilderten. Denn nach wie vor beriefen sich die Großen des Reiches auf die Merowinger als legitimierende Instanz auch ihrer Herrschaft und Amtsgewalt, während sie sich den Pippiniden-Arnulfingern ebenbürtig wähnten und die von Pippin ausgeübte Kontrolle über die Könige mit Argwohn und Missfallen betrachteten. Zu seinen Lebzeiten vermochte der Hausmeier aufgrund seiner persönlichen Beziehungen, der durch seine Erfolge gefestigten Machtstellung und seines Prestiges die auseinanderstrebenden Kräfte im Frankenreich zusammenzuhalten. Sein Ableben beschwor aber eine Krise herauf, die für die Familie zur großen Herausforderung geriet. Karl Martell sollte in ihr eine besondere Rolle spielen.[37]

3 Die Herkunft Karl Martells

Über die Geburt und die frühen Jahre Karl Martells ist kaum etwas bekannt. Wo genau er das Licht der Welt erblickte, ist nicht überliefert, und auch sein Geburtsdatum ist wie bei nahezu allen Personen des Frühmittelalters der Nachwelt nicht erhalten geblieben. Weil Altersangaben in Bezug auf ein bestimmtes Jahr in den Quellen zu Karl Martell ebenfalls nicht verzeichnet wurden, lässt sich nur vermuten, in welchem Jahr Karl geboren wurde. Überlegungen zum Mündigkeitsalter seines ersten Sohnes, Karlmann (ca. 706/08–754), die auf das etwaige Alter Karl Martells selbst schließen ließen, wurden mit der Nachricht von der Taufe Karls durch Bischof Rigobert von Reims († vor 743) verknüpft, die zwischen 688/89 und 692/93 erfolgt sein muss. Somit konnte seine Geburt auf den Zeitraum zwischen 688 und 691 eingegrenzt werden. Zeitlich präziser lässt sich das Ereignis darüber hinaus nicht bestimmen.[1]

Seinen Namen gab ihm der Vater selbst, der mit »Karl« auf eine aus der Volkssprache stammende, unter Pippins Vorfahren bis dahin nicht gebräuchliche Benennung zurückgriff. Denkbar ist aber auch, dass der Name in der Familie Kuniberts von Köln verwendet wurde und aufgrund der engen Beziehungen des Kölner Bischofs mit Pippin I. und Grimoald im Pippiniden-Geschlecht Einzug hielt. Schön und trefflich sei der Knabe gewesen, der aus der Verbindung Pippins und Chalpaidas hervorgegangen war: So will es die dem späteren Hausmeier nahestehende Überlieferung, und auch der in seiner Amtszeit schreibende Autor des *Liber historiae Francorum* notiert, bei Karl habe es sich um einen stattlichen, vortrefflichen und fähigen Mann gehandelt. Auch die Schönheit seiner Mutter wurde in den genannten Texten unterstrichen, doch dürfte es sich hierbei im Wesentlichen um Stilisierungen handeln, die wohl wenig oder nichts mit der Realität zu tun hatten. Über das tatsächliche Aussehen Karl Martells lassen sich keine Aussagen treffen: Zeitgenössische Abbildungen fehlen, und bildliche Darstellungen aus späteren Jahrhunderten sowie die Plastik auf der Grabplatte zeigen ein typisiertes und idealisiertes Erscheinungsbild, das nur begrenzt Aussagekraft besitzt.[2]

Auf Bitten Pippins soll die Taufe des Knaben durch Rigobert, den Bischof von Reims (wie bei Chlodwig I.), erfolgt sein, der zugleich der Pate Karls werden sollte.[3] Mit diesem Akt wurde ein geistiges Band nicht nur zwischen dem Täufling und seinem Paten, sondern auch zwischen ihren jeweiligen Familien geknüpft. Als Form künstlicher Verwandtschaft besaß die neue Verbindung einen beide Seiten verpflichtenden Charakter. Pippin suchte sich wohl durch die Patenschaft die Unterstützung Rigoberts bei seinen politischen Plänen zu sichern. Der Inhaber des Reimser Bischofsstuhls gebot über eine Diözese, die mit ihrer Lage als Brücke zwischen Austrasien und Neustrien dienen konnte und daher im politischen Kalkül Pippins eine besondere Bedeutung einnahm. Dazu fügt sich, dass Pippins Sohn Drogo den Dukat der Champagne erhielt (s. S. 37). Für Karl selbst zeitigte die Patenschaft zunächst keine erkennbaren Auswirkungen. Gleichwohl darf sie als Indikator für die Bedeutung verstanden werden, die ihm der Vater zumindest noch in den neunziger Jahren des 7. Jahrhunderts beimaß.

Mehr als diese dürren Bemerkungen über den Namen, die äußere Erscheinung und die Taufe lassen sich in den Quellen über die frühen Jahre Karls nicht finden. Während bekannt ist, dass Drogo, der ältere der Plektrud-Söhne, von Pippin selbst ausgebildet wurde,[4] fehlt ein solcher Nachweis für Karl. Im Dunkeln bleibt daher, wo er seine Ausbildung erhielt und welcher Art diese war. Dass er Schwert und Heer zu führen verstand, belegen seine späteren Erfolge und der ihm in den folgenden Jahrhunderten zugeschriebene, vielleicht aber schon auf zeitgenössischer Bewertung fußende Beiname »der Hammer« in den lateinischen Variationen *Tudes* und *Martellus*

(s. S. 193 f.). Die Grundlagen für die so gerühmten militärischen Fähigkeiten waren zweifellos schon in seiner Kindheit gelegt worden.

Weitere Aussagen über seinen Bildungsstand und seinen Werdegang sind nicht möglich. Karl Martell ist damit der einzige der zur Herrschaft aufgestiegenen Karolinger, über dessen Aktivitäten vor dem Tod seines Vaters keine Informationen erhalten sind.[5] Erst im Zuge der politischen Wirren nach dem Ableben Pippins lässt er sich als handelnde Person fassen.

Im Dunkel fehlender Quellen liegen ebenfalls die Entwicklung des Verhältnisses zwischen Pippin und Karl sowie die Position des späteren Hausmeiers innerhalb der Familie. Auffällig ist, dass Karl anders als die beiden anderen Söhne Pippins aus seiner Verbindung mit Plektrud offenbar nie mit einem Amt oder mit der Herrschaftsgewalt in einem bestimmten Gebiet ausgestattet wurde. Er erhielt aus der väterlichen Erbmasse zwar einen Anteil an der *villa* Bollendorf, den er 718 dem Kloster Echternach übertragen sollte, und weitere Besitzungen in Elst im heutigen Gelderland, die er 726 der Bischofskirche von Utrecht überließ;[6] an der Herrschaft selbst wurde er indes nicht beteiligt. Offenbar spielte er in den Überlegungen Pippins hinsichtlich seiner eigenen Nachfolge an der Wende vom 7. zum 8. Jahrhundert keine Rolle, und selbst als die Dynastie wenige Jahre danach durch unvorhersehbare Todesfälle in die Krise zu gleiten schien, rückte Karl in keine bedeutende Position nach.

708 verschied Pippins ältester Sohn Drogo. Er wurde in der Metzer Apostelkirche bestattet, wo auch sein Vorfahr Arnulf seine letzte Ruhe gefunden hatte und die später nach diesem St. Arnulf genannt wurde. Zu seinem Nachfolger im Dukat bestimmte Pippin jedoch nicht seinen Sohn Karl. Nach seinem Tod begegnet Pippins Enkel Arnulf († vor 726), der noch junge, aber wohl schon mündige Sohn Drogos, als *dux*, doch übernahm auch er nicht den Dukat seines Vaters, sondern übte sein Amt im austrasischen Bereich aus. Sechs Jahre nach dem Tod Drogos – Pippin war bereits erkrankt – starb auch sein

jüngerer Bruder. Im April 714 wurde Grimoald in der Kirche des heiligen Lambert ermordet, als er dem kranken Vater einen Besuch abstatten wollte.[7]

Der Mord an seinem Sohn, den er selbst gerächt haben soll, nötigte Pippin zu neuerlichen personellen Veränderungen bei der Regelung seiner Nachfolge. Doch auch diesmal wurde Karl nicht berücksichtigt. Nachfolger Grimoalds im Hausmeieramt wurde nicht der etwa 25 Jahre alte Karl, sondern Theudoald († 715), der Sohn Grimoalds und Enkel Pippins. Theudoald soll aus einer Verbindung Grimoalds mit einer Konkubine hervorgegangen sein; an ihm haftete somit der Makel illegitimer Geburt. Dennoch schenkte Pippin ihm das Vertrauen und nicht seinem Sohn Karl, was vor allem angesichts des Altersunterschieds zwischen den beiden umso schwerer wog. Glaubt man den Chronisten, so war Theudoald noch nicht dem Kindesalter entwachsen, mehr noch: er galt dem Fortsetzer der Fredegar-Chronik als *parvulus*, dem Annalisten von Metz als *infantulus*, als allzu junger Knabe, der entsprechend nicht zu eigenständiger Regierung fähig war. Ihre Berichte fügen sich gut in das Bild, das der *Liber historiae Francorum* zeichnet. Seinem Verfasser zufolge habe Plektrud, gestützt auf den Merowingerkönig sowie ihre Enkel Theudoald und Arnulf, der als *dux* die pippinidischen Kernlande an der mittleren Mosel, um Metz und im Raum der Ardennen beherrschte, das Reich in »heimlicher Herrschaft« gelenkt.[8]

Das Bild des unmündigen Knaben, für den eine Frau die Fäden der Herrschaft in der Hand hielt, ist ein schon in der Historiographie der Merowingerzeit bekanntes Motiv, das die Schwäche der herrschaftlichen Spitze des Reiches symbolisiert. Es hat daher nicht an Versuchen gefehlt, die Darstellung Theudoalds in den zeitgenössischen Texten als übertriebene Lesart zu entlarven, die unter Karl Martell opportun erschien.[9] Dass allerdings auch der die Ereignisse differenzierter darstellende *Liber historiae Francorum* das Regiment Plektruds hervorhebt, lässt auf eine entsprechend unselbstständige Position ihrer Enkel schließen. Wahrscheinlich hatte Theudoald schon das Mündigkeitsalter erreicht, doch war er offenbar noch sehr jung, als er von seinem Großvater zum Nachfolger im Hausmeieramt am Hof König Dagoberts III. (711–715/16) in Neustrien bestimmt wurde. Das Fehlen jeglicher Informationen über Karl, aber auch über seinen Halbbruder Childebrand in diesen Momenten macht deutlich, dass Pippin den Nachkommen aus der Verbindung mit Plektrud einen entsprechenden Vorrang einräumte. Ihnen sollte die Zukunft gehören – auch wenn mit der Ernennung eines noch minderjährigen Enkels zum Hausmeier ein Präzedenzfall geschaffen wurde, der Risiken barg.

Dass Pippin bereit war, sie einzugehen und Karl bei der Besetzung der Schlüsselpositionen im Reich zu übergehen, wirft die Frage nach den Gründen für diese Entscheidung auf. Sie wirkt umso rätselhafter, als Karl im Jahr 714 aus seiner Ehe mit Chrodtrud († 725), einer Adeligen unbekannter Herkunft (s. S. 52), bereits einen Sohn, Karlmann, hatte. Ein weiterer Spross sollte folgen: Zwischen September 714 und September 715 wurde Pippin, der spätere König, geboren. Darüber hinaus hatte Karl noch weitere Nachkommen. Remigius († 771) und Hieronymus († nach 754), der schon als Knabe die Vita Arnulfs von Metz abgeschrieben haben soll, stammten einer allerdings erst im 10. Jahrhundert verfassten Quelle zufolge angeblich aus einer illegitimen Verbindung Karl Martells. Als Mutter lässt sich eine nicht näher bekannte Ruodhaid erschließen, die vielleicht auch einem weiteren Sohn Karls, Bernhard († 787), das Leben schenkte.[10] Fest steht allerdings, dass von den genannten Nachkommen nur Karlmann, Pippin und der der Ehe mit Swanahild († nach 750) entstammende Grifo später politisch hervortraten.

Die Suche nach den Ursachen für das Verhalten Pippins lenkte den Blick der Forschung auf die Legitimation Karls.[11] Hinderte den volljährigen Sohn Pippins seine Herkunft aus einer möglicherweise illegitimen Beziehung daran, ebenso wie die Plektrud-Söhne und deren Nachkommen an der Herrschaftsausübung beteiligt zu werden? Wäre Karl nur der Nachkomme aus einer nicht legitimen Verbindung gewesen, erschiene die Entscheidung Pippins gegen ihn als minderberechtigten Erben nachvollziehbar.

Welchen rechtlichen Status die Beziehung Pippins zu Chalpaida besaß, ist umstritten. Gewiss handelte es sich hierbei nicht um eine sogenannte »Friedelehe«, eine eheähnliche Beziehung, die inzwischen als Forschungskonstrukt erkannt wurde und daher nicht mehr zur Erklärung herangezogen werden kann. Ob zwischen Pippin und Chalpaida aber eine vollgültige Ehe bestand, wie es die Taufe Karls durch Rigobert von Reims und die in der Regierungszeit Karl Martells verfassten Quellen nahelegen, oder ob gegen die Lesart dieser Texte, die den Sachverhalt möglicherweise beschönigen sollten, die Verbindung nur eine Beziehung von nachgeordneter Bedeutung wie etwa ein Konkubinat war, lässt sich nicht mit Sicherheit entscheiden.[12] So muss auch offenbleiben, ob Karl Martell tatsächlich »ein politischer Abenteurer ohne eigentlichen Rechtstitel auf die Nachfolge des Vaters« (Eugen Ewig)[13] oder ein legitimer Erbe Pippins II. war. Deutlich lassen die zeitgenössischen Darstellungen der Ereignisse indes erkennen, dass Karl offensichtlich eine Position innerhalb der Familie innehatte, die zwar nicht stark genug war, um nach dem Tod seiner Halbbrüder Drogo und Grimoald bei der Vergabe der Ämter berücksichtigt zu werden. Allerdings scheint man seine Ansprüche gefürchtet zu haben, die sich letztlich auf seine Abstammung gründeten.

Mehrere Urkunden bezeugen, dass Karl nicht erst nach dem Ableben Pippins gezielt aus der Teilhabe an der Macht des Hausmeiers herausgehalten werden sollte. Die Dokumente legen zugleich nahe, wer das größte Interesse an dieser Benachteiligung Karls besaß: Plektrud, die ihren Kindern und Enkeln die Herrschaft im Reich in der Nachfolge Pippins zu sichern versuchte. Sie nahm eine bedeutsame politische Position an der Seite Pippins ein, und sie scheint es gewesen zu sein, die für die Ausgrenzung Karls schon zu Lebzeiten ihres Gatten verantwortlich zeichnete. So wurden zwischen 705/707 und 714 die drei Klöster Fleury-en-Vexin, Echternach und Susteren von Pippin, Plektrud und ihren gemeinsamen

Erben in Schutz genommen. Ebenso wie ihnen gegenüber sollten sie sich, wie es explizit hieß, auch ihren Erben als treu erweisen. Karl schloss dies nicht ein; er fand hier keine Erwähnung. Die Urkunde für Willibrord vom März 714 das Kloster Susteren betreffend liefert noch einen weiteren Hinweis auf Karls Verhältnis zu seinem Vater in diesen Tagen. Pippin vermochte aufgrund seiner Erkrankung das Dokument nicht mehr selbst auszustellen, daher übernahm Plektrud die Aufgabe für ihren geschwächten Ehemann in Anwesenheit ihrer Enkel. Auch Grimoald, der noch lebende Sohn aus der Ehe mit Plektrud, hatte sich offenbar auf den Weg gemacht, um den kranken Vater zu besuchen, doch war er bei der Ausstellung des Dokuments nicht präsent. Auf die Anwesenheit Karls gibt es keinerlei Hinweise. Er weilte nicht am Krankenbett Pippins, obschon dessen körperlicher Zustand offenbar sehr schlecht war. Zusammen mit den genannten Treueforderungen für die Erben Pippins und Plektruds bezeugt Karls Fehlen in der Urkunde für Willibrord die Distanz zwischen Vater und Sohn, die nur aus dem engen Verhältnis des Hausmeiers zu seiner Frau und ihren gemeinsamen Kindern resultieren konnte.[14]

Nicht ohne Grund hielt es daher Plektrud zu einem unbekannten Zeitpunkt wohl nach dem Tod Pippins am 16. Dezember 714 für ratsam, sich des möglichen Rivalen ihrer Enkel zu bemächtigen und ihn in Haft zu nehmen.[15] Wahrscheinlich in Köln, wo die Witwe nach dem Tod ihres Gemahls residierte, hielt sie Karl in Gewahrsam. Seine Inhaftierung ist ein Beleg für die Gefahr, die von Karl als potentiellem politischen Erben des Vaters ausgehen konnte.[16]

4   Der Kampf um die Herrschaft: Karl Martell und die »pippinidisch-karolingische Sukzessionskrise« (714–718/23)

Zunächst hatte die Witwe Pippins mit den Nachfolgeregelungen ihres Gemahls ihre Vorstellungen durchsetzen können. Theudoald war Hausmeier im neustroburgundischen Teil des Reiches an der Seite König Dagoberts III., Arnulf hatte den austrasischen Dukat inne, während sie selbst im Hintergrund die Fäden in der Hand behielt und das Reich in der »heimlichen Herrschaft« lenkte. Urkunden der beiden Enkel Plektruds aus dem Jahr 715 bezeugen ihre Aktivitäten in der Zeit nach Pippins Tod und untermauern so die Nachricht der chronikalischen Überlieferung über die Herrschaftsverhältnisse im Frankenreich. Sehr bald nach dem Ableben Pippins regte sich jedoch Widerstand, der sich den *Annales Mettenses priores* zufolge an Plektruds Herrschaftsausübung entzündet haben soll: Grausamer noch, als man es von einer Frau ohnehin gewohnt sei, habe sich diese gestaltet. Als Reaktion darauf erhoben sich die neustrischen Großen gegen den jungen Theudoald. Damit nahm die in der Forschung als »pippinidisch-karolingische Sukzessionskrise« (Josef Semmler) bezeichnete Auseinandersetzung ihren Lauf.[1]

Im Forst von Cuise in der Nähe von Compiègne kam es am 26. September 715 zur Schlacht, als die Neustrier den jungen Hausmeier und die Gefolgsleute Pippins und seines Sohnes Grimoald attackierten. Die Niederlage Theudoalds war deutlich. Ein großer Teil des militärischen Aufgebots verlor das Leben; der Hausmeier selbst entkam durch Flucht und soll kurz darauf gestorben sein. Was folgte, waren nach Aussagen der Quellen eine »große und starke Verwirrung und Verfolgung«: Ebenso wie die älteren Metzer Annalen betonen sowohl der *Liber historiae Francorum* als auch die von ihm abhängigen

Fredegar-Fortsetzungen die zerrütteten Zustände, die durch die Erhebung von Franken gegen Franken ausgelöst worden waren. Der Krieg sollte über das Jahr 715 hinaus andauern.[2]

Nach ihrem ersten Erfolg erhoben die neustrischen Großen mit dem Franken Raganfred († 731) einen eigenen Hausmeier, den sie Dagobert III. an die Seite stellten. Gemeinsam ging man nach dem neuerlichen Aufstellen eines Heeres in die Offensive und stieß durch den Kohlenwald nach Osten bis zur Maas vor. Im Zuge des Vorgehens wurde auch der Friesenherzog Radbod von den Neustriern durch ein Freundschaftsbündnis (*amicitia*) eingebunden. Vorerst hielt er sich mit einer direkten militärischen Beteiligung jedoch zurück.[3]

Der Feldzug war bereits vorbei, als Ende des Jahres 715 oder zu Beginn des Jahres 716 Dagobert III. verstarb. Auf der Suche nach einem geeigneten Nachfolger für ihn wurden die neustrischen Franken in einem Kloster fündig: Daniel, ein Kleriker wurde »noch während sein Haupthaar wuchs« als Chilperich II. († 721) auf den Thron erhoben. Einer Urkunde zufolge soll er ein Sohn des 675 ermordeten Merowingerkönigs Childerich II. gewesen sein. Seine Einsetzung diente dazu, dem eigenen Handeln Legitimation zu verleihen. Am Tenor der Quellen kann man das Befremden ablesen, das ihre Verfasser angesichts dieses Vorgangs empfanden. Die Erhebung eines Klerikers, der vom Fortsetzer der Fredegar-Chronik mit der despektierlich klingenden Bezeichnung »ein gewisser Chilperich« versehen wurde, empfand man offenkundig als anstößigen Vorgang.[4]

Ganz anders fiel die Darstellung Karl Martells aus. Ihm war es in der Zwischenzeit, möglicherweise schon im Sommer 715, während des Vorstoßes der Neustrier an die Maas, vielleicht aber auch erst nach dem Tod Dagoberts III. im Zusammenhang mit ihrem neuerlichen Zug nach Osten, gelungen, aus der Gefangenschaft Plektruds zu entkommen. Seine Befreiung aus der Haft wurde von den ihm gegenüber positiv eingestellten Quellen in ein religiöses Licht getaucht: Durch Gottes Hilfe, so wird berichtet, sei Karl aus dem Kerker der Witwe entkommen.[5] Tatsächlich wuchs wohl angesichts der Erfolge der Neustrier der Druck auf die Regentin, und die Zahl der Fürsprecher Karls dürfte in dieser Situation noch gestiegen sein.

Um wen es sich bei den Unterstützern Karls handelte, ist nur annäherungsweise zu erschließen. In der Forschung hat man die Förderer des späteren Hausmeiers unter den Verwandten seiner Mutter Chalpaida gesucht. Eine Zuordnung der Mutter Karls zum Kreis um Irmina von Oeren, die aus Besitzungen Pippins III. und seiner Frau Bertrada (um 725 – 783) bei Prüm und Rheinbach nahe Bonn rekonstruiert wurde, stieß auf Ablehnung. Ebenso konnte die auf späteren Quellen beruhende Vermutung, Chalpaida sei die Schwester Dodos, des Mörders Bischof Lamberts von Tongern-Maastricht, nicht erhärtet werden. Damit wurde auch der vermeintlichen familiären Verbindung zur im Lütticher Raum mächtigen Familie Dodos die Grundlage entzogen. Hinsichtlich der Verwandtschaft von Karls Frau Chrodtrud lassen sich ebenfalls keine sicheren Aussagen treffen. Insgesamt sind die verwandtschaftlichen Beziehungen Karl Martells über seine Mutter und Ehefrau nicht konkret zu bestimmen.[6] Man geht allerdings kaum fehl in der Annahme, dass die Verwandtschaft von Mutter und Ehefrau Karl grundsätzlich unterstützt haben wird. Und auch andere Kreise, die aufgrund lokaler Konflikte im Gegensatz zu Plektrud standen, dürften dem Sohn Pippins mit ihren Aufgeboten militärische Hilfe geleistet haben. Dazu zählten vielleicht auch Adelige aus dem Lütticher Raum, wie Sigramn, der Vater Chrodegangs von Metz, oder Godobald, der nach dem endgültigen Sieg Karls über seine Widersacher mit der Abtswürde im Kloster Saint-Denis belohnt wurde.[7] Diese Kreise waren es möglicherweise auch, die zusammen mit anderen, durch den militärischen Fehlschlag im Forst von Cuise ernüchterten Großen auf die Befreiung Karls hinwirkten und ihm militärische Kräfte zur Verfügung stellten, mit denen er gegen die gemeinsamen Gegner vorgehen konnte. Dem ältesten Sohn Pippins trauten sie offenkundig die Wende zu.

Zurück in der Freiheit nutzte Karl die momentane Schwäche der Regentin und baute die eigene Machtposition aus, indem er die weitere Unterstützung austrasischer Großer gewann. Als die Neustrier sich im März 716 erneut anschickten, nach Osten vorzustoßen, durchquerte ihr Aufgebot mit Chilperich II. und Raganfred an der Spitze – südlicher als beim letzten Mal – den Ardennerwald und rückte auf Köln vor. In der Zwischenzeit war Radbod in Absprache mit den Neustriern zu Schiff rheinaufwärts bis zur Stadt vorgedrungen. Gegen ihn wandte sich Karl zunächst, verlor aber die Schlacht. Sein Aufgebot erlitt herbe Verluste, er selbst musste fliehen, was allerdings in der späteren prokarolingischen Überlieferung in Gestalt der älteren Metzer Annalen geflissentlich übergangen wurde. Nach der Ankunft des neustrischen Heeres vor Köln musste Plektrud Chilperich anerkennen und die Aufhebung der Belagerung mit der Herausgabe von Schätzen erkaufen. Danach zogen die Neustrier und ihre friesischen Verbündeten ab; sie hatten ihre Ziele offensichtlich erreicht. Zunächst scheint demnach nicht Karl, sondern Plektrud im Zentrum ihres Interesses gestanden zu haben. Dass Karl jedoch eine überaus gewichtige Rolle spielte, mussten Chilperich und Raganfred noch auf austrasischem Gebiet erfahren. Mit neu gesammelten Kräften attackierte er sie wohl im Frühjahr 716 bei Amblève aus dem Hinterhalt. Für die Neustrier wandelte sich auf diese Weise der vermeintliche Sieg zur Niederlage, bei der sie erhebliche Verluste erlitten.[8]

Die folgenden Monate wurden von beiden Seiten dazu genutzt, ihre Kräfte zu sammeln und zu verstärken. Karl scheint nach seinem Erfolg bei Amblève seine Anhängerschaft vermehrt zu haben. Die bruchstückhafte Überlieferung lässt nur vereinzelt und in Umrissen erkennen, wer nach Karls Erfolg zu seinen Unterstützern gezählt haben könnte. Neben Notizen in der hagiographischen Überlieferung sind es vor allem urkundliche Zeugnisse, die Einblicke in die veränderten Verhältnisse bieten. Sie legen nahe, dass einige Personen, die bislang Plektrud nahestanden, sich nun Karl anschlossen.

Am deutlichsten lässt sich der Wandel der Loyalitäten an Willibrord ablesen. Der angelsächsische Missionar, der in Friesland Bekehrungen durchführen wollte, war von Plektrud und Pippin privilegiert, sein Kloster Echternach reich beschenkt worden. In ihren Urkunden hatte das Paar stets versucht, Klöster auf ihre Nachkommen zu verpflichten. Auch ein an Willibrord gerichtetes Dokument Susteren betreffend besaß eine entsprechende Wendung, die den Abt und seine Nachfolger zur Treue gegenüber den Erben Pippins und Plektruds ermahnte (s. S. 48 f.). Nach der Schlacht von Amblève aber taufte Willibrord Pippin, den zwischen September 714 und September 715 geborenen zweiten Sohn Karls. Vielleicht handelte es sich dabei um eine Maßnahme, die die verschiedenen Zweige der Pippiniden versöhnen sollte. Wahrscheinlicher aber richtete sich der Akt gegen Plektrud. Insbesondere die Wahl des Namens Pippin lässt darauf schließen, dass Karl mit der Taufe seine Ansprüche auf die Nachfolge in der Herrschaft des eigenen Vaters erneuerte. Demnach hatte sich Willibrord mit seiner aktiven Rolle bei der Taufe von Plektrud ab- und Karl zugewandt. Ursache hierfür war möglicherweise ein konkretes Anliegen des angelsächsischen Geistlichen. Willibrord war vom Friesenherrscher Radbod aus seinem Bistum Utrecht vertrieben worden. Nun suchte er offenbar die Unterstützung Karls, der die Gegnerschaft zu Radbod mit ihm teilte, um in sein Missionsgebiet zurückkehren zu können.[9]

Zu den bei der Taufe anwesenden Personen zählte auch Raganfred, ein nicht mit dem gleichnamigen Hausmeier identischer Adeliger, der von Karl zum Taufpaten Pippins bestimmt wurde. Jahre später sollte Karl ihn zum Abt des Klosters von Saint-Wandrille erheben. Ende der vierziger Jahre wurde er schließlich Bischof von Rouen (747/48–755?).[10] Entsprechend wird Raganfred ebenfalls bereits 716, wahrscheinlich aber auch schon früher zu den Gefolgsleuten Karls gehört haben.

Dass auch Ermino, Abt des Klosters Lobbes, durch einen von Karl zu ihm gelangten Mann von der Geburt Pippins 714/15 erfahren haben soll, könnte man als Indiz für eine Verbindung zwischen beiden werten. Wahrscheinlich aber hat der Autor der Vita Erminos in seiner Darstellung, an die sich unmittelbar eine Prophezeiung des Abts zur späteren Königsherrschaft des Knaben anschließt, die Ereignisse in der Rückschau konstruiert. Verfasst wurde der Text erst, nachdem Pippin III. die Königswürde erlangt hatte. Auch der dem Abt durch eine Stimme vorhergesagte Sieg Karls in einer Schlacht (wohl derjenigen bei Vinchy), der ihm dann bestätigt wurde, und seine Weissagung des Todes Radbods, der Vorbereitungen zu einem Angriff traf, von dem auch Güter des Klosters betroffen gewesen wären, lassen sich als nachträgliche Konstrukte deuten. Sie dienten dazu, den Heiligen, aber auch Karl Martell in ein positives Licht zu tauchen. Man kann allerdings nicht ausschließen, dass der Bericht der Vita in Teilen der Wahrheit entspricht. Ermino wäre in diesem Fall ebenfalls zu den engeren Verbündeten Karls zu rechnen, der sich möglicherweise schon zu Beginn der Auseinandersetzung nach dem Tod Pippins an dessen Seite befand.[11]

Zu Karls Anhängern gehörte offenbar auch Hubert, der Bischof von Tongern-Maastricht (705/06–727). Er war ein enger Verwandter Plektruds, und es erscheint mehr als auffällig, dass er als zuständiger Ortsbischof an der Beurkundung für Willibrord bezüglich Susterens im Jahr 714 nicht beteiligt war. Lässt sich hierin der Ansatz einer Entfremdung zwischen ihm und Plektrud erkennen? Ende Mai 716 ließ der Bischof die Gebeine des heiligen Lambert aus Maastricht nach Lüttich übertragen. Der feierliche Akt erfolgte, wie eine Quelle versichert, nachdem der Rat der lokalen Großen eingeholt worden war. Ob dazu – wie von Teilen der Forschung angenommen – auch Karl Martell zählte, muss angesichts der skizzierten Probleme bei der Rekonstruktion der Verwandtschaft Chalpaidas offenbleiben. Doch wird Karl gewiss informiert gewesen sein. Zu wichtig war der Heilige für die eigene Familie: Belegt wird dies nicht nur durch den Tod Grimoalds, der beim Besuch des Heiligenschreins ermordet wurde, sondern auch durch die Ausbreitung des Lambertkults im Machtbereich Karl Martells, insbesondere in den Jahren 716 und 721. Auch Willibrord nahm am Lambertkult Anteil, wie eine Eintragung in seinem Kalender und die 721 erfolgte Unterstellung der Lambertkirche in Bakel unter seine Ägide zeigen. Aus diesem Grund hat man in der Übertragung der Gebeine Lamberts den Versuch gesehen, den lokalen Adel mit Hubert an der Spitze für Karl Martell zu gewinnen. Hubert scheint so in das Lager des siegreichen Pippiniden übergegangen zu sein, was ihm durch eine vorausgegangene Entfremdung von Plektrud möglicherweise erleichtert wurde.[12]

Gregor (707/08–774), der spätere Abt und Verwalter des Bistums Utrecht, wurde aller Wahrscheinlichkeit nach am austrasischen Hof erzogen. Seinem Lebensalter entsprechend dürfte dies in den Jahren nach Pippins Tod und somit unter der Herrschaft Karl Martells erfolgt sein. Sein Vater hatte einst Land an Plektrud verkauft. Spätestens nach dem Sieg bei Amblève wechselte er jedoch mit seinem Sohn die Seiten. Der Trierer Bischof Liutwin († 722/23) und sein Sohn Milo († 761/62) unterstützten Karl Martell ebenfalls. Der Hausmeier belohnte Milo mit den Bistümern Trier und Reims.[13]

Den Lebensbeschreibungen der Äbte des am Unterlauf der Seine gelegenen Klosters Saint-Wandrille zufolge soll Benignus, der Vorsteher der Abtei seit 709/10, zu den Gefolgsleuten Karls gehört haben. Dabei gaben wahrscheinlich lokal bedingte Auseinandersetzungen mit Raganfred den Ausschlag, die in der Absetzung des Benignus durch den neustrischen Hausmeier gipfelten. Von Karl versprach sich der ehemalige Abt die Wiedereinsetzung in sein altes Amt. Tatsächlich sollte ihm dieser Wunsch erfüllt werden.[14]

Nicht zum Kreis der Anhänger Karl Martells zählte offenbar Heden II., *dux* von Mainfranken und Thüringen (nach 689–ca. 719). Zwar schenkte Heden Willibrord 717 Land in der Gegend von Hammelburg, damit dieser dort ein Kloster gründen konnte,[15] und bereits 704 hatte er dem angelsächsischen Missionar Land im Raum von Arnstadt übertragen. Doch lässt die Schenkung von 717 an Willibord, der Karl zu diesem Zeitpunkt in seinem Streben nach der Herrschaft im Frankenreich unterstützte, nicht auf ein uneingeschränkt positives Verhältnis zwischen Heden und dem Pippiniden schließen.¹⁶ Da Heden mit der Echternacher Stifterfamilie offenbar nicht verwandt war, könnte die Schenkung des Jahres 717 ein Versuch gewesen sein, sich über Willibrord Karl anzunähern. Bemerkenswert ist, dass die Schenkungsurkunde des Jahres 717 nach den Regierungsjahren Chilperichs II., dem König Raganfreds und der Neustrier, datiert ist. Wahrscheinlich befand sich Heden also im Gegensatz zu Karl Martell, und vielleicht hatte sich der Herzog, dessen Familie unter dem Vater Karls stets loyal gewesen zu sein scheint, erst im Zuge der Auseinandersetzungen nach dem Tod Pippins II. von der Familie des Hausmeiers ab- und der Gegenseite zugewandt. Es ist wohl kein Zufall, dass der Herzog nach dem Schenkungsakt von 717 aus der Geschichte verschwand: Er hatte sich möglicherweise auf die falsche Seite gestellt oder sich seine Optionen allzu lange offenhalten wollen.

Das Jahr 716 hatte Karl Martell mit seinem Sieg bei Amblève einen militärischen Erfolg und die Zunahme seines Gefolges beschert, aber keine Vorentscheidung zu seinen Gunsten gebracht. Der Kampf zwischen ihm und seinen neustrischen Gegnern war noch nicht beendet. Weitere Feldzüge waren nötig, um die Entscheidung herbeizuführen. Im Frühjahr 717 nahmen die Konfliktparteien die bewaffneten Auseinandersetzungen wieder auf. Diesmal ergriff allerdings Karl – Zeichen der gewandelten Verhältnisse – die Initiative. Er zog dem heranrückenden feindlichen Heer entgegen und trug den Krieg in neustrisches Gebiet.¹⁷ Auf dem Weg dorthin soll er dem Bericht der *Vita Rigoberti* zufolge an der Spitze seines Heeres vor die Tore von Reims gezogen sein und Einlass begehrt haben, um – wie es heißt – zur Gottesmutter Maria beten zu können. Rigobert verweigerte ihm dieses Ansinnen, unterstellte ihm vielmehr, er sei nur gekommen, um diese Stadt wie viele andere zuvor zu verwüsten. Offen bekannte der Bischof, den Ausgang der Schlacht abwarten zu wollen, um zu sehen, wem Gott den Sieg schenke. Diesem wolle er dann, so Rigobert weiter, die Stadttore öffnen.

Auch wenn Teile des Berichts legendarisch überformt und ausgeschmückt wurden, wird man ihn doch nicht als gänzlich unhistorisch ablehnen müssen. Im Kern dürfte die Darstellung der Vita den Tatsachen entsprechen, dürfte Rigobert sich in der anstehenden Auseinandersetzung nicht zuletzt aufgrund der exponierten Lage seines Erzbistums als Brücke zwischen Neustrien und Austrasien und somit zwischen den verfeindeten Gruppen Zurückhaltung auferlegt und alle Optionen offengehalten haben – ein Verhalten, das sich rächen sollte. Unverhohlen drohte Karl Rigobert im Falle seines Sieges mit seiner Absetzung und setzte seine Ankündigung schließlich in die Tat um. Auch Celestinus, Abt von St. Peter in Gent, bezahlte mit dem Verlust seines Amts, nachdem er vielleicht auf ähnliche Weise versucht hatte, seine Neutralität zu bewahren. Karl hielt ihm vor, mit Raganfred in brieflichem Kontakt gestanden zu haben. Ersetzt wurde er durch eine Vertrauensperson Karls; gleichwohl soll sich der Hausmeier an den Gütern des Klosters schadlos gehalten und sie an seine Gefolgsleute verteilt haben.[18]

Am 21. März 717, einem Sonntag, trafen bei Vinchy in der Nähe von Cambrai die beiden Heere aufeinander. Vor der Schlacht soll Karl der neustrischen Seite eine Friedensforderung angetragen haben. Möglicherweise versuchte er tatsächlich, zu einer einvernehmlichen Lösung im Konflikt zu kommen, und vielleicht wäre Karl bei einer Einigung auch zur Anerkennung Chilperichs II. bereit gewesen. Die Neustrier lehnten allerdings ab. Es kam zur Schlacht, die den Zeitgenossen zum Gottesurteil und zum Wendepunkt in der Auseinandersetzung geriet, die Franken gegen Franken aufgebracht und das Reich an den Abgrund geführt hatte. Das Datum schien dies zusätzlich zu unterstreichen: Es war der Termin der Sonnenwende, nach dem biblischen Bild zugleich der Tag, an dem das Licht die Dunkelheit ablöste, zwei Wochen vor dem Ostersonntag. Die Schlacht war einseitig, und der Sieg fiel deutlich aus. Karl hatte nicht nur zahlreiche Gefangene gemacht, sondern führte auch eine große Menge Beute nach Austrasien zurück. Die Verwüstung der umliegenden Regionen sollte dabei abseits des materiellen Gewinns noch einmal seine militärische Stärke demonstrieren; nach Paris hat er die vom Schlachtfeld fliehenden Chilperich und Raganfred jedoch wohl nicht verfolgt.[19]

Schon auf dem Rückweg enthob Karl Rigobert von Reims seiner zuvor geäußerten Drohung gemäß seines Amts. Der Bischof hielt sich zunächst im Exil in Aquitanien auf, durfte aber wenige Jahre darauf wieder zurückkehren, ohne freilich seine alte Stellung an der Spitze des Erzbistums jemals wiederzuerlangen. Rigobert starb vor 743 in Gernicourt bei Laon. Seine Nachfolger im Amt wurde zunächst Liutwin, Bischof von Trier, später dessen Sohn Milo. Dass der neue Bischof von Reims auch dem Trierer Bistum vorstand, die Besetzung des Reimser Stuhles mit seiner Person also gegen kanonische Regeln verstieß, scheint Karl nicht weiter berührt zu haben. Milo blieb in den folgenden Jahrzehnten eine seiner wichtigsten Stützen in Neustrien.[20]

Bei seiner Rückkehr nach Köln nötigte ein Aufstand in der Stadt Plektrud dazu, Karl den Schatz seines Vaters zu übergeben. Sinnfällig wurde damit der Übergang der Herrschaft an den zuvor von der Witwe Pippins übergangenen und inhaftierten Stiefsohn vollzogen. Noch einmal trat die solchermaßen Entmachtete mit der Stiftung des Kölner Konvents von St. Maria im Kapitol hervor. Nach diesem Akt verschwand Plektrud jedoch aus der Geschichte. Ihr weiteres Schicksal ist ebenso unbekannt wie der Ort, an dem sie sich in der Folge aufhielt. Denkbar ist zwar, dass sie einen eigenen, auf Köln begrenzten Herrschaftsbereich beibehielt, doch wurde dieser von Karl spätestens im Jahr 723 beseitigt. Die Nachricht, sie habe im selben Jahr Raganfred geehelicht, stammt aus einer hochmittelalterlichen Chronik und ist insgesamt nicht mehr als eine spätere Legende.[21]

Mit dem Abgang Plektruds von der Bühne reduzierte sich die Zahl der politischen Akteure. Karl selbst konnte nun von einer gefestigteren Position in Austrasien aus agieren. Gleichwohl scheint es auch hier noch Kreise gegeben zu haben, die dem Sohn Pippins nicht folgten, sondern deren Loyalität weiter dem neustrischen König Chilperich II. gehörte. Nur wenige Monate nach der Niederlage bei Vinchy, im Juni 717, wurde die Apostelkirche in Metz von Chilperich mit Geschenken und Immunitätsbestimmungen bedacht. Zuvor hatten Hugo und Arnulf, die Söhne Drogos, im Juni 715 dem dortigen Abt Leutbert Land für die Überlassung einer Grabstelle für ihren Vater geschenkt. Betrachtet man beide Belege zusammen, wird man dem Abt des Klosters, Leutbert, ebenso wie dem Metzer Bischof Sigibald (ca. 716–740/41) ein engeres Verhältnis zu den Personen zuschreiben können, die sich gegen Karl Martell gestellt hatten. Vor diesem Hintergrund dürfte die Begünstigung durch Chilperich nicht als Werben um Anhänger im Metzer Raum, einer Machtbasis Karl Martells, zu deuten sein. Die Privilegierung war vielmehr Ausdruck eines positiven Einvernehmens mit langjährigen Gegnern Karls. Wahrscheinlich befand sich auch noch die einflussreiche Familie der Wulfoalde in Opposition zum Sieger von Vinchy. Und auch Heden II. stand dem König der Neustrier offenbar näher als dem von Karl zu diesem Zeitpunkt gestützten Merowinger Chlothar IV. (718–719) und dürfte demnach auch zu den Kontrahenten des Pippiniden zu rechnen sein (s. S. 107 f.).[22]

Dass Karl Martell selbst nach dem Erfolg von Vinchy seinen Rückhalt in Austrasien zwar gestärkt, seine neustrischen Gegner aber keineswegs bezwungen hatte, zeigt auch die Verteilung der Loyalitäten im Frankenreich nach dem März 717. Wie Urkunden zu entnehmen ist, rechneten Raganfred und Chilperich II. die Provence und Maine auch nach der Niederlage zu ihrem Herrschaftsgebiet, und wie erwähnt, versuchten sie auch in Metz Einfluss auszuüben. Während die Diözese Cambrai zwischen den Lagern gespalten gewesen zu sein scheint, bildeten die Bischofskirche von Paris und die Abteien Saint-Denis, Saint-Maur-des-Fossés sowie Saint-Wandrille, wo Raganfred den Abt vertreiben und durch eine ihm genehme Person ersetzen ließ, in jener Zeit Stützen der Herrschaft des neustrischen Hausmeiers und seines Königs. Gleiches gilt für die Äbte der Konvente von Sithiu (Saint-Bertin), von Saint-Médard in Soissons und wohl auch von St. Peter in Gent. Die Position anderer Bistümer und Klöster in der Auseinandersetzung zwischen Karl und seinen Gegnern lässt sich aufgrund der unklaren Datierung entsprechender Urkunden nicht zweifelsfrei bestimmen. Vielleicht kann auch das Wormser Bistum als neustrisch betrachtet werden, und möglicherweise zählten auch St. Gallen und Saint-Maurice d'Agaune zu den Abteien, die sich noch nach Vinchy an Chilperich II. und Raganfred orientierten.[23]

Vor diesem Hintergrund wird man an der Deutung des Schlachtenerfolgs bei Vinchy als eines militärisch bedeutsamen Schlüsselereignisses in der mehr als zweijährigen Auseinandersetzung zwischen Karl und seinen Gegnern festhalten dürfen. Zwar bescherte der von den Zeitgenossen zum Gottesurteil verklärte Sieg Karl nicht die uneingeschränkte Herrschaft im Frankenreich. Allerdings setzte er eine machtpolitische Erosion in Gang, welche die Reihen der Opposition gegen ihn ausdünnte und seine Anhängerschaft unter den Großen in Austrasien wachsen ließ.

In dieser Situation entschloss sich Karl zu einem Schritt, der ihm weitere Unterstützung sichern sollte. Wohl bald nach dem Sieg von Vinchy und seiner Rückkehr nach Austrasien, in jedem Fall vor dem 3. Februar 718 erhob Karl mit Chlothar IV. († 719) einen neuen König aus der Familie der Merowinger, der ihn seinerseits formal zum Hausmeier ernannte. Damit vermochte Karl Martell nicht nur seiner eigenen Stellung eine höhere Legitimität zu verleihen, sondern den bislang opponierenden Adeligen, Bischöfen und Äbten einen neuen Zielpunkt für ihre eigene Loyalität zu bieten. Neben den neustrischen König Chilperich II., dem nach dem Tod Dagoberts III. einzigen Merowingerherrscher im Reich, trat nun ein König, der nicht nur den Austrasiern als neue legitimatorische Bezugsperson zu dienen vermochte. Nun konnten sich die Anhänger Karls mit ihren Anliegen an Chlothar IV. wenden.[24] Möglicherweise hatte die noch immer vorhandene Gegnerschaft mehrerer Adeliger Karl dazu veranlasst, selbst einen Merowingerherrscher einzusetzen. Warum er erst nach dem Sieg bei Vinchy diese Maßnahme vollzog und welche Pläne er vorher hegte, ist unklar. Möglicherweise hatte er zunächst geglaubt, sich mit Chilperich II. arrangieren und ihn auf seine Seite ziehen zu können. Das bereits erwähnte Friedensangebot Karls vor der Schlacht bei Vinchy könnte diesem Zweck gedient haben. Der Sieg scheint jedenfalls eine veränderte Ausgangsposition für die Erhebung eines eigenen Königs geschaffen zu haben – sei es, weil in Karl die Erkenntnis gereift war, dass mit Chilperich II. kein Einvernehmen zu erzielen war, sei es, weil die momentane militärische Überlegenheit ihm ohnehin neue günstige politische Optionen eröffnete.

Ebenso wie Karl waren auch Chilperich und Raganfred nach ihrer Niederlage bei Vinchy nicht untätig geblieben und hatten nach neuen Bundesgenossen Ausschau gehalten. Durch eine Gesandtschaft konnte Eudo, der *dux* von Aquitanien († 735), von einer Allianz gegen Karl überzeugt werden. In diesem Zusammenhang sollen Eudo nicht nur Geschenke, sondern auch die Herrschaft, das *regnum*, übergeben worden sein. Wahrscheinlich war man auf neustrischer Seite bereit, die de facto unabhängige Herrschaft des Herzogs in Aquitanien nun auch rechtlich anzuerkennen und ihm so größere Selbstständigkeit einzuräumen (s. S. 113 f.). Eudo kam seiner Bündnispflicht sogleich nach und zog Karl mit einem Heer entgegen. Dieser befand sich bereits an der Grenze zu Neustrien und ging sogleich in die Offensive. Vom Vorstoß Karls sichtlich beeindruckt, soll Eudo ohne Widerstand zu leisten die Flucht ergriffen haben. Bei Soissons traf Karl nun nur noch auf die neustrischen Verbände mit Raganfred an deren Spitze, die von seinem Aufgebot geschlagen wurden. Der neustrische Hausmeier floh nach Norden und langte über Devinna (Pont de l'Arche) bei Rouen in Angers an. 724 wagte er noch einmal einen Aufstand gegen Karl, der danach zur Sicherung künftigen Wohlverhaltens den Sohn Raganfreds als Faustpfand einbehielt, dem ehemaligen Hausmeier aber eine eigene Grafschaft beließ. Raganfred starb 731. Eudo hingegen hatte sich nach dem Rückzug vom Schlachtfeld nach Paris begeben, wo er den dort verbliebenen Chilperich dazu nötigte, ihn mitsamt seinen Schätzen in sein Herrschaftsgebiet nach Aquitanien zu begleiten. Karl verfolgte den *dux* und den König über Paris bis nach Orléans, ließ aber von weiteren Maßnahmen ab, als Eudo ihm Chilperich und seine Schätze auslieferte.[25]

Seinen militärischen Erfolg bei Soissons nutzte Karl Martell, um seine Herrschaft im Frankenreich im Allgemeinen und in Neustrien im Besonderen zu intensivieren. Anders als sein Vater, der sich bei der Besetzung von Schlüsselstellen am neustrischen Hof mit eigenen Gefolgsleuten offenbar bewusst zurückgehalten hatte, vollzog Karl ein tiefgreifendes personelles Revirement, das zur Sicherung seiner Herrschaft beitrug.[26] Kirchliche Institutionen waren von diesem Wandel besonders betroffen. An ihrer Spitze stehende Geistliche wurden teilweise durch Vertrauensleute Karls ersetzt. Andere bemühten sich erfolgreich um die Gunst des Hausmeiers. Auf Eucherius von Orléans, Ebbo von Sens (696/97–nach 725), Ainmar von Auxerre († ca. 731), Agatheus von Nantes, Rennes und Chartres sowie die Verwalter der Bistümer von Le Mans und Angers, vielleicht auch von Sées, stützte der Hausmeier dann auch seine Herrschaft, zumindest vorerst. Unter seine direkte Kontrolle waren diese Gebiete freilich noch nicht gelangt. Noch immer war er auf die Unterstützung von Personen angewiesen, die sich zuvor gegen ihn gestellt hatten.[27]

Karl Martell räumte daneben auch einem Familienangehörigen eine Schlüsselrolle ein. Seinem Neffen Hugo, dem Sohn Drogos, wurde im Laufe der Jahre die Verwaltung der Bistümer Paris, Rouen, Bayeux, Lisieux und Avranches und die Leitung der Abteien Jumièges, Saint-Wandrille und La Croix-Saint-Leufroy übertragen; zeitweise stand er auch dem Kloster Saint-Denis vor.[28] In Saint-Wandrille löste Hugo seinen Vorgänger Benignus im Amt ab. Dieser war einst von Raganfred seines Amts enthoben und durch Wando (716–719) ersetzt worden. Nach Karls Sieg über Chilperich II. und seinen neustrischen Hausmeier musste dieser allerdings ins Exil nach Maastricht gehen, während Benignus sein altes Amt wiedererlangte. Damit war Saint-Wandrille »vollends ein karolingisches Kloster« (Arnold Angenendt) geworden, und dies sollte sich auch bei der Nachfolge des neuen Abts erweisen. Vielleicht schon vor dem Tod des Benignus im Jahr 724 wurde Hugo von Karl Martell mit der Leitung des Klosters beauftragt.[29]

Namentlich aufgrund der engen Verwandtschaft des neuen Abts zum Hausmeier wurde in der Forschung vor allem die Rolle Hugos als Parteigänger Karl Martells unterstrichen. Allerdings heben die Tatenberichte der Äbte von Saint-Wandrille nicht nur die Beziehung zu seinem Onkel Karl hervor, sondern verweisen auch auf die Abkunft von Waratto, dem früheren neustrischen Hausmeier. Über seine Mutter Anstrudis soll Hugo ein Enkel Warattos und dessen Frau Ansfled gewesen sein. Ausführlich behandeln die *Annales Mettenses priores* das Verhältnis zwischen Hugo und seiner Großmutter: Sie war es demnach, die den Sohn Drogos unter ihre Fittiche nahm und ihn durch ihre Erziehung auf ein geistliches Leben vorbereitete.[30]

Da Hugo nicht vom pippinidischen Zweig seiner Familie erzogen wurde, mag er Karl anfänglich distanziert gegenübergestanden haben. Auffällig ist zumindest, dass Hugo bald nach der Schlacht von Vinchy Wando, dem von Raganfred eingesetzten Abt von Saint-Wandrille, noch vor dessen Absetzung durch Karl im Jahr 718 Land schenkte.[31] Man wird ihn daher nicht von Anfang an zu den Anhängern Karl Martells rechnen dürfen. Offenkundig hat er sich erst nach dem Erfolg des Hausmeiers über seine neustrischen Gegner der siegreichen Seite zugewandt und könnte demnach eine ebenso abwartende Position eingenommen haben wie Rigobert von Reims. Anders als dieser (und andere) wurde er allerdings nicht von Karl dafür bestraft, im Gegenteil. Er wurde mit der Leitung mehrerer Bistümer und Abteien betraut. Diese Vorzugsbehandlung hat sicherlich mit seiner Zugehörigkeit zum Pippinidengeschlecht zu tun. Zugleich lassen sich daran aber auch die Ausgleichsbemühungen Karl Martells ablesen: Die Einsetzung Hugos konnte als ausgleichendes Signal an seine neustrischen Gegner, an die Familie Warattos und Ansfleds, aber auch an die Angehörigen Plektruds verstanden werden. Mehr noch wird allerdings in der personellen Maßnahme das Bedürfnis Karls deutlich, wichtige Stellen mit Personen zu besetzen, die ihre Position seiner Machtfülle verdankten und ebenso loyal wie durchsetzungsfähig waren. Hugo mochte gerade aufgrund seiner neustrischen Vergangenheit dem Hausmeier dazu geeignet erscheinen, in der unteren Seine-Region seine Herrschaft effektiv zu vertreten. Dabei blieb er jedoch eigenständig. Intensiv bemühte er sich darum, die klösterlichen Besitzungen gegen die Adeligen zu verteidigen, die sich daran schadlos hielten und Land zu entfremden versuchten. Mit seinem Vorgehen erwarb sich der Abt die Sympathien seiner Mönche: Anders als es die in den Tatenberichten der Äbte von Saint-Wandrille thematisierten kirchenrechtlichen Bedenken gegen die durch Hugo erfolgte Ämterhäufung erwarten lassen, ist sein dort gezeichnetes Bild insgesamt ausgesprochen positiv. Ausdrücklich würdigte der Verfasser die Bemühungen des Abts um die Sicherung des Klosterbesitzes und die Versorgung der Mönche. So steht seine Figur stellvertretend für eigenständiges Handeln zur Bewahrung des Kirchenguts, das in den Wirren der Zeit erheblichen Schaden genommen hatte.[32]

Karl hatte nun die Herrschaft über Austrasien gefestigt, mehr noch: er hatte sie schubweise um sein Kerngebiet herum auch auf Neustrien ausgedehnt. Das zurückliegende Jahr hatte seine Position zementiert und die Zahl seiner Gegner verringert. Radbod verstarb 719; sein Nachfolger Aldgisl betrieb eine weniger aggressive Politik, behielt gleichwohl die Eroberungen seines Vorgängers in der Hand. 719 verschied schließlich auch der von ihm ins Amt berufene König Chlothar IV. nach nur wenig mehr als einem Jahr auf dem Thron. Dass er an seiner Stelle keinen neuen Herrscher erhob, sondern Chilperich II. anerkannte und fortan mit ihm das Gesamtreich regierte, dürfte einem auf Ausgleich zielenden politischen Kalkül des Hausmeiers geschuldet gewesen sein.[33] Karl konnte durch die Anerkennung des ehemals von seinen Gegnern erhobenen Merowingers die neustrische Seite einbinden und zur Akzeptanz seiner Herrschaft bewegen. Mit dem Tod Chilperichs II. 721 bot sich dem Hausmeier dann die Gelegenheit, erneut selbst einen Merowinger auf den Thron zu erheben: Theuderich IV. (721–737). Er sollte zugleich der letzte aus dieser Dynastie sein, dem unter Karl Martell die Königswürde zuteil wurde; nach seinem Tod regierte der Hausmeier das Reich ohne König.[34]

Den Schlusspunkt seines Kampfes gegen die Gegner im Inneren setzte Karl zwei Jahre danach. 723 ließ der Hausmeier zwei Söhne Drogos, darunter auch Arnulf, in Haft nehmen, wo einer der beiden verstarb. Was Karl zu dieser Maßnahme bewog, ist unbekannt. Es erscheint aber bemerkenswert, dass der Hausmeier zwar einerseits Hugo zur Stütze seiner Herrschaft in Neustrien gemacht hatte, dessen Brüdern jedoch offenbar misstraute und sie in einer bestimmten Situation ausschaltete. Möglicherweise stellte Hugo als Geistlicher für die Herrschaft Karls keine Gefahr dar – anders als die übrigen Drogo-Söhne, deren Anspruch auf die Hausmeierwürde oder auf den Familienbesitz er gefürchtet haben mag. Immerhin war seine Position gefestigt genug, um 723 seine letzten innerfamiliären Konkurrenten zu neutralisieren. Damit war die Sukzessionskrise endgültig abgeschlossen.[35]

5 Wellen der Expansion: Die militärischen Aktivitäten an den Rändern des Reiches (718–739)

Der Sieg von Soissons bot Karl Martell die Möglichkeit, sich neuen Herausforderungen zuzuwenden. Vor allem an den Rändern des Frankenreiches bestand Handlungsbedarf. Die Geschehnisse der Sukzessionskrise in den Jahren 714 bis 718 wirkten auch nach ihrer Überwindung noch lange Zeit nach und schlugen nun auf die Peripherie zurück. Es begann die Zeit ausgedehnter jährlicher Feldzüge in Gebiete, die bislang nicht zu Karl Martells Herrschaftsgebiet gehört hatten. Dabei standen die ersten Vorstöße unmittelbar mit den Wirren nach dem Tod Pippins in Zusammenhang. Nach der Schlacht von Soissons zog Karl 718 gegen die Sachsen, um sich für ihren drei Jahre zuvor erfolgten Einfall in den Hattuariergau zu revanchieren.[1] 720 kämpfte er erneut gegen sie. 722 erfolgte ein Waffengang gegen Gegner im Norden des Frankenreiches – wahrscheinlich Friesen, vielleicht auch Sachsen. 724 stieß Karl dann erneut in den sächsischen Raum vor; 725 und 728 führten ihn Feldzüge nach Bayern. Nachdem Karl Alemannien 725 bereits mit seinem Heer durchzogen hatte, zielte ein Feldzug des Jahres 730 direkt auf den alemannischen Dukat. Im Jahr darauf folgten zwei Einfälle nach Aquitanien, das 732 zum Schauplatz der berühmten Schlacht bei Poitiers werden sollte. Von hier aus zog er weiter ins nördliche Burgund (733). 734 kämpfte der Hausmeier in einer konzertierten Operation von Kräften zu Land und zu Wasser gegen die Friesen, bevor er sich im Jahr darauf erneut dem aquitanischen Raum zuwandte. 736 und 737 stieß er nach Aquitanien und in die Provence sowie ins daran angrenzende Septimanien, den schmalen Küstenstreifen zwischen der Rhône und den Pyrenäen, vor. Ein weiterer Feldzug richtete sich 738 gegen die Sachsen. 739

kehrte Karl erneut an der Spitze eines militärischen Aufgebots nach Burgund zurück. Dies war sein letzter Feldzug: Im Jahr darauf zog der Hausmeier nicht in den Krieg, was angesichts der dichten Abfolge der Feldzüge in den Jahren zuvor den zeitgenössischen Annalisten eine eigene Notiz wert war.[2] 741 verstarb Karl, ohne dass er erneut zu einer Militäraktion aufgebrochen wäre.

Dass die Zeitgenossen das Ausbleiben eines Feldzugs aufmerksam registrierten, macht deutlich, welch große Bedeutung dem militärischen Engagement des Hausmeiers beigemessen wurde. Die Dominanz der Kriege in der Regierungszeit Karls hinterließ über die Vermittlung der Zeitgenossen tiefe Spuren im Gedächtnis der Nachwelt. Aus den jährlich wiederkehrenden, stets siegreich abgeschlossenen militärischen Vorstößen leitete sich schließlich der spätere Ruhm des Hausmeiers ab (s. S. 192–194).

Bemerkenswert war neben der zeitlich dichten Abfolge der Feldzüge die räumliche Distanz, die Karl bisweilen zwischen zwei Kriegsschauplätzen überbrückte. In den Jahren 718 und 736/37 kämpfte er in zwei unterschiedlichen Regionen; 718 zog er sogar mit seinem Heer innerhalb weniger Monate von Soissons bis Orléans, von dort bis an die Weser und zurück ins Frankenreich. Diese Leistung war beachtlich und dürfte als Demonstration der Stärke ihre Wirkung auf die Zeitgenossen nicht verfehlt haben.

Häufigkeit und räumliche Ausdehnung der Feldzüge Karl Martells zeugen jedoch nicht nur von den Erfolgen des Hausmeiers auf militärischem Gebiet. Sie sind zugleich Ausdruck des oft hartnäckigen Widerstands, der seiner Herrschaft entgegengebracht wurde. Dabei begünstigte die Größe des Herrschaftsbereichs das Wiederaufflammen der Konflikte. Kaum war ein Feldzug beendet und Karl selbst nach seinem Rückzug nicht mehr im entsprechenden Gebiet präsent, formierten sich seine Gegner neu.

Wenn im Folgenden die Feldzüge Karl Martells nach Regionen geordnet aufgearbeitet werden, so geschieht dies nicht nur, um die Politik und Herrschaft des Hausmeiers möglichst nah an den zeitgenössischen Quellen darzustellen: namentlich die Fredegar-Fortsetzungen widmeten dem militärischen Vorgehen Karls in den einzelnenen Räumen teilweise ausführliche Berichte. Vielmehr soll damit der Blick auf die regionalen Unterschiede gelenkt werden. Neben unterschiedlich intensiven Verbindungen zum Zentrum des Reiches, die einzelne Gegner Karl Martells etwa veranlassten, sich auf den Merowingerkönig als Legitimationsgrundlage ihres Kampfes gegen den Hausmeier zu berufen, existierten in jeder der hier betrachteten Gegenden andere politische und gesellschaftliche Verhältnisse, die von Karl Martell gesonderte Formen der Durchsetzung seiner Herrschaft erforderten. Zudem eröffnet die Untersuchung der Bemühungen Karls um Unterwerfung und Eingliederung der unterschiedlichen Regionen auch die Möglichkeit, Einblicke in die politischen Ziele Karl Martells und die zu ihrer Verfolgung angewandten Mittel zu gewinnen. Dadurch lässt sich auch der Anteil von systematisch geplanten und situationsbedingten Handlungen Karl Martells analysieren und so die Frage nach den konzeptionellen Wurzeln der Herrschaft des Hausmeiers besser beantworten.

5.1 Die Auseinandersetzungen mit Radbod und den Friesen

Ebenso wie Eudo hatte sich auch Radbod, der Herrscher der Friesen, in der Auseinandersetzung nach Pippins Tod auf der Seite der Neustrier gegen Karl Martell engagiert. Mehr noch: Radbod hatte dem später so siegreichen Feldherrn eine Niederlage zugefügt, die selbst die Karl wohlgesinnten Quellen nicht zu verschweigen vermochten. Es stand daher zu erwarten, dass der Hausmeier sich bald nach der Festigung seiner Stellung im Frankenreich anschicken würde diese alte Rechnung zu begleichen. Doch mit welchem Gegner hatte Karl es eigentlich zu tun?

Unter den westgermanischen Völkern treten die Friesen durch ihre einzigartige Siedlungskontinuität hervor.³ Schon in römischer Zeit im Mündungsgebiet von Rhein und Ems an der Nordsee nachweisbar, behielten sie ihren Siedlungsraum bis ins Mittelalter hinein bei. Dabei verzichteten sie zwar auf weitgreifende Wanderungsbewegungen, nicht jedoch auf eine Ausdehnung ihres Gebiets. Namentlich zwischen dem 6. und dem 8. Jahrhundert erweiterten sie ihren Siedlungsraum, drangen auch nach Süden und Westen vor und kamen so mit den Franken in Berührung.

In den Fokus gesteigerten fränkischen Interesses geriet die Region seit dem zweiten Viertel des 7. Jahrhunderts, als Dagobert I. Utrecht an das Bistum Köln übertrug. Begünstigt wurde damit wohl der in jener Zeit amtierende Bischof Kunibert, der seit dem Rückzug Arnulfs von Metz vom austrasischen Hof als Berater des unmündigen Dagobert-Sohnes Sigibert III. tätig war und ein dementsprechend enges Verhältnis zum Merowingerkönig pflegte.⁴ Von Utrecht aus sollten die Friesen missioniert werden. Auch der heilige Amandus wurde am nordöstlichen Rand des Frankenreiches missionarisch tätig. Dagobert ernannte ihn zum ersten Bischof von Tongern-Maastricht. Mehrere Jahre lang wirkte Amandus als Missionar im Raum des heutigen Belgien.⁵ Nachhaltigen Erfolg zeitigten all diese Bemühungen jedoch nicht. Friesland blieb zunächst ein heidnisches Gebiet.

Während Utrecht vom König als religiöses Zentrum der Region etabliert wurde, weckte Dorestad sein wirtschaftliches Interesse. Bei dem am Altrhein nur wenig südlich von Utrecht gelegenen Ort handelte es sich um ein *emporium*, ein anfänglich nur phasenweise und ausschließlich von Kaufleuten besiedelter Platz, aus dem sich im Laufe der Zeit auf Dauer angelegte städtische Ansiedlung entwickelte. Seit etwa 630 waren hier zwei der mit der Münzprägung betraute Monetare aus Maastricht tätig. Dorestad wurde für die nächsten 20 Jahre zur merowingischen Münzstätte, wo Goldmünzen, die sogenannten *trientes*, hergestellt wurden. Zweifellos wird man davon ausgehen müssen, dass die Ansiedlung und der dortige Markt insgesamt in jener Zeit unter fränkischer Kontrolle standen. Mitte des 7. Jahrhunderts änderte sich dies. Möglicherweise bedingt durch die politische Schwäche der merowingischen Kindkönige und der an ihrer Stelle regierenden Mütter und Königswitwen wurde der fränkische Einfluss aus Dorestad verdrängt. Das *emporium* nahm dennoch in den folgenden Jahrzehnten weiter Aufschwung. Wie die in der zweiten Hälfte des 7. Jahrhunderts in Dorestad geprägten Münzen, die sogenannten *sceattas*, die an verschiedenen Stellen in England, Schweden und dem Frankenreich gefunden wurden, bezeugen, hatte der Ort Anteil an einem weitgespannten Geflecht von Handelsverbindungen. Ob die Friesenherrscher des ausgehenden 7. Jahrhunderts diese Entwicklung des Handelsplatzes gezielt förderten oder ob der Warentausch auch ohne ihr Eingreifen weiter blühte, muss offenbleiben.[6]

Die weitreichenden Handelsverbindungen Frieslands schufen ein Netz von Kontakten, das sich auch auf der politischen und kirchenpolitischen Ebene auswirkte. So empfing der friesische Herrscher Aldgisl im Jahr 678, einer bald nach 709/10 von Eddius Stephanus († nach 710) verfassten Vita des heiligen Wilfrid (634–709) zufolge, den aus England geflohenen Bischof von York. Wohl in Utrecht, wo Aldgisl wahrscheinlich residierte, trafen beide aufeinander. Der Friese, der in diesem Zusammenhang in der Vita als König bezeichnet wird, erklärte sich dabei mit der missionarischen Tätigkeit Wilfrids einverstanden und ließ sich vielleicht sogar von ihm taufen. Beide, Aldgisl wie Wilfrid, einte nach der Darstellung der Vita die Gegnerschaft zum neustrischen Hausmeier Ebroin, der des englischen Bischofs habhaft zu werden suchte. Viel mehr ist über den Friesenherrscher nicht bekannt.[7]

Die skizzierten Ereignisse legen Zeugnis ab von der zu dieser Zeit herrschenden Spannung zwischen Friesen und Franken. Hinzu kommt, dass Aldgisl von Eddius Stephanus der Königstitel zugeschrieben wurde. Zu Recht hat man vermutet, dieses Phänomen könnte – in Analogie zu den Verhältnissen in Aquitanien – als Resultat des nachlassenden merowingischen

Einflusses auf die Randgebiete zu verstehen sein, als Symptom der Krise, die das Frankenreich erfasst hatte. Auf fränkischer Seite wurde Aldgisl jedenfalls nur als *dux* oder als *princeps* und nicht als König bezeichnet. Eine unabhängige Stellung wollte man dem Herrscher der noch zu Zeiten Dagoberts I. abhängigen Randregion des Reiches nicht zugestehen.

Den fränkischen Unmut über die gewachsene Eigenständigkeit der Friesen bekam Radbod, der Nachfolger Aldgisls zu spüren. Pippin II. hatte 687 die Schlacht bei Tertry und damit den Machtkampf im Frankenreich gerade zu seinen Gunsten entschieden, als er sich der Peripherie zuwandte. Unter den *gentes*, gegen die der Hausmeier Ende der achtziger Jahre des 7. Jahrhunderts militärisch vorging, waren auch die Friesen. Pippin führte mehrere Kriege gegen Radbod, deren Darstellung vor allem in den *Annales Mettenses priores* auffallend viel Raum zugemessen wird. Der – nicht unvoreingenommenen – Aussage des unbekannten Verfassers zufolge soll der fränkische Hausmeier dem friesischen *dux* bei einem Vorstoß, der vielleicht 689 oder 690, möglicherweise aber auch erst wenige Jahre später stattfand, eine empfindliche Niederlage beigefügt haben, die Radbod dazu zwang, durch Gesandte um Frieden zu bitten und sich dem Sieger mit seinem Volk zu unterwerfen. In diesem Zusammenhang habe, so der Annalist, Radbod Geiseln stellen und sich zu Tributzahlungen verpflichten müssen.[8]

Gänzlich unterworfen war Radbod damit freilich noch nicht. Der Annalist berichtet zum Jahr 697 von einer erneuten militärischen Konfrontation zwischen Franken und Friesen. Zahlreiche Übergriffe des Friesenherzogs (der hier wie in den anderen Quellen als Heide dargestellt wird) auf fränkisches Gebiet hatten den Feldzug nötig gemacht. Bei Dorestad kam es zur Schlacht. Die Friesen wurden erneut besiegt; Radbod entkam durch Flucht. Pippin zog sich mit reicher Beute in sein Gebiet zurück.[9]

Aus der Schilderung der Ereignisse in den älteren Metzer Annalen wird man – in Analogie zu anderen darin enthaltenen Berichten – nur bedingt auf den tatsächlichen Erfolg des

Unternehmens schließen können. Radbod blieb zumindest trotz seiner Niederlage in seiner Stellung. Auch von einer dauerhaften Unterwerfung der Friesen unter die Herrschaft Pippins kann keine Rede sein, wie auch die Ereignisse zu Beginn des 8. Jahrhunderts belegen. Wahrscheinlich blieb das Gebiet um Dorestad und Utrecht unter fränkischer Kontrolle, nachdem Pippin sein Heer aus dem Norden zurückzog.[10]

Radbod musste sich nach seiner Niederlage zu Zugeständnissen verstehen und sein Gebiet fränkischem Einfluss öffnen. So dürfte erst der Sieg Pippins dem angelsächsischen Missionar Willibrord eine Aufnahme seiner Tätigkeit in Friesland gestattet haben, der damit an die früheren Bemühungen Wilfrids anknüpfte. Willibrord war während seiner zweiten Romreise im Jahr 695, zu der er seiner Vita zufolge von Pippin ermuntert worden war, von Papst Sergius I. (687–701) zum Erzbischof der Friesen (*in gentem Frisonum*) ernannt worden.[11] In dieser Funktion sollte er die Friesen zum Christentum bekehren. Von Pippin, der dem Missionar die Erlaubnis zur Predigt unter den Heiden erteilt und so eigentlich in bischöfliche Befugnisse eingegriffen hatte, bekam er die *Uiltaburg* (Utrecht), ein Kastell Radbods, als Bischofssitz geschenkt. In den Augen des Friesenherrschers wurde Willibrord an seinem Bischofssitz Utrecht zum Repräsentanten Pippins und seiner Expansionsbestrebungen im friesischen Raum. Seine Anwesenheit war ein deutliches Zeichen für die veränderten Machtverhältnisse und die intensivere Einbeziehung Frieslands in die fränkische Politik.

Pippin versuchte auch auf andere Weise, Radbod stärker an das Frankenreich und seine Familie zu binden. So wurde Grimoald, der Sohn des Hausmeiers aus seiner Verbindung mit Plektrud, mit Theudesinde, der Tochter des Friesenherrschers verheiratet.[12] Dass Theudoald, der spätere neustrische Hausmeier, dieser Ehe entstammte, wie man aufgrund der Kombination der Namen der potentiellen Eltern Theudesinde und Grimoald vermutet hat, erscheint vor dem Hintergrund der Ereignisse nach dem Tod Pippins II. als äußerst unwahrscheinlich.[13] Schließlich wäre Theudoald in diesem Fall ein Enkel Radbods gewesen, was dessen Position in den Auseinandersetzungen zwischen Plektrud, den Neustriern und Karl Martell zweifellos maßgeblich mitbestimmt hätte. Unter diesen Umständen müsste man annehmen, dass der Friesenherrscher zu Beginn des Konflikts unter den Gegnern der Neustrier gewesen wäre. Dementsprechend hätte er nach der Niederlage Theudoalds in der Schlacht im Forst von Cuise 715 die Seiten gewechselt, als er sich mit den Neustriern verbündete. Tatsächlich aber lässt sich in den zeitgenössischen Quellen kein Hinweis auf eine Unterstützung Radbods für Theudoald finden. Die Verbindung des Friesenherrschers mit der neustrischen Seite ist dagegen deutlich fassbar. Der Verfasser des *Liber historiae Francorum* berichtet vom Abschluss eines Freundschaftsbündnisses (*amicitia*) zwischen Radbod und den Neustriern, der Fortsetzer der Fredegar-Chronik berichtet von einem Vertrag (*foedus*), den beide Seiten nach der Niederlage der austrasischen Verbände geschlossen hätten. Sehr bald nach der Schlacht im Forst von Cuise, aber wohl noch bevor Karl aus der Haft entkam, fand sich Radbod also in einer Allianz mit den Gegnern Plektruds zusammen. Gegen sie richtete sich das Bündnis offenkundig zunächst, auch wenn der *Liber historiae Francorum* und die von ihm abhängigen Fredegar-Fortsetzungen dezidiert betonen, die Friesen hätten sich gegen Karl erhoben. Doch stand diese Darstellung wohl stärker unter dem Eindruck der entscheidenden Rolle, die Karl Martell bei den kommenden Ereignissen spielte. Die Stoßrichtung des Feldzugs unterstreicht, um wen es vorrangig ging: Seiner eingegangenen Verpflichtung entsprechend beteiligte sich Radbod am Kampf gegen die in Köln residierende Witwe Pippins und führte sein Heer zu Beginn des Jahres 716 in Absprache mit Chilperich und Raganfred nach Süden.[14]

Das Vorgehen des Friesenherrschers spricht gegen eine verwandtschaftliche Verbindung zu Theudoald. Was Radbod dazu bewog, sich mit der neustrischen Seite zu verbünden, lässt sich vor diesem Hintergrund nur vermuten. Denkbar ist, dass er 715/716 die Gelegenheit gekommen sah, die fränkische Vorherrschaft in Friesland dauerhaft abzuschütteln. Der Tod Pippins II. und die Ermordung von Radbods Schwiegersohn

Grimoald 714 lösten die familiären Bande, die der Hausmeier zuvor geknüpft hatte; die Niederlage Theudoalds im Jahr darauf weckte kein Bedürfnis nach Rache, wie es im Falle der Verwandtschaft zwischen dem jungen Hausmeier und Radbod zu erwarten gewesen wäre, sondern schuf die militärische Entlastung, die dem Friesenherrscher die Gelegenheit zur Fortführung seines in der Zwischenzeit begonnenen Aufstands gab.

In seinem Bemühen, sich der fränkischen Oberherrschaft zu entledigen, setzte Radbod offenbar gezielt auf eine Wiederbelebung des Heidentums in seinem Herrschaftsgebiet. Glaubt man der Vita des heiligen Bonifatius, so wurden die christlichen Kirchen in Friesland unmittelbar nach dem Ableben Pippins zerstört.[15] Willibrord selbst sah sich gezwungen, das Land zu verlassen. Dabei darf das Vorgehen Radbods gegen die Kirchen in Friesland als Reaktion auf die von Pippin II. geübte Praxis verstanden werden, durch Mission und Bekehrung die eigene Herrschaft auf heidnisches Gebiet auszudehnen und diese dort zu zementieren. Es traf vor allem diejenigen Kräfte und Personen in der Region, die man als Vertreter des verstorbenen Hausmeiers und seiner Politik empfand. Bestätigt wird diese Einschätzung durch die Tatsache, dass Radbod zur gleichen Zeit ein Bündnis mit den christlichen Neustriern schloss. Der Akt bezeugt zum einen, welch große Bedeutung man ihm als politischem Partner beimaß – und welch geringe Rolle sein Heidentum dabei spielte. Zum anderen unterstreicht der Abschluss der *amicitia* die vorrangig anti-pippinidische Stoßrichtung von Radbods Politik in Friesland: Die Verbreitung des Christentums war offenbar deshalb ein Problem, weil sich damit politische Ambitionen der Pippiniden verknüpften.

In der karolingerfreundlichen Überlieferung wurde Radbods Heidentum oft unterstrichen.[16] Sein hartnäckiges Festhalten am Glauben seiner Vorfahren betont die Vita des heiligen Willibrord, die Alkuin zwischen 785 und 797 vor dem Hintergrund der Sachsenkriege Karls des Großen niederschrieb. Ihr zufolge scheiterte Willibrord mit seinem Versuch, den Friesenherrscher zur Taufe zu bewegen. Vergeblich mühte sich auch der aus England kommende Bonifatius, als er 716 – auf dem Höhepunkt der Auseinandersetzung mit Karl Martell – zu Radbod nach Utrecht reiste und von ihm eine Missionserlaubnis erbat.[17] Ein differenzierteres Bild des Friesenherrschers vermittelt dagegen die *Vita Wulframni*. In der Biographie des heiligen Wulfram von Sens, die vor 830, aber bald nach der Willibrord-Vita des Alkuin vielleicht als Reaktion auf diese verfasst wurde und die zum Bestand der Tatenberichte der Äbte von Saint-Wandrille zählt, findet sich eine berühmte, oft wiedergegebene Anekdote über den Friesenherrscher. Danach ließ dieser zwar die Taufe seines Sohnes durch den heiligen Wulfram und die Mission unter seinem Volk zu, zog seinerseits aber den schon ins Taufbad gesetzten Fuß wieder zurück, weil er lieber bei seinen Verwandten in der Hölle sein wollte, als das himmlische Heil alleine erfahren zu müssen. Grundsätzlich gehört der Bericht aufgrund chronologischer Ungenauigkeiten ins Reich der Legende – Wulfram starb 696/97 und kann zur im Text angegebenen Zeit nicht in Friesland gewesen sein. In seiner karolingerkritischen, auf Saint-Wandrille ausgerichteten Perspektive bietet der Passus aber möglicherweise einen späten Reflex des Bildes, das man von Radbod in Neustrien hatte.[18] Diese differenziertere Sicht auf den Friesenherrscher mag dazu beigetragen haben, dass man sich in einer Koalition gegen die Erben Pippins II. zusammenfand.

Auf der anderen Seite suchte der von Radbod vertriebene Willibrord die Nähe Karls, weil er sich von ihm Hilfe für seine Rückkehr nach Friesland versprach. Der Missionsbischof setzte damit nicht nur auf den neuen starken Mann in Austrasien, sondern scheint zudem auf eine schon vorhandene Beziehung vertraut zu haben. Karl besaß Unterstützer, die an der Grenze zu Friesland, namentlich im Gebiet an der Maas, begütert waren und denen an der Verteidigung ihrer Besitzungen gegen Radbod gelegen sein musste (s. auch S. 55 f.). Es ist anzunehmen, dass auch Willibrord enge Kontakte zu den Förderern Karls besaß. In der Taufe Pippins, des Sohnes Karl Martells, durch Willibrord fand das enge Verhältnis zwischen den beiden

Männern ebenfalls Ausdruck. Der Akt wurde wohl bald nach der Geburt Pippins 714/15 vollzogen und fiel somit in eine Zeit, in der der Angelsachse die Auswirkungen von Radbods Politik zu spüren bekam. Damals dürften die guten Beziehungen zwischen Karl und Willibrord geknüpft worden sein, die sich in der Folge noch intensiver gestalteten. Eintragungen im Kalendar Willibrords belegen, wie aufmerksam man in Echternach das Geschehen in den Jahren nach Pippins II. Tod 714 verfolgte und schon in dieser Zeit an den militärischen Erfolgen Karls regen Anteil nahm. Die nach seinem Tod in die Handschrift eingeritzten, vielleicht auf verlorenen Echternacher Annalen basierenden Notizen verzeichneten die Daten der entscheidenden Schlachten, die Karl schlug.[19] Nach der Festigung seiner Stellung wies Karl Martell dem Kloster Willibrords in Utrecht und der dortigen Salvatorkirche in den Jahren 723 und 726 Landbesitz zu.[20]

Zusammengenommen gewähren die Belege Einblicke in ein Beziehungsgeflecht, das zur Parteinahme Radbods im Kampf gegen Karl Martell beigetragen haben wird. Willibrord, Karl Martell und die lokalen Großen, die sich teilweise schon mit seinem Vater arrangiert hatten, wurden durch ihre jeweiligen kirchenpolitischen und territorialen Interessen in ihrem Gegensatz zu Radbod vereint. Dieser betrachtete dagegen Karl gewiss als Vertreter seiner im Grenzraum zu Friesland begüterten Anhänger von Beginn an mit Argwohn. Es ist daher denkbar, dass sich an der Person Karl Martells Ressentiments entzündeten, die Radbod in seiner Allianz mit den Neustriern zusätzlich bestärkten.[21]

Die Positionen waren solchermaßen verteilt, als Radbod 716 gegen Plektrud und Karl nach Süden zog. Bei dem folgenden militärischen Aufeinandertreffen fügte der Friesenherrscher ihm eine empfindliche Niederlage zu – es sollte seine einzige bleiben. Sie fand Niederschlag in den zeitgenössischen Quellen. Der *Liber historiae Francorum* und die Fortsetzungen der Fredegar-Chronik sprechen Radbod den Sieg zu. In den *Annales Mettenses priores* ist von einer Niederlage Karls keine Rede. Die Kontrahenten hätten sich, so der Annalist, mit ihren Truppen vom Schlachtort zurückgezogen, nachdem die Nacht dem Kampf ein Ende bereitet hatte. Zwar wird zugleich von großen Verlusten auf beiden Seiten berichtet, nicht aber von einem Schlachtenerfolg Radbods.[22] Kurz nach 800 war eine solche Darstellung möglich – Zeugen der tatsächlichen Geschehnisse waren wohl nicht mehr am Leben.

Karl Martell vermochte sich in den Folgejahren nicht für die erlittene Niederlage zu revanchieren. Radbod herrschte weiter in Friesland, ohne dass der Hausmeier zunächst die fränkische Oberhoheit wie zu Zeiten seines Vaters hätte wiederherstellen können. Mehr noch: Offenbar schickte sich Radbod 719 an, mit einem friesischen Aufgebot nach Süden gegen Karl Martell zu ziehen. Nur sein Tod im selben Jahr verhinderte dies und änderte die politische Gesamtlage am nördlichen Rand des Frankenreiches entscheidend.[23] Willibrord konnte in sein früheres Wirkungsgebiet zurückkehren. Zu 722 berichten die Annalisten von Kriegen des Hausmeiers im Norden, ohne dass die Gegner Karls namentlich genannt würden.[24] Wer nach Radbod die Geschicke des Landes lenkte, ist nicht bekannt. Dass die in den Annalen genannten Feldzüge offenkundig erfolgreich verliefen, dokumentiert eine Urkunde des Hausmeiers vom 1. Januar 723. An diesem Tag schenkte Karl Martell dem Willibrord-Kloster in Utrecht umfangreiche Besitzungen innerhalb und außerhalb des Ortes, darunter das Landgut Vechten: zu diesem Zeitpunkt dürfte das Gebiet dementsprechend unter seiner Kontrolle gestanden haben. Ob der fränkische Einflussbereich im Zuge der Auseinandersetzungen sogar noch über Utrecht hinaus weiter nach Norden ausgedehnt wurde, muss allerdings offenbleiben. Einer Urkunde zufolge übertrug Karl Martell zwischen 723 und 734 dem Kloster Echternach Besitzungen im Bereich des Gaus Kinheim, nördlich von Utrecht, doch handelt es sich hierbei wohl um eine Fälschung.[25]

Karl hatte das Gebiet der Friesen keineswegs vollständig unterworfen, wie die folgenden Ereignisse zeigen sollten. Im Jahr 734 sah sich der Hausmeier erneut genötigt, gegen die Friesen vorzugehen, die unter der Führung des heidnischen *dux* Bubo (Poppo) standen. Dabei zwang ihn der Kampf gegen seine Gegner in einem schwierigen Terrain zu umfassenden

Vorbereitungen. Karl nutzte Schiffe, um sein Heer in das Kampfgebiet transportieren und einen Seekrieg gegen die friesische *gens maritima* führen zu können. Der Vorstoß kam für die Friesen aus unerwarteter Richtung. Zunächst wandte sich die Flotte Westergo und Ostergo zu, ehe das Heer bis zum Fluss Boorn vorrückte, wo es sein Lager aufschlug. Im Zuge der Kampfhandlungen wurden auch Zentren der Götterverehrung der Friesen, Haine wie andere Heiligtümer, zerstört.[26] Karls Krieg besaß somit auch eine gegen den heidnischen Glauben gerichtete Akzentuierung.

Insgesamt verlief der Feldzug erfolgreich. Karl Martell kehrte mit reicher Beute ins Frankenreich zurück. Seinen Gegner Bubo (Poppo) hatte er besiegt, das – in der Diktion der Fredegar-Fortsetzungen – »aufständische Volk« der Friesen niedergeworfen. Für die Zeit Karl Martells ist keine weitere Auseinandersetzung zwischen Franken und Friesen überliefert; die Region scheint weitgehend befriedet gewesen zu sein. Gleichwohl kann der weite Vorstoß, der möglicherweise das gesamte Gebiet bis zum Fluss Lauwe unter direkte fränkische Kontrolle brachte, nicht darüber hinwegtäuschen, dass der nördliche Teil Frieslands seine Eigenständigkeit bewahrte. Diesen Raum kontrollierte ein namentlich nicht bekannter Herrscher der Friesen (*rex Frigionum*), der sich im Jahr 748 zusammen mit dem Herrscher der Wenden an der Seite Pippins III. bei dessen Kampf gegen die Sachsen engagierte.[27] Zugleich blühte weiterhin das Heidentum, dem sich in den folgenden Jahrzehnten Missionare wie etwa Bonifatius mit Unterstützung der fränkischen Hausmeier annahmen.

5.2 Die Vorstöße nach Sachsen

Unmittelbar nachdem die Entscheidung in den Auseinandersetzungen mit den Neustriern gefallen war, wandte sich Karl Martell einem weiteren Gegner im Nordosten des Frankenreiches zu. Verschiedene sächsische Gruppen hatten aus den inneren Kämpfen zu profitieren gesucht und waren ins Frankenreich vorgestoßen, um Beute zu machen. Karl musste sich ihrer annehmen, sie zunächst zurückdrängen und in den Folgejahren durch Feldzüge in ihr Gebiet immer wieder die Machtverhältnisse unterstreichen.

Nötig waren die wiederholten Vorstöße, da die besondere herrschaftliche Struktur des Verbandes das Zustandekommen dauerhafter Verträge und Friedensabkommen erschwerte. Denn die Sachsen, deren Siedlungsgebiete in den frühmittelalterlichen Quellen im heutigen Norddeutschland zwischen Weser und Elbe sowie in Britannien und an der gallischen Atlantikküste lokalisiert wurden, waren nach dem Bericht des Beda Venerabilis in unabhängig voneinander agierenden Gruppen organisiert und nicht auf eine hierarchische Spitze hin ausgerichtet. Der in den northumbrischen Klöstern Wearmouth und Jarrow lebende Mönch beschrieb die Anführer der einzelnen sächsischen Gruppen – wohl nach dem biblischen Vorbild der ebenfalls so bezeichneten Philisterfürsten – als »Satrapen«, als einzelne, voneinander unabhängige sächsische Herrscher, die keineswegs einen gemeinsamen Oberherren gehabt haben müssen und nur im Kriegsfall einen Heerführer bestimmten.[28]

Bedingt durch die skizzierten Verhältnisse wurde die militärische Konfrontation mit den Sachsen für die Franken zur regelmäßig wiederkehrenden Notwendigkeit. Feldzüge zeitigten allenfalls begrenzte Erfolge, und nur kurzfristig gelang es im 7. Jahrhundert, die Sachsen in die merowingische Grenzverteidigung einzubinden. Immer neue Kriege mussten gegen jeweils andere sächsische Gruppen geführt werden. So sah sich auch am Ende des 7. Jahrhunderts Pippin II. nach seinem Sieg bei Tertry zu einem Vorstoß gegen die Sachsen veranlasst. Anders als die älteren Metzer Annalen behaupten, konnte der Hausmeier den Feldzug zwar erfolgreich gestalten, den Gegner aber nicht völlig unterwerfen.[29] Daran änderten auch die möglicherweise von Pippin unterstützten Versuche nichts, die Sachsen im Grenzgebiet zu den Franken zu bekehren. Die beiden Ewalde, angelsächsische Missionare, die ihrer Haarfarbe entsprechend als weißer und schwarzer Ewald bezeichnet wurden, bekamen dies am eigenen Leib zu spüren. Ihre missionarischen Aktivitäten endeten im Märtyrertod († um 693/95). Pippin II. ließ die Leichname der beiden Ewalde in einer Kölner Kirche beisetzen, nachdem er die Missionare wahrscheinlich zuvor in ihren Bestrebungen unterstützt hatte. Dies sollte jedoch der letzte Bekehrungsversuch für lange Zeit gewesen sein.[30] Das Gebiet der Sachsen jenseits des Rheins blieb ein Gefahrenherd, von dem immer wieder Übergriffe auf das Frankenreich drohten.

715, in der Zeit der Sukzessionskrise, erfolgte ein sächsischer Vorstoß ins Frankenreich. In diesem Jahr fielen Sachsen in das am Rhein gelegenen Hattuarien ein.[31] Zu ihrem Zug, der wohl eher auf Plünderung als auf die Eroberung des Landstrichs zielte, hatte sie vielleicht der Tod Pippins II. verlockt. Es kann allerdings auch nicht ausgeschlossen werden, dass die neustrischen Gegner Plektruds und Karl Martells die sächsischen Krieger zu ihrem Vorgehen ermutigten. Ähnlich wie im Falle Radbods hätte so die Möglichkeit bestanden, die Pippiniden und ihren Anhang in eine unvorteilhafte Lage zu bringen, indem man eine weitere Front gegen sie eröffnete.

In den Quellen erwähnt wird eine solche Absprache zwischen Neustriern und Sachsen nicht. Man geht allerdings kaum fehl in der Annahme, den ersten Zug Karl Martells gegen die Sachsen mit dem Überfall des Jahres 715 in Verbindung zu setzen: 718 drang Karl erstmals auf sächsisches Gebiet vor. Dabei soll er sein Heer bis an die Weser geführt haben. Treffen die chronologischen Angaben der Quellen zu, so hatte Karl im besagten Jahr 718 zunächst Eudo und Chilperich II. bis nach Orléans verfolgt, ehe er von dort aus bis zur Weser und damit gut 200 Kilometer jenseits des Rheins tief auf sächsisches Gebiet vordrang.[32]

Die innerhalb eines Jahres zurückgelegte Strecke ist enorm. Die Frage drängt sich auf, warum Karl sich und seinem Heer die Strapazen solch weit ausgreifender Operationen zumutete. Offenbar schien dem im Westen siegreichen Hausmeier der Vorstoß nach Osten dringend erforderlich zu sein. Möglicherweise war die sächsische Bedrohung zu dieser Zeit wieder gewachsen und Karl sah sich deshalb zum Handeln gezwungen. Vielleicht sollte der Schlag aber auch den Gegnern innerhalb wie außerhalb des Reiches demonstrieren, dass Karl einem Kampf an zwei Fronten durchaus gewachsen war. Da der Zug bis an die Weser einen erheblichen logistischen Aufwand erforderte, wird man davon ausgehen müssen, dass er lange vorher geplant worden sein muss. Welch umfangreiche Vorbereitungen ein Feldzug auf dem auch naturräumlich schwierigem Terrain östlich des Rheins verlangte, vermochte der Blick auf den Friesenzug Karls im Jahr 734 zu zeigen. Er offenbarte auch das organisatorische Geschick Karls, das seiner kombinierten Aktion zu Land und zur See gegen die Friesen letztlich den gewünschten Erfolg bescherte. Hier wie dort, in Friesland wie in Sachsen, spielte gewiss der Wunsch nach Revanche für das Verhalten von Friesen und Sachsen nach dem Tod Pippins eine Rolle, hier wie dort mochten die Feldzüge auch als Signal an die Feinde Karls wirken, dessen militärische Möglichkeiten nicht zu unterschätzen. Im Falle der Sachsen scheint der Hausmeier die von ihnen ausgehende Gefahr sehr ernst genommen zu haben – zu Recht, wie die Zukunft zeigen sollte.

Denn bereits zwei Jahre später musste sich Karl erneut mit den Sachsen auseinandersetzen, und auch die von mehreren der sogenannten kleinen Annalen zum Jahr 722 berichteten Kriege im Norden könnten sich nicht nur gegen die Friesen, sondern wohl auch gegen sächsische und slawische Gruppen gerichtet haben.[33] Was Anlass zu diesen Vorstößen gab, lässt sich aus den lapidaren Bemerkungen der Annalisten nicht ersehen. Anders verhält es sich im Falle des Feldzugs von 724. Über ihn informiert der erste Fortsetzer der Fredegar-Chronik, der diese Aktion in engen Zusammenhang mit den Ereignissen in Neustrien rückt. Dort hatten sich noch einmal die Gegner Karls mit Raganfred an der Spitze erhoben. Der Hausmeier belagerte dem Chronisten zufolge Angers, wo sich sein alter Widersacher aufhielt, verwüstete das umliegende Gebiet und kehrte schließlich mit reicher Beute heim (s. S. 62). Danach habe sich Karl gegen die Sachsen gewandt, die zur gleichen Zeit den Aufstand wagten, und auch sie niedergeworfen.[34] Auffällig ist die vom Autor ausdrücklich vermerkte zeitliche Übereinstimmung, die wie schon im Jahr 715 an eine konzertierte Aktion der neustrischen Opponenten Karls und der Sachsen denken lässt. Die Darstellung des Chronisten suggeriert einen Zusammenhang, der mögliche Absprachen nicht nur in dieser Situation, sondern auch Jahre zuvor möglich erscheinen lässt. In beiden Fällen folgte die Reaktion Karls auf dem Fuße.

Auch wenn ihn die Darstellung des Fredegar-Fortsetzers als Sieger feiert: Karl vermochte nur einen Teilerfolg zu erringen. 729 beabsichtigte er, erneut gegen die Sachsen vorzurücken, doch scheint der Feldzug – ohnehin offenbar mehr eine Demonstration militärischer Stärke als ein Eroberungszug – nicht zustandegekommen zu sein.[35] Probleme in Alemannien zogen die Aufmerksamkeit des Hausmeiers auf sich. Zu einer ausgreifenderen Unternehmung kam es erst wieder im Jahr 738. Erneut ist in den Fredegar-Fortsetzungen von einer Rebellion der Sachsen, die hier als »äußerst heidnisch« (*paganissimi*) bezeichnet werden, die Rede. Sie bot dem Autor wieder die Gelegenheit, die Tatkraft und Schläue Karls, der zudem Gott auf seiner Seite hatte, zu rühmen: Geschickt habe dieser sein Heer bei der Mündung der Lippe in den Rhein über den Fluss setzen lassen, um im Anschluss daran die Gegend mit Krieg zu überziehen. Entscheidender noch als die in gängigen Formeln erstarrte Beschreibung des Feldzugs sind die Informationen über die Strategie, mit der Karl Martell seinem Sieg Dauer zu verleihen suchte. Neben der Leistung von Tributen, die einem Teil der Besiegten aufgezwungen wurde, forderte der Hausmeier auch die Stellung von Geiseln. Möglichst viele sollten es sein, so der Text, was nahelegt, dass eine frühere Geiselstellung nicht den gewünschten Erfolg gezeitigt und die Angehörigen jenseits des Rheins offenbar nicht nachhaltig hatte befrieden können.[36] Daran hatte offenbar auch die zu einem unbekannten Zeitpunkt erfolgte Einsetzung des Dragowit als König der Wilzen, eines slawischen Verbands, durch den Hausmeier nichts ändern können. Die Maßnahme zeigt allerdings, dass Karls Macht über den eigentlichen sächsischen

Raum hinausreichte und er zudem jede Gelegenheit nutzte, um seiner Autorität über den fränkischen Kernbereich hinaus Geltung zu verschaffen.[37]

Erneut offenbart dieser letzte überlieferte Vorstoß Karls gegen eine sächsische Gruppe, wie problematisch die dauerhafte Befriedung eines so vielgestaltigen gentilen Verbandes sein konnte. Nicht nur die mögliche Erhöhung der Zahl an Geiseln, sondern die Tatsache, dass Karl nach einem zwanzig Jahre zuvor bis an die Weser getragenen Krieg selbst die seinem Herrschaftsgebiet am nächsten gelegenen Bereiche erst nach einer blutigen Auseinandersetzung wieder unter Kontrolle bekam, bezeugt das Maß an Schwierigkeiten, mit dem er ebenso wie seine Nachfolger zu kämpfen hatte. Den Optimismus des Bonifatius, der nach der Niederwerfung der Lippe-Sachsen die Bekehrung der gesamten *gens* vor Augen hatte, teilten wohl nur wenige. Karl scheint auf eine Integration der sächsischen Gebiete in das fränkische Reich verzichtet zu haben. Ihm ging es vor allem darum, das andauernde Vordringen der Sachsen zu begrenzen.[38] Anders als seine Söhne Karlmann und Pippin III., vor allem aber sein Enkel Karl der Große,[39] setzte Karl Martell offenbar nur einmal auf die Verbindung von erfolgreichem Feldzug, anschließender Unterwerfung der Sachsen und damit verknüpfter Annahme des Taufsakraments. Der Hausmeier konzentrierte sich nahezu ausschließlich auf die militärische Konfrontation mit den sächsischen Nachbarn.

5.3 Die Eingliederung Alemanniens

Gänzlich anderen politischen Verhältnissen sah sich Karl Martell in den südlichen Teilen der rechtsrheinischen Gebiete gegenüber. Hier, in den stärker durch römischen Einfluss geprägten Gebieten Alemanniens und Bayerns, hatten sich Herzogtümer etabliert, die als »gentile Prinzipate« aus den Völkern der Alemannen und Bayern hervorgegangen waren und sich in einer teilweise lockeren Abhängigkeit zum Frankenreich befanden.

Seine Entstehung verdankte der alemannische Dukat der Integration des Gebiets zwischen Neckar, nördlicher Schweiz, dem Elsaß und dem Lech in das Merowingerreich, die sich schrittweise nach dem Jahr 537 vollzog. Vorausgegangen waren Ende des 5. Jahrhunderts heftige Auseinandersetzungen der Franken mit den in diesem Raum siedelnden Gruppen. Chlodwig I. vermochte in der sogenannten »Schlacht bei Zülpich« gegen die alemannische Streitmacht den Sieg davonzutragen. Bekannt wurde dieser Schlachtenerfolg, weil sich mit ihm im Bericht Gregors von Tours (538/39–594) das Bekehrungserlebnis des Frankenkönigs und seine anschließende Taufe verknüpften. Allerdings war der bewaffnete Konflikt zwischen Franken und Alemannen mit diesem Erfolg Chlodwigs noch nicht beendet. Wohl 506 entschied der Frankenkönig erneut ein militärisches Aufeinandertreffen für sich. Daraus resultierte eine zunächst teilweise, nach einem kurzen ostgotischen Intermezzo ab 537 schließlich vollständig ausgeübte Kontrolle über das gesamte alemannische Gebiet. Zu Beginn des 7. Jahrhunderts erfolgte die administrative Erschließung und Durchdringung der Region. So paradox es anmuten mag: Erst im Zuge dieser Eingliederung in das Merowingerreich scheint sich ein ethnisches Bewusstsein, eine einheitliche alemannische Identität herausgebildet zu haben.[40]

Der alemannische Dukat wurde am Ende des 6. und zu Beginn des 7. Jahrhunderts allerdings zunächst durch Erbteilungen der Merowingerherrscher aufgespalten. Über die Herzöge, die in jener Zeit die einzelnen Gebiete beherrschten, ist zumeist nur wenig bekannt. Unklar ist auch, wie selbstständig diese *duces* handelten, in welchem Verhältnis sie zu den Merowingerherrschern standen und in welchem Umfang sie in kirchliche Belange eingriffen. Ein geschlosseneres Bild von den Herzögen gewinnt man an der Wende zum 8. Jahrhundert. Mit Gotfrid († 709) begegnet in jener Zeit ein *dux*, dessen Herrschaft sich nicht auf den gesamten alemannischen Raum erstreckte, sondern offenbar auf den oberen Neckar- und Donauraum beschränkt war. Erstmals ist er um 700 im Rahmen einer Güterschenkung im Umfeld des heutigen

Cannstatt im nördlichen Alemannien nachweisbar. Gotfrid stammte aus dem Geschlecht der Agilolfinger. Damit besaß er enge verwandtschaftliche Beziehungen nach Bayern und ins langobardische Königreich. Er war es auch, der mit Pippin II. in Konflikt geriet.[41]

Über die Auseinandersetzung zwischen dem Hausmeier und dem Herzog informiert Erchanbert in seinem *Breviarium*. In einem Passus, der sich auf die Zeit Pippins II. bezieht, rückte er Herzog Gotfrid ins Zentrum der Betrachtung. Dieser habe, so der Autor, gemeinsam mit den übrigen Herzögen ringsum den *duces* der Franken (*duces Francorum*) nicht gehorchen wollen. Denn sie – Gotfrid und die anderen Herzöge – hätten nicht mehr den Merowingerkönigen dienen können, wie sie es zuvor gewohnt gewesen waren. Zur Begründung verwies der Verfasser des *Breviarium* auf die herabgesetzte Stellung und die eingeschränkte Macht der Herrscher. Die Könige fristeten ihm zufolge ein Dasein als Gefangene, denen zwar genug zum Bestreiten ihres Lebensunterhalts überlassen wurde, die aber der Möglichkeit zur Ausübung ihrer Herrschaft beraubt wurden. Tatsächlich hatte Pippin dem Merowingerkönig eine *villa publica* als Aufenthaltsort zugewiesen und ihn so räumlich von den Herzögen separiert. Was den Herrschern nach dem *ius potestatis*, also kraft ihrer Amtsgewalt, zustand, blieb ihnen in der Sicht Erchanberts somit versagt. In der Zeit Pippins II., so hielt er resümierend fest, »begannen die Könige nur noch den Namen, nicht aber mehr die Hochachtung (*honor*) zu haben.«[42]

In seiner Darstellung präsentierte der Autor Gotfrid als herausragenden Gegner Pippins und seines auf Alleinherrschaft gerichteten Machtstrebens. Zugleich skizzierte er ihn als Vertreter eines Legitimismus, der an die Merowinger geknüpft war. Die besondere Stellung der Pippiniden als Hausmeier wurde von ihm dagegen reduziert. Indem er sie als *duces Francorum* bezeichnete, setzte er sie im Rang mit den Herzögen im Allgemeinen und Gotfrid im Besonderen gleich. Wie eng die Bindung der Alemannenherzöge an die Merowingerherrscher in den Augen der Zeitgenossen tatsächlich war, unterstreicht ein Eintrag im Alemannenrecht, der *Lex Alamannorum*.

Danach war es die Aufgabe des Herzogs, die *utilitas* des Königs zu wahren. Hinter diesem vieldeutigen Begriff verbirgt sich die Fähigkeit des Königs zu regieren, aber auch seine Eignung dazu.

Insgesamt steht der Passus aus der *Lex* neben den im *Breviarium* skizzierten Ereignissen und der dort gebrauchten Terminologie für die von der Forschung herausgearbeitete »Entwicklung zum gentilen Prinzipat« (Karl Ferdinand Werner). Ziel der Herzöge war es dabei, sich der Einflussnahme durch die Zentralgewalt zu entziehen. Der daraus erwachsende Konflikt besaß keine ethnische Dimension und sollte nicht als Ausdruck eines fränkisch-alemannischen Gegensatzes verstanden werden. Er lässt sich auf der Basis der Aussagen des *Breviarium* insgesamt eher als Resultat der Rivalität zwischen den Pippiniden und dem alemannischen Herzogsgeschlecht interpretieren. Beide rangen um Einfluss auf den König und um politische Handlungsspielräume.[43]

Der Tod Gotfrids im Jahr 709 ließ die Auseinandersetzung offen ausbrechen. Der Herzog hatte mindestens zwei, wahrscheinlich sogar sechs Söhne, zu denen neben den gut bezeugten Lantfrid († 730) und Theudebald († 746?) möglicherweise auch jener Willicharius gehörte, gegen den Pippin 709 und 710 zu Felde zog. Es ist durchaus denkbar, dass der Hausmeier analog zu den noch zu behandelnden Ereignissen in Bayern unter Karl Martell auch hier einen Streit zwischen Willicharius und den mit ihm um die Herrschaft konkurrierenden anderen Gotfrid-Söhnen als Anlass zum Eingreifen nutzte. Stand Pippin dabei in den ersten beiden Jahren noch persönlich an der Spitze des Verbandes, der *in Suavis*, genauer: wahrscheinlich in die von Willicharius beherrschte Ortenau vorstieß, so übernahm im Jahr 711 ein gewisser Walericus die Führung des Heeres. 712 leitete ein Bischof einen neuerlichen Vorstoß. Nur die *Annales Mettenses priores* berichten zum gleichen Jahr, Pippin selbst habe – motiviert durch den Starrsinn der Alemannen – den Rhein überschritten und die gesamte Region seiner Herrschaft unterworfen.[44]

Von einem umfassenden Erfolg und einer vollständigen Unterwerfung, wie sie der Verfasser der älteren Metzer Annalen der Nachwelt überlieferte, war der Hausmeier jedoch auch nach 712 weit entfernt. Das alemannische Herzogtum blieb weiter bestehen, und in den Folgejahren begegnen sowohl Lantfrid als auch Theudebald in den Quellen mit dem Titel *dux*. Unklar ist allerdings, ob beide gleichzeitig in Alemannien herrschten oder ob Theudebald erst nach dem Tod seines Bruders im Jahr 730 das Herzogsamt übernahm.[45] Fest steht nur, dass sich beide Brüder in der Folgezeit mit Karl Martell auseinandersetzen mussten. Alemannien gewann nach dem Tod des Hausmeiers Ende 714 offenkundig wieder an Selbstständigkeit, die Herzöge wieder an Handlungsspielraum. Insbesondere die Schwächephase der pippinidischen Herrschaft mag von letzteren für ihre eigenen Zwecke genutzt worden sein.

Vor diesem Hintergrund erscheint es zunächst wenig überraschend, auch Alemannien unter den militärischen Zielen Karl Martells in den Quellen zu finden. Die Überlieferungslage für die Feldzüge des Hausmeiers in das Gebiet ist allerdings problematisch. Denn nur die Fuldaer Annalen aus dem 9. Jahrhundert, die ihrerseits aus einer Lorscher Chronik, dem *Chronicon Laurissense breve*, schöpften, berichten zum Jahr 722 über einen ersten Vorstoß.[46] Danach habe Karl die Alemannen und Bayern unterworfen. Zu 723 bezeugen die *Annales Fuldenses* eine Erhebung der beiden *gentes*, die damit den zuvor eingegangenen Frieden brachen. Doch die zeitgenössischen Quellen schweigen über militärische Aktionen in den Gebieten zwischen Main und Alpen in diesen Jahren. Der Fortsetzer der Fredegar-Chronik weiß nur vom kriegerischen Engagement Karls im Norden zu berichten; den ersten Feldzug nach Alemannien und Bayern verzeichnet er zum Jahr 725. Man wird daher davon ausgehen müssen, dass vor allem die in zwei Rezensionen erhaltene sowie mehrfach überarbeitete Lorscher Chronik und auch die Fuldaer Annalen Zeiten und Ereignisse fehlerhaft verknüpften, die sie den Fredegar-Fortsetzungen entnahmen. Wahrscheinlich bezog sich die Darstellung inhaltlich auf den dortigen Bericht über den Bayernfeldzug des Jahres 725, der jedoch im 9. Jahrhundert chronologisch falsch eingeordnet wurde. Feldzüge nach Alemannien und Bayern fanden in den Jahren 722 und 723 aller Wahrscheinlichkeit nach nicht statt.

Von entscheidender Bedeutung ist diese Einschätzung der Quellen und der von ihnen dokumentierten Ereignisse für die Deutung des Verhältnisses zwischen Karl Martell und dem Alemannenherzog Lantfrid. Ohne die in der späteren Überlieferung umrissenen Kämpfe zu Beginn der Dekade sind kaum sichere Aussagen über die Beziehungen zwischen dem Hausmeier und dem Herzog in dieser Zeit zu treffen. Und auch die zeitgenössischen Dokumente tragen nur wenig zur Klärung des Sachverhalts bei. So widmen die Fredegar-Fortsetzungen in ihrer Darstellung von Karl Martells Feldzug nach Bayern im Jahr 725 dem Durchzug durch alemannisches Gebiet nur eine knappe Bemerkung: Danach habe Karl den Rhein überquert und sei durch das Gebiet der Alemannen und Schwaben gezogen, bevor er nach Bayern gelangte.[47] Aus der Formulierung geht zwar nicht zwingend hervor, dass der Hausmeier diesen Raum mit Krieg überzog, doch schien der Autor dies seinen Lesern zumindest nahelegen zu wollen. Spätere Rezipienten wie die Verfasser der Lorscher Chronik und der Fuldaer Annalen haben die Wendung so verstanden. Ganz ohne Zweifel war der Durchzug des Heeres eine Demonstration militärischer Stärke, deren Botschaft beim Alemannenherzog auch dann angekommen sein dürfte, wenn keine oder nur wenig Gewalt angewendet wurde. Karl hätte sein eigentliches Ziel Bayern auch erreichen können, ohne durch Alemannien zu ziehen.

Provokationen des Alemannenherzogs waren dem wohl nicht vorausgegangen. Lantfrid hatte vermutlich keinen Anlass, den Vorstoß Karls nach Bayern in irgendeiner Weise zu beeinträchtigen. Er war mit Hugbert (ca. 728–ca.736), dem Karl zu Hilfe eilte, verwandt, stand dem von ihm repräsentierten Zweig der Agilolfinger also näher als Hugberts innerfamiliären Gegnern. Das militärische Eingreifen des Hausmeiers in Bayern war daher gewiss auch dem Alemannenherzog willkommen, der Durchzug des Heeres durch sein Gebiet dagegen sicher weniger.

Noch im Jahr zuvor schien das Verhältnis wesentlich harmonischer gewesen zu sein. Gemeinsam förderten Karl und Lantfrid die Gründung des Klosters Reichenau durch den Abt Pirmin († gegen 755), der sich hilfesuchend an sie gewandt hatte. Eine königliche Schenkungsurkunde, mit der ihm die Bodenseeinsel Reichenau als Ort für sein künftiges Kloster übertragen wurde, erwirkte Pirmin im Frankenreich offenbar unter anderem von Nebi, einem Neffen des Alemannenherzogs und zugleich einer der Grafen des Dukats. Das betreffende Dokument ist allerdings auf der Basis einer echten Königsurkunde gefälscht worden. Daher lässt sich nicht klar erkennen, wem die Einsetzung des Abts ursprünglich obliegen sollte – dem Merowingerkönig oder dem Hausmeier.[48] Als Urkunde Theuderichs IV. bot es allerdings dem Legitimationsbedürfnis Herzog Lantfrids einen Anknüpfungspunkt. Mit dem Merowinger als Aussteller der Schenkungsurkunde wurde die Fiktion aufrechterhalten, dass es der König war, der über die Reichenau verfügte und die dem Herzog übergeordnete herrschaftliche Instanz bildete. Letzteres deckte sich mit der Auffassung Lantfrids, wie sie in mehreren Formulierungen der von ihm in den zwanziger Jahren des 8. Jahrhunderts initiierten Redaktion des Alemannenrechts, der *Recensio Lantfridana*, greifbar wird. Darin wird der Merowingerkönig zum einen als Führer des Heeres dargestellt. Zum anderen wird dem Herrscher auch zugebilligt, im Falle der Rebellion eines Sohnes gegen den herzoglichen Vater bei der Verteilung des Erbes unter den verbliebenen, loyalen Söhnen seinen Willen zur Geltung zu bringen. Beides macht deutlich, wie hoch Lantfrid die Verbindung zwischen merowingischem König und alemannischem Herzog einstufte. Wie sein Vater Gotfrid betrachtete er den Merowingerherrscher und nicht den Hausmeier als legitimatorischen Bezugspunkt der eigenen Herrschaft.[49]

Nur vordergründig lässt sich die Urkunde allerdings als Erfolg Lantfrids lesen. Tatsächlich hatte sich Karl durchgesetzt. Der von ihm kontrollierte König hatte mit der Schenkung der faktisch im Besitz der alemannischen Herzöge befindlichen

Reichenau an Pirmin die eigenen Ansprüche auf das ehemals zum fränkischen Fiskus gehörende Gebiet unterstrichen.[50] Zudem hatte der Hausmeier Pirmin 724 in einer eigenen Urkunde, die ebenfalls Grundlage einer noch erhaltenen Fälschung war, in seinen Schutz, sein *mundeburdium*, aufgenommen. Damit übte er – und nicht der Alemannenherzog – eine Schutzfunktion über den Abt und seine Gründung aus. Lantfrids Macht in seinem Gebiet wurde dadurch nicht unerheblich beeinträchtigt – wer Schutz bot, konnte auch Herrschaft ausüben. Zugleich wird daran noch einmal deutlich, dass tatsächlich Karl Martell und nicht Theuderich IV. hinter dem Schenkungsakt stand. Der Merowingerkönig war nicht der starke Herrscher, der seine eigene Politik betrieb, sondern handelte nach dem Willen Karls.[51]

Insgesamt bezeugen die Vorgänge um die Gründung des Klosters Reichenau 724 und den Zug durch den alemannischen Dukat nach Bayern im Folgejahr ein Verhältnis zwischen Karl Martell und Lantfrid, das nur vordergründig einvernehmlich war, tatsächlich aber erhebliche Spannungen in sich barg. Treffen die Überlegungen in der Forschung zur Schenkungsurkunde und zu ihrer Verbindung mit dem Alemannenrecht zu, war der Hausmeier offenbar geneigt, auf die alemannischen Befindlichkeiten Rücksicht zu nehmen. Hinter der Fassade verbarg sich jedoch politisches Kalkül. Karl war in jenen Jahren noch an anderen Kriegsschauplätzen gebunden und musste sich noch ein letztes Mal seines neustrischen Gegners Raganfred erwehren (s. S. 62). Zu einem Konflikt mit Lantfrid wollte er es dabei möglicherweise nicht kommen lassen, zumal er seine Position faktisch durchsetzen und seinen Einfluss in Alemannien mittels seiner Schutzfunktion über die Reichenau ausdehnen konnte.

Es dürfte kein Zufall sein, dass sich am neugegründeten Bodensee-Kloster ein Konflikt entzündete. Die Chronik des Reichenauer Mönchs Hermanns des Lahmen (1013–1054), die im 11. Jahrhundert verfasst wurde, aber auf älteren Quellen basiert, berichtet, dass Pirmin 727 von Theudebald, dem Bruder Lantfrids, »aus Hass auf Karl« aus dem Konvent vertrieben wurde.[52] Eine Reaktion Karl Martells auf dieses Ereignis ist nicht überliefert. Pirmin selbst fand bei den Etichonen im Elsass Aufnahme, mit deren Unterstützung er das Kloster Murbach gründete.[53] Sein Schutzherr Karl zog im Jahr 728 erneut nach Bayern und mag dabei auch alemannisches Gebiet durchquert haben, doch von einer militärischen Antwort auf Theudebalds Vorgehen wissen die einschlägigen Annalen nichts.

Zwei Jahre darauf kam es jedoch zur offenen Konfrontation. 730 kämpfte der Hausmeier gegen Lantfrid; der Herzog verstarb noch im selben Jahr, ohne dass aus den dürren Bemerkungen der darüber berichtenden Annalisten klar würde, ob er im oder infolge des Kampfes zu Tode kam.[54] Die Ursachen für den Ausbruch des Konflikts lagen wohl in den latenten Spannungen, die das Verhältnis zwischen dem Hausmeier und dem Herzog Mitte der zwanziger Jahre zu prägen schienen. Was den Anlass zum Vorgehen Karls bot, kann nur vermutet werden. Nutzte der Hausmeier die vorerst ruhige Lage in Bayern und in den anderen Randgebieten seines Reiches, um seiner Herrschaft nun auch in Alemannien zum Durchbruch zu verhelfen?

Zwei Jahre nach dem Kampf gegen Lantfrid wandte sich Karl Martell gegen Theudebald. Dieser hatte Heddo, den Nachfolger Pirmins an der Spitze des Reichenauer Konvents (727–732), aus dem Kloster vertrieben. Wie schon bei den Ereignissen um Pirmin erkannte Hermann der Lahme, der Gewährsmann auch für das Schicksal Heddos, erneut im »Hass auf Karl« das Motiv für das Vorgehen Theudebalds. Der Hausmeier zog diesen nun allerdings zur Rechenschaft. Er ließ den Abt wieder in seine Position einsetzen; Theudebald hingegen wurde vertrieben. Er entkam ins Exil – wohl in den elsässischen Raum –, von wo aus er den Widerstand gegen Karl fortsetzte.[55]

Die Exilierung Theudebalds markiert einen Bruch in der Geschichte des alemannischen Herzogtums. Karl Martell nahm seinen Erfolg offenbar zum Anlass, eine grundsätzliche Neuordnung des Dukats durchzusetzen. Fortan sollte es – wie die Datierungen in Urkunden bezeugen – keinen alemannischen Herzog mehr geben. Ein Nachfolger für Theudebald wurde nicht bestimmt. Karl herrschte über Alemannien, indem er sich wahrscheinlich auf die Angehörigen von Adelsfamilien stützte, die den erblich gewordenen Grafentitel trugen und eine nicht genau zu umreißende Amtsgewalt ausübten.[56] Auf diese Weise trieb er die Integration des Dukats in das Frankenreich voran. Ähnlich gestaltete sich die Situation im Elsass. Dort erlosch Anfang der vierziger Jahre des 8. Jahrhunderts das Herzogtum der Etichonen; die von ihnen unter anderem gegründeten Klöster Honau und Murbach sowie das von der Familie begünstigte Weißenburg gingen mit ihren Gütern in den Besitz der Karolinger über, zu denen die elsässische Adelsfamilie insbesondere zur Zeit Karl Martells offenbar ein gutes Verhältnis hatte. Der Hausmeier musste zu keinem Zeitpunkt in dem Gebiet, das seit den 730ern als Dukat bezeichnet wurde, militärisch intervenieren. Die Etichonen unterstützten ihn wohl auch aus Eigeninteresse gegen die alemannischen Herzöge. An ihre Politik der Instrumentalisierung von Klöstern als Mittel der Herrschaftssicherung knüpfte später Karls Sohn Pippin an. Für ihn und seine Nachfolger waren diese institutionellen Zentren für die herrschaftliche Durchdringung des Raums wesentlich wichtiger als die Grafengewalt, die kaum eine Rolle spielte.[57]

Dass der Hausmeier Alemannien ebenso wie das Elsass als festen Bestandteil des Reiches betrachtete, lässt sich an der Verfügung ablesen, mit der Karl kurz vor seinem Tod das Reich unter seine Söhne aufteilte. Darin wurde »Schwaben, das nun Alemannien heißt«, dem ältesten Sohn Karlmann zugesprochen.[58] Allerdings musste dieser sein Erbe erst gegen Theudebald durchsetzen, der nach dem Tod Karls wieder in den Quellen begegnet. Erst nach mehreren, zuletzt mit aller Härte geführten Feldzügen sollte es Karlmann gelingen, sich auch in Alemannien als Herrscher zu etablieren und das dortige Herzogtum endgültig zu beseitigen.[59]

5.4 Karl Martell, die Agilolfinger und Bayern

Auch in die Verhältnisse im bayerischen Herzogtum griff Karl Martell ein, und ebenso wie zu den Alemannen besaßen die Franken schon lange vor seiner Zeit zu den Bayern ein enges und spannungsreiches Verhältnis. Im Gefolge der Unterwerfung Alemanniens scheint auch der Siedlungsraum der Bayern zwischen dem Lech im Westen, der Donau im Norden, der Enns im Osten und den Alpen im Süden, ein ehemals römisches und noch immer von dieser Kultur geprägtes Gebiet, zur Zeit Theudeberts I. (533–547) unter fränkische Kontrolle geraten zu sein.[60] Nur wenige Jahre später wurden Weichen gestellt, die für die Geschichte Bayerns selbst bis über die Zeit Karl Martells hinaus bedeutsame Entwicklungen anbahnen sollten. Mitte des Jahrhunderts wurde Garibald († um 590), der Herzog Bayerns aus der Familie der Agilolfinger, auf Geheiß des mit ihm eng verbundenen Merowingerkönigs Chlothar I. mit einer Tochter des Langobardenkönigs vermählt. In der Folgezeit wurden weitere Heiratsverbindungen zur Festigung der Beziehungen zwischen den bayerischen Agilolfingern und den Langobarden geschlossen, die 568 unter ihrem König Alboin (560/65–572/73) in Italien eingedrungen waren und dort ein Königreich begründet hatten.[61]

Franken, Langobarden und Bayern sowie die Vertreter der weitverzweigten agilolfingischen Familie bildeten die Eckpfeiler eines komplexen Geflechts, dessen wechselseitige Bedingtheit die Geschichte der einzelnen Herrschaftsbereiche bis über die Zeit Karl Martells hinaus prägen sollte. Im frühen 7. Jahrhundert kam ein neuer Faktor hinzu. Dem Bericht der Fredegar-Chronik zufolge betrieben Arnulf von Metz und Pippin I. aus nicht näher erläuterten Motiven die Ermordung des Agilolfingers Chrodoald. Auch wenn nicht klar ist, welcher Linie der weitverzweigten Familie Chrodoald zuzuordnen ist: Schon im ersten Drittel des 7. Jahrhunderts standen die Agilolfinger oder Teile ihrer Familie im Gegensatz zu den einflussreichen Arnulfingern und Pippiniden. Dieser Antagonismus sollte sich fortsetzen und das Verhältnis der Franken zu den Bayern maßgeblich mitbestimmen.[62]

Zweimal soll den *Annales Mettenses priores* zufolge Pippin II. nach seinem Schlachtenerfolg bei Tertry nach Bayern gezogen sein. Zum Jahr 688 berichtet der Annalist, der Hausmeier habe neben den Schwaben und Sachsen auch die Bayern seiner Botmäßigkeit unterworfen. Möglicherweise gehörte dieser Vorstoß in einen größeren politischen Zusammenhang, der neben den Franken und Bayern auch die Langobarden in Italien einschloss, wo ein Thronstreit eskaliert war. Im Jahr 691 soll dann der Darstellung der Metzer Annalen nach ein weiterer Feldzug durchgeführt worden sein, der aber ebenso wie jener drei Jahre zuvor nicht den durchschlagenden Erfolg erzielte, den ihnen der Autor zuschrieb.[63]

Auf die skizzierten Konflikte folgte in den Jahren danach eine kurze Phase der Entspannung. Pippin bemühte sich verstärkt um die Festigung seiner Stellung im Frankenreich und suchte den Ausgleich mit seinen einstigen Gegnern, den Langobarden wie den Bayern, die ihrerseits an Frieden interessiert waren. Mit dem bayerischen Herzog Theodo (vor 696–717/18) suchte sich Pippin in diesem Zusammenhang über eine Eheverbindung zu verständigen. Theodos Sohn, Theodebert († vor 720), heiratete in den neunziger Jahren des 7. Jahrhunderts Regintrud. Diese war als Tochter des Pfalzgrafen Hugbert und Irminas von Oeren nicht nur Mitglied einer einflussreichen Familie, sondern über ihre Schwester Plektrud auch eine Schwägerin Pippins. Mit der Heirat verband sich also das agilolfingische Geschlecht mit dem der Pippiniden – gemeinsam löste man sich damit vom Kampf gegeneinander, der noch zwei Generationen zuvor das beiderseitige Verhältnis bestimmt hatte. Sinnfälligen Ausdruck fand die Verbindung im Namen, den das Ehepaar dem Sohn gab. Er wurde nach seinem Großvater mütterlicherseits Hugbert genannt. Seine Schwester erhielt den Namen Guntrud. Beide sollten in der Folge der Ereignisse noch wichtige Rollen spielen.[64]

Für eine stärkere Entfremdung zwischen Pippin II. und den *duces* sorgten dessen ungeachtet die weiteren machtpolitischen

Ambitionen des Hausmeiers. Als Pippin den Merowingerkönig Childebert III. 697 in eine *villa publica* im Nordosten der *Francia* abschob, ihn dort unter Aufsicht stellte und so einerseits vom tatsächlichen Ort der Entscheidungsfindung entfernte, andererseits aber auch den Zugang zu ihm erschwerte, regte sich unter den Herzögen Widerstand (s. S. 86). Möglicherweise brachte auch der bayerische *dux* seinen Unmut über die Maßnahmen des Hausmeiers zum Ausdruck.

Dass Theodo durchaus selbstbewusst und auf seine Eigenständigkeit bedacht handelte, zeigt anschaulich die von ihm betriebene Kirchenpolitik. Nacheinander empfing der in Regensburg residierende Agilolfinger die aus Austrasien und Neustrien stammenden Missionare Erhard († um 700), Rupert († nach 716), Emmeram (2. Hälfte 7. Jh.) und Korbinian († um 728/30), um sich ihrer bei der Organisation der Kirche in seinem Dukat zu bedienen. In welchem Zustand sich die Kirche befand, als sie in Bayern ankamen, lassen die Quellen nicht klar erkennen. Bayern war wohl schon weitgehend christianisiert, eine kirchliche Struktur im Sinne einer Bistumsorganisation fehlte allerdings.[65]

Auch die politische Bedeutung der Kirchenmänner ist in der Forschung umstritten. Insbesondere im Falle Ruperts von Worms, der vor allem im Salzburger Raum wirkte und das dortige Bistum betreute, wurde die Rolle des Missionars in den Konflikten zwischen Arnulfinger-Pippiniden und Agilolfingern kontrovers beurteilt. So wurde vermutet, Rupert hätte wie seine Familie, die Rupertiner, bereits im Gegensatz zu den mit ihnen rivalisierenden Arnulfinger-Pippiniden gestanden, als er 696 von Theodo mit der Mission und der Neuordnung der Kirche in Bayern betraut wurde. Aus diesem Grund sei er erst nach dem Tod Pippins Ende 714 wieder in seine austrasische Heimat zurückgekehrt. In dieser Sicht geriet der bayerische Dukat zum Refugium für einen Gegner der herrschenden Familie im Frankenreich, für einen Anhänger der Opposition gegen die Arnulfinger-Pippiniden. Auch Theodos Politik, insbesondere seine Pläne zur Kirchenorganisation in seinem Dukat, konnten damit als Versuch gewertet werden, sich aus der engen Bindung zum Frankenreich zu lösen und eine quasi-königliche Stellung zu erlangen. Gegen diese Deutung erhob sich Widerspruch. In Teilen der Forschung nimmt man heute an, Rupert sei erst nach dem Tod Pippins in Bayern angelangt, wo er auf Einladung Theodos tätig war, während im Frankenreich die Auseinandersetzungen tobten. Mit der postulierten oppositionellen Haltung Ruperts gegenüber Pippin ließ sich dies nur schwer in Einklang bringen. Auch an einer Flucht nach Bayern weckte diese Deutung Zweifel.[66]

Ganz gleich, welcher Interpretation man den Vorzug gibt: Dass Theodo spätestens seit Beginn des 8. Jahrhunderts in der Kirchenpolitik wie auch im Handeln nach außen hin eigene Interessen verfolgte, die sich nicht mit denen der Arnulfinger-Pippiniden deckten, ist unstrittig. Deutlich wird dies am Eingreifen des Herzogs in die Verhältnisse im Langobardenreich. Dort hatte erneut ein Thronstreit zu einem offenen Schlagabtausch geführt, als der Langobardenkönig Cunincpert (688–700), der mit den Agilolfingern nördlich der Alpen verwandt war, im Jahr 700 verschied. Sein Sohn Liutbert († 703) war noch nicht volljährig; für ihn regierte sein Vormund, Anspand. Gegen ihre Herrschaft erhoben sich Vertreter der älteren, auf die Eheverbindungen am Ende des 6. Jahrhunderts zurückzuführenden agilolfingischen Linie im Langobardenreich. Als Liutbert in der Auseinandersetzung starb, musste sich Anspand mit seinem Sohn Liutprand wohl 702 ins Exil nach Bayern begeben. Sie blieben neun Jahre, ehe sie 711/712 mit militärischer Unterstützung durch Theodos in Salzburg residierenden Sohn Theodebert nach Italien und an die Macht zurückkehren konnten. Ihr Gegner Aripert II. (703–712), der die entscheidende Schlacht vor Pavia verloren hatte, ertrank im Tessin, als er sich ins Frankenreich abzusetzen suchte. Sein Bruder entkam und wurde freundlich empfangen: Seinen Söhnen wurde das Grafenamt in Orléans übertragen.[67]

Der eingeschlagene Weg des Flüchtenden und die Förderung seines Bruders verweisen auf die vorhandenen Spannungen, die das Verhältnis von agilolfingischem Bayern und merowingischem Frankenreich auch zu Beginn des 8. Jahrhunderts bestimmten. Dass Pippin den Gegnern der bayerischen Agilolfinger einen sicheren Hafen bot, ist unstrittig; ob er die ältere agilolfingische Linie in ihrem Kampf aktiv unterstützt hatte, muss dagegen offen bleiben. Die Entscheidung in Italien bedeutete in jedem Fall eine Stärkung der bayerischen Position, zumal sich die Bindung zwischen Bayern und Langobarden in der Folge noch enger knüpfte. Liutprand, der neue König (712–744), wurde wohl 715 mit Guntrud, der Tochter Theodeberts, vermählt.

Im Jahr vor der Intervention in Italien 711/12 war Theodo erkrankt. Damals betraute er Theodebert mit der Herrschaft, und möglicherweise sah er sich schon zu diesem Zeitpunkt genötigt, seine Nachfolge grundsätzlich zu regeln. Vielleicht nach der erfolgreichen Abwehr eines Angriffs der Awaren, des in Pannonien siedelnden Reitervolkes, wohl im Jahr 715, spätestens anlässlich einer Romreise des Herzogs, die vielleicht als Bußakt für den durch seinen Sohn Lantpert getöteten heiligen Emmeram, wahrscheinlicher aber noch im Zusammenhang mit der beabsichtigten Bistumsorganisation[68] für 715/16 geplant wurde, nahm Theodo eine Teilung des bayerischen Dukats auf sich und seine Söhne Theodebert, Theodoalt († vor 725) und Grimoald († ca. 725/28), vielleicht auch Tassilo II., vor.[69] Mit diesem Akt demonstrierte der Herzog seine politische Handlungsfreiheit: Die Teilung wurde von ihm offenbar durchgeführt, ohne die Zustimmung des amtierenden Merowingerkönigs oder seines Hausmeiers einzuholen. In diesem Zusammenhang ist der Zeitpunkt der Teilung wichtig. Erfolgte sie im Jahr 715, so nutzte der Herzog wohl die herrschende Verwirrung im Frankenreich, um die eigenen Pläne umzusetzen. Nahm Theodo die Teilung aber schon 711 oder 712 vor, ist die Bedeutung als unabhängiger Akt, als Ausdruck eigener Stärke noch höher zu veranschlagen, zumal Pippin zuvor und parallel dazu, in den Jahren 709 und 712, gegenüber Alemannien noch einmal durch Feldzüge seine Macht demonstriert hatte (s. S. 87). Wenn auch unterschiedliche Akzentuierungen denkbar sind: In jedem Fall spiegelten sich in dieser Handlung die gewachsene Distanz zwischen dem Frankenreich und den Dukaten an der Peripherie sowie Anspruch und Wirklichkeit der königsgleichen Stellung des Agilolfingers anschaulich wider.

Nachhaltige Wirkung konnten die Teilungsbestimmungen des Bayernherzogs freilich nicht entfalten. Denn nicht nur Theodo selbst starb 717/18. Auch die meisten seiner Söhne verschieden früh. Einzig Grimoald überlebte seinen Vater längere Zeit. Zwischen ihm und dem Sohn Theodeberts, Hugbert, eskalierte der Konflikt um die Macht im Dukat zum offenen Schlagabtausch.[70] Auf Seiten des letzteren engagierte sich Liutprand, der durch die bereits erwähnte Heirat mit Guntrud der Schwager Hugberts war. Er eroberte und besetzte einige Landstriche bei Meran, die an der Grenze seines Königreichs zu Bayern lagen und die zum Herrschaftsbereich Grimoalds gehörten.

Entscheidender als die Unterstützung des Langobardenherrschers war für den Ausgang des Konflikts aber das Eingreifen Karl Martells. 725 – das Jahr ist durch die übereinstimmende Datierung in mehreren Annalen gesichert – zog der Hausmeier erstmals nach Bayern. Über diesen Feldzug berichten die Fortsetzungen der Fredegar-Chronik, Karl sei nach einem erfolgreich verlaufenen Sachsenfeldzug in jenem Jahr mit einem großen Heeresverband gegen Alemannen und Schwaben gezogen, um anschließend die Donau zu überqueren und sich gegen die Bayern zu wenden. Der Feldzug sei, so der Chronist, mit der Unterwerfung des Gebiets (*regio*) zu Ende gegangen, Karl selbst mit vielen Schätzen heimgekehrt. Zur Beute gehörten auch die *matrona* Pilitrud und ihre Nichte Swanahild, die dem Hausmeier in die Hände gefallen waren.[71]

Mit Swanahild hatte Karl besondere Pläne. Der Hausmeier war seit dem Tod seiner ersten Frau Chrodtrud, der Mutter Pippins III. und Karlmanns, im Jahr des Bayernfeldzugs (725) verwitwet.[72] Nun nahm er Swanahild zur Frau. Die Forschung hat sich intensiv darum bemüht, das familiäre Umfeld der neuen Gattin Karls zu ergründen, um die Ehe in ihrer politischen Bedeutung gewichten zu können. Während Pilitrud dabei als Nichte Plektruds, der Stiefmutter Karl Martells, identifiziert wurde, ordnete man Swanahild als Nichte Pilitruds dem Kreis der Familie um Irmina, Plektrud und Regintrud zu. Ihre Herkunft väterlicherseits lässt sich zwar nicht genau ergründen, ihre Abkunft mütterlicherseits hingegen auf die alemannische Linie der Agilolfinger zurückführen. Swanahild war eine Nichte Odilos († 748), des ab 736 amtierenden Bayernherzogs aus diesem Zweig der Familie.[73]

Auch wenn sich dieses Bild nicht lückenlos zusammenfügen lässt, legen die verwandtschaftlichen Beziehungen Swanahilds den Schluss nahe, dass Karl Martell mit der Eheschließung konkrete politische Absichten verfolgte.[74] Die Ehe mit Swanahild bot die Chance, Plektruds verwandtschaftliches Umfeld stärker an sich zu binden, noch vorhandene Spannungen weiter abzubauen und sich der künftigen Unterstützung einer ebenso einflussreichen wie weitläufigen Adelssippe zu versichern. Auf diese Weise konnte er nicht nur seine Stellung in Bayern, sondern vor allem auch im Frankenreich weiter festigen.

Zur Stärkung seiner Position mag auch der erfolgreiche Feldzug selbst beigetragen haben. Wieder hatte Karl seine Fähigkeiten als Heerführer unter Beweis gestellt, wieder hatte er mit einem Vorstoß seine Überlegenheit auf militärischem Gebiet demonstriert. Allerdings überlagert die triumphale Rhetorik der einschlägigen Quelle, der Fortsetzungen der Fredegar-Chronik, die tatsächlichen Hintergründe ebenso wie die Dimension des Sieges. Denn im Text werden zum einen die Bayern allgemein als Gegner genannt, gegen die der Hausmeier zu Felde zog – von einer Intervention zugunsten Hugberts gegen Grimoald ist ebenso wenig die Rede wie von einer innerbayerischen Auseinandersetzung überhaupt. Zum anderen wird von der Unterwerfung des Dukats gesprochen. Bayern erscheint in der Chronik fortan als vom Frankenreich abhängiges Gebiet. Tatsächlich musste Karl Martell aber drei Jahre nach seinem ersten Feldzug 728 erneut nach Bayern ziehen.[75] Was ihn dazu bewog, ist nicht klar erkennbar. Möglicherweise regte sich Widerstand gegen die Herrschaft

Hugberts; vielleicht hatte sich Grimoald erneut erhoben. Spätestens jetzt wurde Hugberts Rivale um die Macht in Bayern mit seinen Kindern aber beseitigt. Weitere Interventionen Karl Martells erfolgten in den nächsten Jahren nicht. Hugbert regierte fortan unangefochten von seiner Residenz in Salzburg oder Regensburg aus den gesamten Dukat.

Vor dem Februar des Jahres 736 verstarb der Herzog kinderlos. Mit ihm erlosch die in Bayern herrschende Linie der Agilolfinger. Sein Nachfolger wurde Odilo, der aus dem alemannischen Zweig der Familie stammte. Wahrscheinlich war er ein Sohn des Alemannenherzogs Gotfrid und Bruder von dessen Nachfolgern Lantfrid und Theudebald, der möglicherweise durch die Ehe mit einer Tochter Theodos mit den bayerischen Agilolfingern verwandt war. Den *Annales Mettenses priores* zufolge soll Odilo von Karl Martell als Herzog in Bayern eingesetzt worden sein: auf das Zugeständnis Karls hin, so heißt es dort, habe er sein Amt innegehabt. In ähnlicher Weise stellte der Annalist den Hausmeier auch im Zusammenhang mit der Einsetzung des neuen aquitanischen *dux* Hunoald († nach 745) nach dem Tod Eudos im Jahr 735 als großzügigen Gönner bei der Vergabe von Herrschaft an der Peripherie dar. Hier wie dort, im Südwesten ebenso wie im Osten des Frankenreiches, scheint Karl freilich nicht über so weitreichende Zugriffsmöglichkeiten verfügt zu haben, wie es die karolingerfreundliche Überlieferung suggeriert. Zu Recht wurde in diesem Zusammenhang daran erinnert, dass weder Aquitanien noch Bayern Gegenstand der von Karl kurz vor seinem Tod 741 geplanten Reichsteilung gewesen ist (s. S. 177 f.). Auch die territoriale Verkleinerung des bayerischen Gebiets um den Nordgau wurde wohl nicht von Karl Martell, sondern wahrscheinlich erst von seinen Nachfolgern im Jahr 743 vorgenommen. Eine Eingliederung des bayerischen Dukats ins Frankenreich durch Karl Martell lässt sich daher nicht nachweisen.[76]

Dennoch wird davon auszugehen sein, dass man sich am fränkischen Hof stark für die Regelung der Nachfolge Hugberts interessierte. Insbesondere Swanahild, die in diesen Jahren zusehends an Einfluss gewann, wird darauf hingewirkt haben, dass Karl Martell den Übergang der Herrschaft in Bayern auf ihren Onkel Odilo wenn nicht förderte, so doch zumindest akzeptierte. Gegen den Willen des Hausmeiers war die Ernennung zweifellos nicht erfolgt. Dies belegen auch die folgenden Ereignisse.

Zunächst gestaltete sich der Übergang der Herrschaft im Dukat reibungslos. Bald aber regte sich Widerstand. Wer sich gegen Odilo erhob, gibt die Überlieferung ebenso wenig preis wie die Gründe für den offenen Konflikt, der im Jahr 740 ausbrach. So liegt im Dunkeln, ob man sich an der Person des landfremden Herzogs störte oder ob sich die Auseinandersetzung mit ihm an seiner Kirchenpolitik entzündete. Im Jahr zuvor (739) hatte Odilo eine Reorganisation der Bistümer in Bayern unterstützt, die mit Billigung des Papstes unter der Ägide des Bonifatius durchgeführt werden sollte. Nach dem Vorbild der von Theodo geplanten kirchlichen Strukturen sollten dabei die vier Städte Regensburg, Salzburg, Freising und Passau als Bischofssitze dienen. Dass Odilo mit diesem Vorhaben eine größere Eigenständigkeit anstrebte und sich von der Einflussnahme Karl Martells zu emanzipieren suchte, insgesamt also gegen die Pippiniden gerichtete Absichten verfolgte, ist in der Forschung zuletzt bezweifelt worden. Stattdessen wurden die Pläne zur Kirchenorganisation als Resultat gemeinsamer Anstrengungen gewertet, die vom Bayernherzog im Einvernehmen mit dem Hausmeier durchgeführt wurden – ein Aspekt, auf den im Zusammenhang mit der Missions- und Kirchenpolitik Karl Martells noch näher eingegangen wird (s. S. 157–159).[77]

Für ein einvernehmliches Verhältnis zwischen Odilo und Karl spricht jedenfalls, dass der Herzog ins Frankenreich floh, als ihm von seinen Gegnern in Bayern weiteres Ungemach drohte. Zwischen August 740 und März 741 hielt er sich am Hof Karl Martells auf, zweifellos unterstützt und gefördert von seiner Nichte Swanahild. Dort bahnte sich schließlich auch eine folgenreiche Beziehung zwischen ihm und der Karlstochter Hiltrud († 754) an. Resultat der Annäherung war Tassilo III. († nach 794). Geboren wurde der gemeinsame

Sohn noch im Jahr 741 in Bayern, wo Odilo seine Position nach seiner Rückkehr gewiss mit fränkischer Hilfe wieder zu festigen vermocht hatte. Auf Betreiben Swanahilds und gegen den erklärten Willen ihrer Stiefsöhne Karlmann und Pippin war die schwangere Hiltrud nach dem Tod Karl Martells am 15. oder 22. Oktober 741 aus dem Frankenreich ins agilolfingische Bayern zu Odilo geflüchtet, der sie alsbald zur Frau nahm.[78] Die Ehefrau Karls erhoffte sich in der Folge der Ereignisse wohl die Unterstützung Odilos bei der Durchsetzung der Ansprüche Grifos gegen dessen Halbbrüder, und tatsächlich zählte der Herzog von Bayern schon bald nach dem Tod des Hausmeiers zu den Gegnern Karlmanns und Pippins (s. S. 185 f.).

5.5 Die Integration Mainfrankens und Thüringens

Im Unterschied zu den Ereignissen in Alemannien und Bayern zeigte Karl Martell im mainfränkisch-thüringischen Raum niemals militärische Präsenz. Dass er das Gebiet ohne eine kriegerische Auseinandersetzung letztlich ebenfalls in sein Herrschaftsgebiet eingliedern konnte, lag an der im Vergleich zu den alemannischen und bayerischen Verhältnissen weiter fortgeschrittenen Integration der Region in das Frankenreich.

Bereits 531 war das Reich der Thüringer, das sich wohl vom Niederrhein, den Gebieten nördlich des Harzes und den Wäldern Buchonias an der Fulda bis an die Elbe, im Süden bis an die Donau erstreckte,[79] von den Merowingern vernichtet worden. Mit dem Ende des Reiches und der herrschenden Dynastie, deren letzte Vertreterin, die ins Frankenreich verbrachte Radegunde (ca. 520–587), in dem von ihr gegründeten Kloster in Poitiers verstarb, kam es einerseits immer wieder zu Auseinandersetzungen zwischen Franken und thüringischen Gruppen, die sich den Sachsen angeschlossen hatten oder die wie die Thüringer/Warnen zwischen Maas und Schelde in unmittelbarer Nähe zum Frankenreich siedelten. Andererseits bedienten sich die Merowingerherrscher zu Beginn des 7. Jahrhunderts auch thüringischer Verbündeter in ihren Kämpfen gegen ihre innerfamiliären Gegner.[80] Parallel dazu wurde jedoch das eroberte Thüringerreich neu organisiert. Dabei scheinen zwei Herzogtümer an seine Stelle getreten zu sein, der thüringische Dukat selbst und das mainfränkische Herzogtum mit Würzburg als Zentralort. Die Gebiete waren durch den Thüringer Wald voneinander getrennt.

Größere Bedeutung gewann der thüringische Raum erst wieder unter König Dagobert I. Gemeinsam mit Arnulf von Metz soll er das Gebiet bereist haben, das er im Rahmen seiner »aktiven Ostpolitik« (Walter Pohl) stärker in die Grenzverteidigung seines Reiches gegen die Slawen einbettete. Der zu diesem Zweck zum thüringischen *dux* ernannte Radulf ging jedoch nach dem Tod Dagoberts politisch eigene Wege und strebte offenkundig eine stärkere Unabhängigkeit vom austrasischen Hof an. Es gelang ihm, seine Position durch den Sieg in einer Schlacht an der Unstrut über den Kindkönig Sigibert III. zu behaupten und in der Folge durch durch Freundschaftsbündnisse mit den Wenden und anderen benachbarten Völkern abzusichern.[81]

Zur weiteren Geschichte des thüringischen wie auch des mainfränkischen Dukats im 7. Jahrhundert fließen die Informationen nur spärlich. Die zersplitterte Überlieferung bietet mehrere Möglichkeiten, die Ereignisse zu rekonstruieren, und lässt somit kaum mehr als die Bildung von Hypothesen zu. Gewiss ist nur, dass die Familie der Hedenen bis in die Zeit Karl Martells die Geschicke Mainfrankens lenkte und von dort aus starken Einfluss auf Thüringen ausübte. Unter ihrer Herrschaft verbanden sich die beiden Gebiete zu einem, dem mainfränkisch-thüringischen Dukat. Zu welchem Zeitpunkt und unter welchem Vertreter der Familie dies geschah, ist indes nicht klar auszumachen und in der Forschung umstritten. Wahrscheinlich aber erfolgte die Einbeziehung der Gebiete nördlich des Thüringer Waldes in den Herrschaftsbereich der mainfränkischen Herzöge erst unter Heden II. zu Beginn des 8. Jahrhunderts.[82]

Die kürzere *Passio sancti Kiliani*, die wohl 788 in Würzburg entstand, zählt Hruodi, dessen Sohn Heden I. (nach 643– 676?), seinen Enkel Gozbert sowie seinen Urenkel Heden II. zu dem Adelsgeschlecht, das dem Herzogtum vorstand.[83] Doch schon die die Einordnung von Hruodi bereitet Schwierigkeiten. Aufgrund seines Namens ist er in der Forschung mit dem oben genannten Radulf identifiziert, die Macht der Hedenen in Thüringen ebenso wie in Mainfranken somit an dessen Ernennung zum *dux* durch Dagobert I. geknüpft worden. Demgegenüber ist jedoch die Auffassung vertreten worden, es handele sich um zwei unterschiedliche Personen.[84] Entsprechend suchte man die Legitimierung des hedenischen Herzogtums in Mainfranken nicht mit der Ernennung durch die Merowinger, sondern mit einer möglichen Reaktion des Hausmeiers Grimoald auf die Rebellion Radulfs zu begründen. Der Pippinide habe den Dukat Mainfranken gestärkt oder sogar erst geschaffen, um mit der Unterstützung Hedens I. und vielleicht schon Hruodis den Gegner in die Knie zu zwingen.[85] Vieles spricht für diese These: Grimoald selbst war in der Schlacht an der Unstrut zugegen und mag die Situation nicht nur im Interesse seines Schützlings Sigibert III. als revisionsbedürftig betrachtet haben; Heden I. selbst könnte der Bruder des Metzer Bischofs Goericus-Abbo (629–643?) gewesen sein und war daher am dortigen Königshof bekannt.

Eine mögliche Verbindung zwischen den Hedenen und den Pippiniden wird auch durch die Nachricht nahegelegt, dass Gertrud († 659), die Schwester des Hausmeiers Grimoald und Äbtissin des Konvents in Nivelles, das Kloster Karlburg in der Nähe von Würzburg, der Hedenenresidenz, erbaute. Dazu fügt sich der Bericht der älteren Metzer Annalen, die Mainfranken und Thüringen nicht zu den Gebieten zählen, die von Pippin im Zuge seiner militärischen Kampagnen nach der Schlacht von Tertry erneut zu unterwerfen waren.[86] Auch unter Gozberts Sohn und Nachfolger scheint sich das Verhältnis zu den Pippiniden spannungsfrei gestaltet zu haben. Heden II.

erkannte die Herrschaft Childeberts III. ganz offensichtlich an: Der König wird in der Schenkungsurkunde des Hedenen für Willibrord aus dem Jahr 704 als »unser Herr« (*dominus noster*) bezeichnet.[87] Entsprechend scheint der Herzog auch die Herrschaft Pippins anerkannt zu haben. Er gehörte wohl nicht zu den *duces*, die sich wie Gotfrid, der Herzog von Alemannien, über den vom Hausmeier eingeschränkten Kontakt zum Merowingerkönig beklagten und sich auf den Herrscher als die eigene Stellung legitimierende Person beriefen. Bei Pippins Feldzügen gegen die Alemannen 709 und 710 (s. S. 87) lässt sich jedenfalls keine militärische Konfrontation am Main nachweisen.

Insgesamt geben die Quellen keinen Hinweis darauf, dass die Hedenen in den Jahrzehnten nach der Auseinandersetzung der Franken mit Radulf in Gegensatz zu den Merowingerkönigen sowie ihren Hausmeiern im Allgemeinen und Pippin II. im Besonderen geraten sind. Sie lassen zugleich allerdings offen, ob der thüringische Raum tatsächlich der fränkischen Zentralgewalt unterworfen war.[88]

Die Herrschaft Hedens II. sollte jedoch bald nach dem Tod Pippins II. zu Ende gehen. Nachdem der Herzog 704 Willibrord Güter beim thüringischen Arnstadt geschenkt hatte, übertrug er dem angelsächsischen Missionar 717 Land in der Gegend von Hammelburg, damit dieser dort ein Kloster gründen konnte.[89] Danach verschwand Heden II. aus der Geschichte. Die *Passio minor* Kilians rückt das Ende seiner Herrschaft in einen Zusammenhang mit dem Martyrium, das der irische Heilige zu erleiden hatte. Kilian hatte danach die inzestuöse Eheverbindung Gozberts mit Geilana kritisiert und war auf Veranlassung der Herzogsgattin getötet worden. Die göttliche Strafe folgte jedoch auf dem Fuße: Geilana wurde wahnsinnig, Gozbert fiel unter den Schwertstreichen seiner eigenen Diener, und »das Volk der Ostfranken« (*populus orientalium Francorum*) zwang seinen Sohn Heden zur Flucht aus seinem Reich. Auch seine Nachkommen, so heißt es, wurden verfolgt, bis niemand aus seinem Geschlecht mehr übrigblieb.[90]

Der Bericht erweist sich als Zusammenschau von Ereignissen aus verschiedenen Zeitschichten. Kilian erlitt wohl 689, noch während der Regierungszeit Gozberts, das Martyrium. Heden selbst firmierte noch 717 als Herzog, kann also nicht unmittelbar nach dem Tod des Heiligen seiner Herrschaft entsetzt worden sein. Auch die Verfolgung der Familienmitglieder fiel nicht so grenzenlos aus, wie es der Hagiograph wollte:[91] Zwar gibt es keine Informationen über den Verbleib von Heden, seiner Frau Theodrada und seines Sohnes Thuring, die beide die Schenkung an Willibrord im Jahr 704 mit unterzeichneten. Doch lässt sich Immina, die Tochter Hedens II., auch nach 717 als Leiterin des Würzburger Marienklosters nachweisen, und wenn die Identifizierung jenes *Eddanus*, der am *Concilium Germanicum*, einer unter Vorsitz Karlmanns zusammengetretenen Kirchenversammlung, 742/43 teilnahm, als eines Angehörigen des Hedenen-Geschlechts zutrifft, hatte ein weiteres Mitglied der Familie nach deren Ende als Herzöge in Mainfranken-Thüringen einen Bischofsstuhl inne.[92] Offenkundig gab es Wirkungsmöglichkeiten nur noch für die Angehörigen der Familie, die zur Geistlichkeit zählten und somit nicht mehr als Erben in Betracht kamen.

Zu diesem Befund fügt sich, dass das Herzogsgut später als fränkischer Fiskalbesitz auftaucht.[93] Will man nicht annehmen, dass Heden II. nach 717 einfach verstarb, kann eine Beteiligung Karl Martells an der Liquidierung der hedenischen Herrschaft im mainfränkisch-thüringischen Raum nicht ausgeschlossen werden. Das Verhältnis des Hausmeiers zum *dux* wird gemeinhin in der Literatur als positiv beschrieben – Grund dafür sind die beiden Schenkungen Hedens an Willibrord, der Karl in seinem Kampf um die Alleinherrschaft im Frankenreich unterstützte. Allerdings lässt sich weder die ebenfalls oft angesprochene Waffenhilfe des Hedenen für Karl bei Vinchy durch Quellen belegen, noch muss die Übertragung von Besitz an Willibrord grundsätzlich als Zeichen eines bereits bestehenden Einvernehmens mit Karl Martell gewertet werden (s. S. 56 f.). Da direkte verwandtschaftliche Bindungen an die Echternacher Stifterfamilie zumindest für Heden II. selbst nicht nachweisbar sind,[94] könnte die Schenkung des Jahres 717 ein Versuch gewesen sein, über Willibrord und seinen Einfluss bei Karl den Hausmeier für sich zu gewinnen. Andererseits fällt auf, dass die Schenkungsurkunde des Jahres 717 nach den Regierungsjahren Chilperichs II., also nach dem König Raganfreds und der Neustrier, datiert ist. Es erscheint daher durchaus denkbar, in Heden II. einen Opponenten Karl Martells zu sehen, der sich in den Wirren nach dem Tod Pippins II. von der Familie des Hausmeiers ab- und der Gegenseite zugewandt hatte. Möglich ist aber auch, dass sich Heden wie etwa Rigobert von Reims schlicht alle Optionen offenhalten wollte. Falls er diese unabhängige Position auch nach 717 beizubehalten versuchte oder falls er gar in seinem Gegensatz zu Karl verharrte, könnte dies zu seinem Sturz beigetragen haben. Bemerkenswert ist in diesem Zusammenhang, dass Willibrord in seinem für seine Klostergründung Echternach bestimmten »Testament« im Jahr 726 zwar die 704 durch Heden erfolgte Besitzübertragung der Güter in Arnstadt, nicht aber die 717 erfolgte Schenkung der Hammelburger Besitztümer erwähnt. Fehlte sie, weil Karl Martell Heden II. wegen seiner Haltung in und nach 717 nicht mehr als Herzog anerkannte, die Schenkung also für unwirksam hielt?

Die zusammengestellten Indizien lassen die Vermutung zu, Karl habe im Zuge der Durchsetzung seiner Herrschaft an der Peripherie auch im mainfränkisch-thüringischen Raum für eine Veränderung der Verhältnisse gesorgt. Den Sturz der Dynastie betrieb offenbar das »Volk der östlichen Franken«, während Karl Martell die Vorgänge wenn nicht offen unterstützt, so doch mit Wohlwollen begleitet haben wird. Denkbar ist, dass dabei Auseinandersetzungen um die Verbreitung des Christentums in der Region eine Rolle spielten, wie sie nicht nur der Bericht der Kilianspassio widerspiegelt. Aufschluss darüber gibt auch ein päpstliches Schreiben aus dem Jahr 722. Der Brief Papst Gregors II. (715–731), der sich an fünf führende Personen der Region richtete und deren Standhaftigkeit in Zeiten heidnischer Verfolgung lobt, macht das Fehlen einer übergeordneten herrscherlichen Instanz deutlich – Herzog Heden gab es zu dieser Zeit offenbar nicht mehr.[95] Zudem verweist das Schriftstück auf Konflikte, die auch die Vita des heiligen Bonifatius aus der Feder Willibalds thematisiert. In dem bereits erwähnten Abschnitt wird der Rückfall in den heidnischen Glauben und die Abkehr vom Christentum mit der Herrschaft eines Herzogs Heden in Verbindung gebracht. Bonifatius wandte sich, so die Vita weiter, nun an die Ältesten und die Fürsten des Volkes in Thüringen, um sie zur Wiederannahme des Christentums zu bewegen.[96]

Ebenso wie Gregor II. richtete er seine Botschaft demnach nicht an einen Herzog, den der mainfränkisch-thüringische Dukat offenkundig nicht mehr besaß. Die Umdeutung des um die Förderung kirchlicher Institutionen bemühten Heden II. zu einem Tyrannen erfolgte möglicherweise unter dem Eindruck der Ereignisse, die den Herzog um sein Amt brachten – und einer möglichen Beteiligung Karl Martells daran. Auch der Verfasser der Passio des heiligen Kilian scheint die Vertreibung des letzten Hedenenherzogs 788 thematisiert zu haben, um Karl dem Großen das zurückliegende, unter Beteiligung des Volkes selbst herbeigeführte Ende des alten merowingischen Dukats vor Augen zu führen. Karl selbst hatte kurz zuvor mit der Absetzung Tassilos III. von Bayern, die auf konstruierten Vorwürfen basierte, das letzte dieser Herzogtümer beseitigt.[97] In beiden Fällen schrieben die Autoren offenbar nieder, was die Erwartungen der Zeitgenossen am nunmehr karolingischen Herrscherhof erfüllte.

Insgesamt profitierte Karl Martell von der Entwicklung im mainfränkisch-thüringischen Raum. Ohne einen Feldzug fiel ihm dort die Herrschaft zu. Selbstständigkeitsbestrebungen wie in den Dukaten Alemannien und Bayern mussten nicht militärisch unterdrückt werden. Dass Bonifatius in Mainfranken und Thüringen nicht nur Klöster, sondern auch Bistümer gründete und eine in ihrem Bestand ungefährdete Kirchenstruktur schuf (s. S. 156 f.), zeigt, wie tiefgreifend die Regionen herrschaftlich bereits durchdrungen waren. Entsprechend leicht waren sie offenbar auch ins Frankenreich zu integrieren. Am Ende seines Lebens übertrug Karl Martell im Rahmen der Erbteilung des Reiches Thüringen seinem Sohn Karlmann (s. S. 177). Der alte Dukat war fester Bestandteil des Machtbereichs geworden, über den der Hausmeier glaubte verfügen zu können, und war neben den anderen Teilreichen doch eine eigenständige Größe. Seine lange Geschichte hatte ihn dazu gemacht.

5.6 Der Kampf gegen Eudo von Aquitanien und die Araber

In den südlich an die *Francia* angrenzenden Regionen Aquitanien, Burgund und Provence entfaltete Karl im Laufe seiner Herrschaftszeit ebenfalls militärische Aktivitäten. Ins Zentrum seines Engagements rückte zunächst der aquitanische Raum, der von der Loire im Norden und den Pyrenäen im Süden, vom Atlantik im Westen und dem Rhônetal im Osten begrenzt wurde. Hier herrschte Eudo, der im Zuge der Sukzessionskrise nach dem Tod Pippins 714 auf der Seite der Neustrier eingegriffen und sich gegen Karl gestellt hatte. Nach der Festigung der Stellung des Hausmeiers sah er sich mit dem Verlangen Karls nach Revanche für die Ausnutzung der Krise konfrontiert.

Aquitanien stellt in vielerlei Hinsicht einen Sonderfall dar. So hatte das Gebiet römische Elemente in Kultur und Gesellschaft im Vergleich zu anderen Regionen des Frankenreiches stärker bewahrt. Deutlich wird dies im Bereich der Sprache und der Religionsausübung, aber auch auf dem Gebiet der Verwaltung und des Rechts. Auch die Agrarstruktur und die soziale Ordnung belegen die enge Bindung der aquitanischen Gesellschaft an die römische Vergangenheit. Große, von abhängigen Bauern und Sklaven bewirtschaftete Güter dominierten das Bild noch in fränkischer Zeit, doch wuchs im 7. Jahrhundert auch die Zahl kleinerer freier Bauernstellen. Aquitanien galt gemeinhin als reiches Gebiet, das seinen Wohlstand insbesondere seinen Silber-, Eisen- und Bleiminen verdankte. In den zahlreichen Städten der Region blühte der Handel; die Wirtschaft prosperierte.[98]

Nach der Eroberung des vormals unter westgotischer Herrschaft stehenden Gebiets durch Chlodwig zu Beginn des 6. Jahrhunderts wurde Aquitanien im Zuge der Reichsteilungen in den Jahrzehnten danach in unterschiedliche Machtbereiche aufgespalten. Daneben wurde der Raum aber auch durch Vereinbarungen mit einzelnen Städten enger mit den übrigen Reichsteilen verknüpft. Kirchen und Klöster des Nordens wurden zudem von den Merowingern mit umfangreichen Landschenkungen im Süden bedacht, während Angehörige der aquitanischen Oberschicht Bischofsämter im Norden erhielten, wichtige Positionen an den merowingischen Königshöfen einnahmen und sich durch Eheschließungen mit der Königsfamilie selbst oder mit anderen Adelsfamilien verbanden.[99]

Parallel zur vielgestaltigen Verflechtung des Gebiets mit dem übrigen Frankenreich erwuchs jedoch auch der Wunsch nach stärkerer Abgrenzung. Dazu besann man sich auf das römische Erbe Aquitaniens, das als identitätsstiftender Faktor wirkte. Die Bezeichnung seiner Bewohner als *Romani* im Gegensatz zu den nördlich der Loire siedelnden, als *barbari* klassifizierten Franken in den Quellen spiegelt das Selbstverständnis der Aquitanier wider und bezeugt anschaulich den ausgeprägten Regionalismus, der sich aus Ressentiments und der Abgrenzung gegenüber den »Anderen« speiste.[100]

Bedingt durch den Abwehrkampf gegen die Basken erhielt Aquitanien im 7. Jahrhundert einen politischen Sonderstatus. Am Beginn dieser Entwicklung stand die Einrichtung des »Markenkönigtums« Chariberts II. (629–631), des Bruders Dagoberts I., dem ein Unterkönigreich um Toulouse zugewiesen wurde. Spätestens Ende der fünfziger Jahre wurde der zu Neustroburgund gehörende Teil Aquitaniens dem *patricius* Felix als Amtssprengel übertragen. Sein Nachfolger war der *dux* Lupus, der eine überaus eigenständige Politik betrieb. Begünstigt durch die Wirren im Frankenreich nach der Ermordung Childerichs II. im Jahr 675 eroberte er Limoges. Im Süden seines Machtbereiches unterstützte er einen Aufstand gegen den Westgotenkönig. Zudem soll der *dux* und *princeps* eine königsgleiche Stellung angestrebt und die Bevölkerung einzelner Städte durch die Leistung von Treueiden auf seine Herrschaft verpflichtet haben. König Theuderich III. reagierte mit der Entziehung seiner Güter im Orléannais. Nicht lange danach verstarb Lupus.[101]

Wer ihn als aquitanischer Herzog beerbte, lässt sich nicht feststellen. Erkennbar ist allerdings, dass der aquitanische Raum an der Wende vom 7. zum 8. Jahrhundert nicht zum Machtbereich der Pippiniden gehörte. Wie Unterschriften auf Herrscherurkunden und Bischofsprivilegien des ausgehenden 7. Jahrhunderts bezeugen, besaß Pippin südlich einer Linie von Poitiers, Bourges und Clermont in jener Zeit keinen Einfluss. Demnach hatten auch die nach der Schlacht von Tertry 687 erfolgten Kämpfe gegen die Aquitanier und Basken nicht den Erfolg, den ihnen der Verfasser der *Annales Mettenses priores* zuschrieb. Pippin hatte keineswegs – wie dort suggeriert – den aquitanischen Dukat seiner Herrschaft unterworfen. Vielmehr hatte die Region auch zu Beginn des 8. Jahrhunderts ihre zuvor errungene Selbstständigkeit nicht verloren.[102]

Als Drogo, der Halbbruder Karl Martells, im Jahr 708 verstarb, brach der Konflikt erneut aus. Die Besetzung mehrerer Städte durch die Aquitanier veranlasste Pippin, selbst einzugreifen. Wohl 711/12 rückte er mit seinem Heer gegen Bourges vor und vertrieb die Angreifer. Ob sein Gegner in diesen Jahren schon mit dem späteren *dux* von Aquitanien namens Eudo identifiziert werden kann, ist unklar; der Beginn seiner Amtszeit lässt sich nicht bestimmen. Er tritt erst deutlich mit den militärischen Aktionen des Jahres 714 hervor. Eudo nutzte die Gunst der Stunde nach dem Tod Pippins, um die Städte Poitiers, Tours und Clermont seinem Herrschaftsbereich anzugliedern. Der *dux*, der auch als *princeps* der Aquitanier bezeichnet wurde und seinem Namen zufolge möglicherweise neustrischer Herkunft war, knüpfte damit an politische Ziele seiner Vorgänger im Amt an.[103]

In den Wirren um die Nachfolge Pippins gelang es dem neustrischen Hausmeier Raganfred und König Chilperich II.,

Eudo für sich zu gewinnen. Nach seiner Niederlage bei Soissons musste er sich 718 jedoch gemeinsam mit Chilperich II. zunächst nach Paris, dann weiter nach Orléans zurückziehen. Karl Martell soll ihm bis hierhin, bis an die Grenze seines Machtbereichs, gefolgt sein. Zu einem weiteren Vorrücken kam es nicht, zumal sich Eudo 720 zur Auslieferung des Merowingerkönigs mitsamt seinen Schätzen verstand.[104]

Im Bericht der Fredegar-Fortsetzungen über die Ereignisse im Umfeld der Schlacht bei Soissons kommt die auf den Erfolg Karls zugeschnittene Tendenz des Textes besonders deutlich zum Ausdruck. So wird Raganfred und Chilperich unterstellt, sie hätten Eudo im Gegenzug für seine Hilfeleistung gegen Karl durch eine Gesandtschaft nicht nur Geschenke gemacht, sondern ihm auch das *regnum* übergeben. In seinem Gehalt ist der Begriff *regnum* unterschiedlich zu interpretieren. Zum einen kann man darunter Herrschaft als solche verstehen, zum anderen kann der Terminus aber auch in verengender Deutung auf die Königsherrschaft oder das Königreich bezogen werden. Ferner lässt sich nachweisen, dass die Bezeichnung im Frühmittelalter für Dukate gebraucht wurde, deren Herrscher eine königsgleiche, die Vererbung ihres Amts und die Teilung ihres Gebiets auf die Söhne einschließende Stellung einnahmen. Zweifelsohne ist mit dem den Fredegar-Fortsetzungen zufolge übergebenen *regnum* der aquitanische Raum gemeint. Weder Raganfred noch Chilperich dürften Eudo die Königskrone oder die Herrschaft im Frankenreich als Preis für seine militärische Unterstützung offeriert haben. Stattdessen mag das Zugeständnis, zu dem sich die von Karl bedrängten Neustrier verstehen mussten, die Königsgleichheit der Herrschaft Eudos und somit die Anerkennung einer größeren Unabhängigkeit des aquitanischen Dukats beinhaltet haben. Es ist denkbar, dass der Verfasser des einschlägigen Passus in den Fortsetzungen der Fredegar-Chronik mit dem Ausdruck *regnum* diese neue Qualität der Herrschaft Eudos in seinem Dukat begrifflich fassen und seinen Lesern vermitteln wollte. Ob der Autor damit zugleich auf tatsächliche Pläne des aquitanischen *dux* zur Erlangung einer königsgleichen Stellung oder gar der

Königswürde selbst Bezug nahm, wie sie für Lupus erwähnt werden, lässt sich nur schwer beurteilen. Möglicherweise knüpfte Eudo an die Vorhaben seines Vorgängers nicht nur in militärischer, sondern eben auch in politischer Hinsicht an und strebte nach einer Rangerhöhung. Allerdings hat man stets die Darstellungsabsicht der Fredegar-Fortsetzungen im Blick zu behalten: Das Verlangen nach dem *regnum* im Sinne einer tatsächlichen Königsherrschaft konnte als überspannte Forderung, als Hybris verstanden werden, die sich rächen sollte. In diesem Fall wäre der Begriff Teil der abwertenden Erzählstruktur, von der vor allem die Darstellung Eudos in der Chronik deutlich bestimmt ist.[105]

Vor diesem Hintergrund erscheint es bemerkenswert, dass im *Liber historiae Francorum* von einem Freundschaftsbündnis (*amicitia*) zwischen dem fränkischen Hausmeier und dem aquitanischen *dux* die Rede ist, welches anlässlich der Übergabe Chilperichs an Karl geschlossen wurde.[106] Mit diesem Übereinkommen und der Auslieferung des Königs hatte Karl sein Hauptziel erreicht. Chilperich II. befand sich in seiner Gewalt, seine Überlegenheit gegenüber Eudo war deutlich genug zum Ausdruck gebracht und der südliche Rand des Reiches befriedet. Nun galt es, sich dringlicheren Angelegenheiten zuzuwenden. Die Machtstellung Eudos in Aquitanien blieb unangefochten, zumindest vorerst. Die Situation änderte sich jedoch, als zu Beginn der zwanziger Jahre die arabische Expansion über die Pyrenäengrenze hinweg auch Aquitanien erreichte.

Die Ausdehnung des arabischen Machtbereichs nach dem Tod Mohammeds im Jahr 632 hatte sich in erstaunlicher Dynamik und Schnelligkeit vollzogen. Zunächst wandten sich die im Kern aus arabischen Verbänden bestehenden Truppen im Osten des Mittelmeerraums gegen das militärisch überforderte byzantinische Reich, dem im Gefolge der Schlacht am Yarmuk 636 mit Ägypten, Palästina und Syrien ein Großteil seiner Provinzen verloren ging.[107] Nach der anschließenden Eroberung Nordafrikas setzten arabische Truppen, die inzwischen durch gerade zum Islam bekehrte

Berberaufgebote verstärkt worden waren, unter ihrem Befehlshaber Tariq ibn Ziyad († nach 714) am Felsen von Gibralter (*Dschebel-al-Tariq*, der »Fels des Tariq«) nach Spanien über. In einer einzigen wohl am Flüsschen Guadelete im Süden des Landes zu lokalisierenden Schlacht zerbrach im Jahr 711 die westgotische Herrschaft über die Iberische Halbinsel. Einer der ersten Statthalter des eroberten Landes, Abd al-Aziz († 716), heiratete die Witwe des im Kampf ums Leben gekommenen Königs Roderich (710–711), um seine Herrschaft zu festigen. Widerstand hielt sich zunächst nur vereinzelt. Wo er besonders hartnäckig war, wie im Südosten des Landes unter der Führung des westgotischen Adeligen Theodemir, bestätigten die neuen Herren des Landes den Westgoten ihren bisherigen Besitz; andere Angehörige der westgotischen Oberschicht konvertierten zum Islam und bewahrten sich so eine privilegierte Stellung.

Mit Raubzügen nach Septimanien und ins südliche Aquitanien, in die Provence und bis nach Burgund hinein setzten die Araber und Berber ihre Expansion weiter fort. 720 gelang ihnen die Eroberung Narbonnes, im Jahr darauf setzten sie zur Belagerung von Toulouse an. Der Vorstoß endete jedoch in einem Fiasko. Eudo wurde zwar von der schnellen Attacke des bislang unbekannten Gegners überrascht, konnte aber mit einem eilig versammelten Heer Toulouse entsetzen, die Angreifer empfindlich schlagen und sie – wie ein Annalist schrieb – von seinem Land vertreiben. Der arabische Heerführer selbst kam in der Schlacht ums Leben.[108]

Stolz berichtete Eudo dem Papst in Rom von seinem Sieg. In einem an Gregor II. gerichteten Brief bezifferte er die gegnerischen Verluste auf 375 000 Mann, während sein Heer nur 1500 Tote zu beklagen hätte. Für diesen Erfolg biblischen Ausmaßes wurden drei Eudo vom Papst zuvor zugesandte Schwämme verantwortlich gemacht, die unter den Angehörigen des Heeres in der Stunde der Schlacht verteilt worden seien. Sie hätten dafür gesorgt, dass niemand, der auch nur einen kleinen Teil davon bei sich trug, verletzt oder getötet wurde. Der Sieg Eudos über die in der entsprechenden Quelle auch als Hagarener und Sarazenen bezeichneten Feinde erhielt damit erstmals eine religiöse Akzentuierung. Er begründete zugleich seinen Ruhm als Heerführer, dessen vermeintliches Trompeten noch Jahre später in einem sterbenden Heiligen im benachbarten Limousin die Erinnerung an den damit verbundenen Ruf zu den Waffen weckte.[109]

Der arabisch-berberische Expansionsdrang hatte mit der Niederlage zunächst einen Rückschlag erlitten, sollte sich aber schon in den folgenden Jahren fortsetzen. 724 nahmen ihre Verbände Carcassonne ein, Nîmes fiel ihnen wenig später sogar kampflos zu. Im August des Jahres darauf eroberten sie Autun in Burgund. Es soll so gründlich geplündert worden sein, dass es einer vollständigen Zerstörung der Stadt gleichkam.[110]

Zu diesem Zeitpunkt mochte Eudo bereits erkannt haben, dass er sich mit den neuen Herren der an sein Herrschaftsgebiet im Süden angrenzenden Gebiete arrangieren musste. Der üblichen Form der Anbahnung politischer Verbindungen entsprechend gab Eudo dem Berberfürsten Munnuza, der über ein Gebiet im Ostteil der Pyrenäen um den Zentralort Llívia in der Cerdanya gebot, eine seiner Töchter zur Frau. Unterschiede im Glauben spielten im politischen Kalkül auf beiden Seiten offensichtlich keine Rolle: Eheschließungen waren ein traditionelles Mittel der Politik, das auf arabischer und fränkischer Seite gleichermaßen Tradition besaß, wie es das erwähnte Beispiel des Abd al-Aziz zeigt.[111]

Der ursprünglich geplante Effekt der Heirat verkehrte sich allerdings ins Gegenteil, als Munnuza selbst mit dem neuen, seit 731 amtierenden Statthalter des Kalifen in Spanien, Abd ar-Rahman (720, 730–732), in Konflikt geriet. Hintergrund waren wohl die im eroberten Spanien wie auch in Nordafrika in zunehmendem Maß auftretenden Spannungen zwischen Arabern und Berbern. Letztere waren vor allem bei der Verteilung des fruchtbaren Landes in den eroberten Gebieten benachteiligt worden und hatten darüber hinaus manche soziale Zurücksetzung zu erdulden. Abd ar-Rahman gelang es, den gegen seine Herrschaft rebellierenden Munnuza zu besiegen. Der Unterlegene beging Selbstmord; seine Frau,

Eudos Tochter, wurde vom Sieger als Beute zum omajadischen Kalifen nach Damaskus geschickt.

Nun wandte sich Abd ar-Rahman gegen Eudo. Dessen Versuch, die Angreifer 732 an der Garonne abzuwehren, misslang. Eudo musste fliehen und soll dabei den Großteil seiner Truppen verloren haben. Plündernd zog das arabische Heer nach Norden: zunächst wurde Bordeaux eingenommen, bald darauf fiel Poitiers, wo die Kirche des heiligen Hilarius in Flammen aufging. Als nächstes Ziel hatten die Angreifer wohl Tours mit seiner an Schätzen reichen Martinskirche im Blick. Eudo sah sich gezwungen, Karl Martell um Unterstützung zu bitten.[112]

Dieser hatte die Situation bereits für seine Zwecke genutzt. Während Eudo im Süden mit der Abwehr der Verbände Abd ar-Rahmans beschäftigt war und der Tod Raganfreds in Angers ihm freie Hand ließ, war Karl 731 zweimal auf aquitanisches Gebiet vorgestoßen. Sein vorrangiges Ziel war es wohl, Beute zu machen, doch scheint er es auch auf eine allgemeine Schwächung der Macht Eudos abgesehen zu haben. Als Begründung für das Vorgehen Karls führen die Fredegar-Fortsetzungen den Bruch einer vertraglichen Vereinbarung durch Eudo an. Wahrscheinlich bezog sich der Chronist dabei auf die im Jahr 720 im Zuge der Auslieferung des Merowinger-königs Chilperich II. geschlossene *amicitia*, doch lassen sich keine Hinweise auf das Freundschaftsbündnis gefährdende Aktionen seitens des aquitanischen *dux* finden. Die Notiz ist damit als ebenso tendenziös zu bewerten wie die vom gleichen Autor verbreitete Nachricht, Eudo selbst habe die Araber gegen seinen Feind Karl Martell ins Land gerufen. Gezielt wurde in der karolingerfreundlichen Historiographie das Bild Eudos verzerrt, um dem Eingreifen Karl Martells in Aquitanien eine ausreichende Legitimation zu verschaffen. Der doppelte Verrat des aquitanischen *dux* – Bruch des Freund-schaftsbündnisses und Herbeirufung eines äußeren Fein-des – schien hierfür Rechtfertigung genug.[113]

Karl Martell setzte seine gegen Eudo gerichtete Politik ungebrochen fort. Auch nach 731 scheint der Hausmeier erneut die Absicht gehegt zu haben, militärisch in Aquitanien aktiv zu werden: Da die Reaktion auf das Hilfsgesuch Eudos so zügig erfolgte, liegt die Annahme nahe, dass sich der Karolinger mit seinem Heer bereits in der Nähe aufgehalten hatte. Wahrscheinlich befand er sich auf einem Feldzug gegen Eudo im Norden Aquitaniens, als sich das Blatt im Süden wendete und der Herzog ihn um Unterstützung bitten musste.[114]

An einem nicht präzise zu lokalisierenden Ort nahe der alten römischen Straße von Tours nach Poitiers kam es zur Schlacht – wie die meisten Annalen vermerken: bei Poitiers (*ad Pectavis*), weshalb man die Auseinandersetzung als Schlacht von Poitiers bezeichnen sollte. Wahrscheinlich im Oktober 732 – wie die Mehrzahl der Quellen berichtet – trafen die Verbände dort aufeinander. Das Heer Karl Martells konnte die Angreifer zurückschlagen; Abd ar-Rahman blieb tot auf dem Schlachtfeld zurück und das feindliche Lager fiel den Siegern als Beute zu. Auf ihrem Rückzug, der sich – anders als die fränkischen Quellen berichten – offenbar nicht in wilder Flucht vollzog, zogen die geschlagenen arabischen Truppen plündernd durch das Limousin. Den Erfolg sollte dies nicht schmälern: Im Umfeld des karolingischen Hofes feierte man Karl als beutebeladenen, im Triumph in die *Francia* heimkehrenden Sieger.[115]

Gemessen am breiten Raum, den der Fortsetzer der Fredegar-Chronik der Schlacht in seinem Werk zumaß, war der Sieg offenkundig von großer Wichtigkeit für den Autor. Seine Darstellung zielte klar auf Eudo und dessen Verrat ab, war jedoch nicht religiös konnotiert. Im Text werden die Gegner als »Sarazenen« bezeichnet; der Kampf selbst wird nicht zur Auseinandersetzung zwischen dem Christentum und dem Islam stilisiert. Auch in den knappen Bemerkungen der kleinen Annalen gewann er nicht diesen Charakter. Einzig die Viten des heiligen Pardulf und des Bischofs von Orléans, Eucherius, weckten mit der Bezeichnung der Gegner Karls als *Ismahelitarum gens* die Erinnerung an die vermeintliche Abkunft der Araber von Hagar und Ismael. Vor diesem alttestamentlichen Hintergrund rückte auch der Kampf in einen religiösen Kontext.

Außerhalb der Grenzen des Frankenreiches wurde die Schlacht durchaus als Auseinandersetzung zwischen unterschiedlichen Religionen interpretiert. Während der Ort des Kampfes einem arabischen Chronisten als »Stätte der Märtyrer« galt, erschien der Sieg Beda Venerabilis in seiner Kirchengeschichte des englischen Volkes als gerechte, aufgrund ihres Unglaubens erlittene Strafe für das vom »Unheil der Sarazenen« angerichtete Blutbad. In einem anderen Zusammenhang hatte der Mönch die Sarazenen bereits als Geißeln Gottes, ihre Einfälle als Strafe für die Sünden der Christen gedeutet und die Ereignisse somit als heilsgeschichtliches Wirken Gottes in der Welt verstanden.[116]

Ein Chronist aus Spanien rückte schließlich die Schlacht in eine neue Dimension. Der anonyme Autor der Chronik von 754 betrachtete den Sieg als Erfolg der *Europenses* über die *Arabes*. Erstmals wurde hier diese Bezeichnung für die »Europäer« gebraucht; als Sammelbegriff für diejenigen, die sich den Arabern in den Weg gestellt hatten, bezog sich der Begriff *Europenses* allerdings zunächst auf das Heer der Franken und Burgunder, noch nicht auf alle Bewohner Europas. Mit der gewählten Begrifflichkeit verlieh der Chronist dem Kampf zwischen Franken, Arabern und Berbern einen besonderen Stellenwert und eine veränderte Größenordnung. Deutlich unterstrich der Autor die große Wichtigkeit des Sieges für ihn und seine Zeitgenossen. Und auch der Fortsetzer der Gotengeschichte Isidors von Sevilla (um 560–636) gab den tiefen Eindruck wieder, den die Schlacht hinterlassen hatte. Er sprach ebenfalls von den *Europenses*, die gegen die Araber kämpften, und von Karl, dem »Konsul Austrasiens, der inneren *Francia*«, der als erprobter Kämpfer das Heer lenkte und die »nördlichen Völker« zu »unbeweglichen Mauern« formte, an denen sich der arabische Ansturm brach.[117]

Anders als die bislang genannten Quellen thematisierte Einhard, der Biograph Karls des Großen, zu Beginn des 9. Jahrhunderts in seiner *Vita Caroli Magni* die Ziele des arabischen Vorstoßes über die Pyrenäen. Er schrieb, Karl habe mit seinen beiden Siegen bei Poitiers und am Fluss Berre bei Narbonne (s. S. 132) verhindert, dass die Sarazenen Gallien besetzten. So deutlich habe er sie geschlagen, dass diese gezwungen waren, nach Spanien zurückzukehren. In seiner Darstellung verband Einhard mit den Feldzügen der Araber und Berber nach Aquitanien und in die Provence erstmals einen Plan zur Eroberung des Frankenreiches.[118] Zugleich unterstrich er auf diese Weise die Leistung Karl Martells, der nicht nur ein eingedrungenes Heer zurückgeworfen, sondern das Frankenreich vor einer dauerhaften Fremdherrschaft bewahrt habe. Bruchlos fügte sich diese Sicht der Ereignisse in das von Einhard gezeichnete Bild der Zustände im Frankenreich ein: Nicht länger die schwachen Könige, sondern die starken Hausmeier, insbesondere in Gestalt Karl Martells, des Großvaters Karls des Großen, garantierten den Schutz des Reiches. Es war dieses Bild Karls, das eine umfassende und nachhaltige Wirkung entfalten sollte.

Im Einklang mit Einhards Zuspitzung des militärischen Erfolgs auf seine Schlachten gegen die Araber stilisierten spätere Historiker den Erfolg bei Poitiers zur weltgeschichtlichen Wende. Namentlich Jacob Burckhardt (1818–1897), der Basler Kulturhistoriker des 19. Jahrhunderts, prägte das Bild von Karl Martell als »Sieger über den Islam« und »große[m] Stifter einer neuen abendländischen Christenheit«, der mit seinem Erfolg verhinderte, dass »die Fahne des Propheten [...] vielleicht Jahrhunderte von den Türmen Frankreichs geweht« hätte. Diese Sichtweise ist mit der Darstellung insbesondere der fränkischen Historiographie nicht zu vereinbaren. Sie präsentierte die Schlacht als Resultat der Verwicklung Eudos in Auseinandersetzungen unter den Machthabern auf der Iberischen Halbinsel, als Produkt politischen Kalküls ohne die Gefahr einer dauerhaften Überfremdung und ohne erkennbare religiöse Vorbehalte.

Die Deutung Karl Martells als Vorkämpfers einer abendländischen Christenheit erscheint vor diesem Hintergrund eher als späteres Konstrukt, das stärker vom weiteren Verlauf der Geschichte als von den Vorstellungen der Zeitgenossen geprägt ist. Auch wurde mit dem Sieg bei Poitiers nicht die drohende Eroberung des Frankenreiches abgewendet, sondern einer mit einem Beutezug verbundenen Strafexpedition Abd ar-Rahmans Einhalt geboten. Auf Plünderungen konzentrierten sich die Einfälle der Araber und Berber wie schon zuvor auch in den folgenden Jahren, als sich Karl Martell zwischen 736 und 739 in der Provence erneut mit ihnen auseinandersetzen musste – was übrigens in den zeitgenössischen Texten wesentlich breiter thematisiert wurde, wie noch zu zeigen sein wird (s. S. 131–136).[119] In Aquitanien kehrte vorerst Ruhe ein. Eudos Stellung war durch den an zwei Fronten geführten Krieg, seine Niederlage im Süden und die schmachvolle Herbeirufung seines Gegners aus dem Norden bereits enorm geschwächt. Mit dem Sieg Karl Martells bei Poitiers errang der Hausmeier in Aquitanien schließlich die politische und militärische Führungsrolle, die bis dahin der Herzog für sich in Anspruch genommen hatte.

Karl scheint nach der Schlacht des Jahres 732 zunächst nicht wieder in Aquitanien eingefallen zu sein. Zwar berichten die *Gesta* der Bischöfe von Auxerre von einem Feldzug des Hausmeiers gegen Eudo irgendwann in den Jahren nach 732, doch lassen Unstimmigkeiten in der ohnehin erst aus dem späten 9. Jahrhundert stammenden Darstellung an der Richtigkeit dieser Nachricht zweifeln. Die zeitgenössischen Quellen überliefern dagegen nur den Tod Eudos im Jahr 735. Erst sein Ableben scheint Karl zum Anlass genommen zu haben, im gleichen Jahr erneut mit Heeresmacht über die Loire vorzustoßen. Auf seinem Feldzug, der ihn nach der Beratung mit seinen Großen bis zur Garonne und nach Bordeaux führte, unterwarf er nach dem Bericht des Fortsetzers der Fredegar-Chronik das Gebiet mit seinen Städten und befestigten Vorstädten. Offenbar unterstand es bis dahin also noch der Kontrolle des aquitanischen Herzogs. Eudo scheint daher von Karl nach den Ereignissen der Jahre 731/32 im Amt belassen worden zu sein. An einer Eroberung des Dukats, die angesichts der zahlreichen befestigten Orte ohne einen großen militärischen Aufwand kaum zu bewerkstelligen gewesen wäre, scheint der Hausmeier nicht interessiert gewesen zu sein. Ein weiterer Kriegszug des Jahres 736, der sich den kleinen Annalen zufolge gegen die Söhne Eudos, das heißt gegen Hunoald und Remistanius († 768), gerichtet haben soll, zielte ebenfalls wohl eher auf die Plünderung des reichen Gebiets und war zugleich eine Machtdemonstration, die die Abhängigkeitsverhältnisse bekräftigen sollte.[120]

Dass Karl Aquitanien seinem Herrschaftsbereich zwar anzubinden, es aber nicht direkt in sein Reich zu integrieren beabsichtigte, legt auch seine wohl im Rahmen des Feldzugs getroffene Entscheidung über die Nachfolge Eudos im Herzogsamt nahe. Mit der Erlaubnis des Hausmeiers erhielt Hunoald die Herrschaft im Dukat. Der neue Herzog musste dem Hausmeier und seinen beiden Söhnen Karlmann und Pippin die Treue zwar geloben, doch blieb seine Herrschaft im Dukat unangefochten. Aquitanien zählte entsprechend nicht zu den Gebieten, die Karl am Ende seines Lebens auf seine beiden Söhne aufteilte. Hunoald scheint sich zu Lebzeiten Karls um ein einvernehmliches Verhältnis zum Hausmeier bemüht zu haben. Über Konflikte und offene Auseinandersetzungen ist nichts bekannt. Als Karl Martell 741 starb, nutzte der aquitanische *dux* jedoch die Gelegenheit und wagte den Aufstand. Möglicherweise suchte er auf diese Weise die Handlungsfreiheit und Selbstständigkeit zurückzuerlangen, die Aquitanien unter seinen Vorgängern besessen hatte.[121]

5.7 Das Ausgreifen auf Burgund und die Provence

Erst wesentlich später als in den bislang geschilderten Regionen wurde Karl Martell in Burgund und in der Provence aktiv. Dabei waren beide Gebiete schon lange vor seiner Regierungszeit fester Bestandteil des fränkischen Machtbereichs geworden. Bereits in den dreißiger Jahren des 6. Jahrhunderts wurden sie kurz hintereinander ins merowingische Frankenreich integriert und sollten fortan – in Gestalt eines *regnum*, das sich vom

Genfer See und den Alpen im Osten bis an die Ufer von Saône und Rhône im Norden und Westen sowie der Mittelmeerküste im Süden erstreckte – fester Bestandteil desselben bleiben.[122] Zunächst wurden die hinzugewonnen Gebiete unter den Merowingerherrschern aufgeteilt, ehe Gunthram (561–592), einer der Söhne Chlothars I., das mit der Provence (vorerst ohne Marseille) vereinigte und um einige Gebiet in Mittelgallien sowie Aquitanien erweiterte alte burgundische Königreich im Zuge der Teilungen der Jahre 561 und 567 unter seiner Herrschaft zusammenfassen und in diesem territorialen Bestand konsolidieren konnte. In den Jahrzehnten seiner Regierungszeit gewann das merowingische Teilreich Burgund jene räumliche Gestalt, für die sich in der Terminologie der Zeitgenossen am Ende des 6. und im 7. Jahrhundert die bislang für das von den Merowingern beseitigte Reich gebrauchte Bezeichnung *Burgundia* oder *regnum Burgundiae* (*regnum Burgundion(or)um*) durchsetzen sollte.[123]

Mit dem Erwerb der Provence 537 und ihrer Integration in das merowingische Teilreich Burgund war es den Franken anders als den Burgundern zuvor gelungen, ihre Herrschaft bis ans Mittelmeer auszudehnen. Auf diese Weise hatten sie nicht nur Anteil am blühenden Handel. Die Merowingerkönige profitierten auch von den Steuereinkünften der damit reich gewordenen Städte wie Marseille und von den Zolleinnahmen von Umschlagplätzen wie Arles und Fos. Zugleich ließen sie über Privilegien auch Klöster wie Saint-Denis oder Corbie an den Früchten des Warenstroms teilhaben. Ferner wirkten kulturelle Einflüsse aus dem Mittelmeerraum durch die Provence und das Rhônetal weit ins Frankenreich hinein.[124]

Mit Burgund und der Provence gliederten die Franken ihrem Reich Gebiete an, die stark romanisiert waren. Sprache und Recht waren von römischen Einflüssen durchdrungen, und ebenso wie in Aquitanien lebten römische Verwaltungsstrukturen lange fort, trugen Amtsinhaber mit veränderten Befugnissen versehene, gleichwohl aber ursprünglich römische Titel wie *praefectus* und *patricius*. Die Kontinuität dieser administrativen Strukturen prägte das merowingische Teilreich

Burgund ganz entscheidend und hob es bis in die Zeit Karl Martells von den anderen *regna* des Frankenreiches ab, obgleich Altburgund und die Provence im Zuge ihrer Eingliederung ins Merowingerreich »frankisiert« wurden. Dabei blieb das auf Basis der Städte, der *civitates*, organisierte Verwaltungssystem mit seinen Amtsträgern im Kern erhalten. Daneben wurde aber das Amt des *dux* im burgundischen Teilreich eingeführt, und auch die mit dem Amt des *patricius* verknüpften Befugnisse wandelten sich. Seit dem 7. Jahrhundert lässt sich bei den inschriftlichen Zeugnissen die Datierung nach Herrschaftsjahren der Merowinger in Burgund nachweisen, nachdem man teilweise noch bis ins 6. Jahrhundert hinein in römischer Art nach Postkonsulaten datiert hatte.[125]

Nach mehreren Revolten und Aufständen, die von der schwierigen Eingliederung Burgunds in das Frankenreich und seine Verwaltungsstrukturen zeugen (613, 642),[126] rückten in der zweiten Hälfte des 7. Jahrhunderts die Bischöfe ins Zentrum der Auseinandersetzungen. Mehrere von ihnen wurden von den Merowingerkönigen, ihren Regenten und Hausmeiern abgesetzt, inhaftiert und hingerichtet. An diesem Vorgehen ist die erhöhte politische Bedeutung der Bischöfe erkennbar, die insbesondere im burgundischen Raum auf spätantiken Traditionen fußte und mit der Steigerung der synodalen Tätigkeit unter Gunthram eine weitere Festigung erfuhr. Im Grenzraum zwischen Neustrien, Burgund und Aquitanien im Seine-Loire-Dukat und an der Rhône erwuchsen aus der Verbindung antiker, an die *civitates* gebundener Verwaltungsstrukturen und den lokalen Bistümern »aristokratische Republiken mit bischöflicher Spitze« (Eugen Ewig).[127] In ihnen gingen die Befugnisse der Grafen immer stärker auf Bischöfe über, die aus dem regionalen Adel stammten und ab dem 8. Jahrhundert als Laien in ihr Amt gelangen konnten. Diese Entwicklung war es, welche die Bischöfe in Gegensatz zum merowingischen Königtum und dessen Hausmeiern bringen konnte. Die zunehmende Politisierung der bischöflichen Amtsträger war für die Eskalation der Konflikte und die Verhängung von Todesstrafen verantwortlich.[128]

Auch Karl Martell hatte mit den unterschiedlichen lokalen Kräften zu kämpfen, die sich im 7. Jahrhundert in Burgund etabliert hatten. Insbesondere die bürgerkriegsähnlichen Zustände im Frankenreich nach dem Tod Pippins II. im Dezember 714 wurden dort genutzt, um politische Ziele mit Waffengewalt durchzusetzen. Der Ablauf der Geschehnisse ist ebenso wenig rekonstruierbar wie die Zusammensetzung der einander bekämpfenden Fraktionen, doch scheint das Teilreich in dieser Zeit in unterschiedliche Gruppierungen und ihre Machtbereiche zerfallen gewesen zu sein. Eine urkundliche Notiz aus dem späten 8. Jahrhundert ordnet den provenzalischen *patricius* Antenor unter die Gegner Pippins II. ein. Auch nach dem Tod des Hausmeiers behielt er seine Haltung bei. Offenbar war Antenor in der Auseinandersetzung in den Jahren nach 715 mit Raganfred und Chilperich II. verbündet, die im südlichen Teil des burgundischen *regnum* Einfluss und Rückhalt besaßen, wie die Erneuerung von Privilegien in Marseille und Fos für die Klöster Saint-Denis und Corbie im März und April 716 nahelegen. Karl Martell jedenfalls ließ dem *patricius* später im Rahmen der Durchsetzung seiner Herrschaft in der Provence seine Güter entziehen.[129]

Daneben ergriffen auch Bischöfe in den Wirren der Auseinandersetzungen im Norden des Frankenreiches die Gelegenheit zur Erweiterung ihres Machtbereichs. Savarich etwa, der Bischof von Auxerre, begann vielleicht schon vor, wahrscheinlicher aber erst nach dem Tod Pippins II. die *pagi* von Orléans, Nevers, Tonnerre, Avallon und Troyes mit militärischen Mitteln seiner Herrschaft zu unterwerfen. Als er auch Lyon attackierte, kam er wohl 718/19 im Kampf ums Leben.[130] In ihrer Darstellung dieser Ereignisse üben die um 875 zusammengestellten Tatenberichte der Bischöfe von Auxerre Kritik am allzu weltlichen Gebaren Savarichs. Doch der streitbare Bischof fand in Ainmar einen würdigen Nachfolger. Zum Zeitpunkt seiner Erhebung offenbar noch nicht zum Bischof geweiht, vielleicht sogar überhaupt ein Laie, dehnte dieser seinen Machtbereich in Anknüpfung an die Politik seines Vorgängers soweit aus, dass er sich fast auf den gesamten Dukat Burgunds erstreckte.[131] In Orléans folgte Savarich der eigene Neffe, Eucherius, auf dem Bischofsthron nach.

Beide Bischöfe, Ainmar ebenso wie Eucherius, pflegten ein gutes Verhältnis zu Karl Martell. Eucherius hatte gar nach seiner Erhebung zum Bischof wohl 719 um die Bestätigung Karls ersucht, um die eigene Stellung abzusichern, und seinem Wunsch dabei mit Geschenken Nachdruck verliehen.[132] Grundlage des positiven Einvernehmens zwischen den bischöflichen Würdenträgern und dem Hausmeier war wohl die gemeinsame Gegnerschaft zu Eudo von Aquitanien, vielleicht auch zu burgundischen Großen. Damit würde sich erklären, warum Karl die in den Tatenberichten der Bischöfe von Auxerre erwähnte Ausdehnung der Herrschaft Ainmars in Burgund hinnahm. Es lässt sich zudem nicht ausschließen, dass schon Savarich sich dem erfolgreichen Hausmeier angenähert hatte. Es erscheint immerhin bemerkenswert, dass der Onkel des Eucherius in dessen Vita im Zuge der Bitten um die Bestätigung im Amt als »Diener« (*servus*) Karls bezeichnet wird.[133] Möglicherweise konnten die Nachfolger Savarichs an bereits vorhandene Beziehungen zum neuen mächtigen Mann im Frankenreich anknüpfen.

Zunächst konnten sich jedenfalls beide Seiten der Unterstützung des jeweils anderen sicher sein. In Neustrien hatte Karl Martell bisweilen Parteigänger Raganfreds aus ihren kirchlichen Ämtern entfernt. Im Seine-Loire-Dukat beließ der Hausmeier die Bischöfe, ungeachtet der zumindest seinem Vater gegenüber feindlichen Haltung ihres Vorgängers Savarich, zunächst in ihrer Stellung und hatte im Falle Ainmars auch keine Vorbehalte gegen dessen expansive Politik. Er begnügte sich zunächst mit einer Oberherrschaft. Wahrscheinlich nötigten ihn die bedrohlichen Ereignisse an der nordwestlichen Peripherie des Frankenreiches dazu, den Status quo vorerst als gegeben zu akzeptieren und zu bestätigen. Ainmar und Eucherius dankten es ihm mit ihrer Loyalität, die sich beim Einfall der Araber bewähren sollte. Beim Zug des Hausmeiers gegen die Truppen Abd ar-Rahmans leisteten die Bischöfe

Militärhilfe und trugen so zum Erfolg Karls in der Schlacht von Poitiers bei.

Mit dem Sieg 732, vor allem aber mit dem Tod Eudos von Aquitanien im Jahr 735 änderte sich die Situation dramatisch. Nicht zuletzt weil sich Karl der militärischen Probleme in anderen Regionen des Reiches weitgehend entledigt hatte, konnte sich der Hausmeier nun auf die bislang vernachlässigten südlichen Gebiete Aquitanien, Burgund und die Provence konzentrieren. Der Einfall mochte ihm die politische Notwendigkeit vor Augen geführt haben, diese Bereiche herrschaftlich enger an das übrige Frankenreich zu binden. Nach wie vor waren arabische Gruppen und Heere im Süden des Landes aktiv; der Sieg hatte zwar Entlastung gebracht, die Gefahr von weiteren Raubzügen aber nicht vollends beseitigt. Das Ableben Eudos bot ihm in jedem Fall eine günstige Gelegenheit, seine Pläne in die Tat umzusetzen.

Noch auf dem Rückweg vom Schlachtfeld bei Poitiers wandte sich Karl zunächst gegen Eucherius, dem er befahl, nach Paris zu kommen. In Ver setzte der Hausmeier ihn sodann ab und schickte ihn mitsamt seiner Familie ins Exil nach Köln. Von dort aus wurde er weiter nach Saint-Trond in die Obhut Chrodoberts, des *dux* des Haspengaus, überstellt, wo er 738 nach sechsjähriger Gefangenschaft verstarb. Kurz nach seinem Tod schrieb der unbekannte Autor der *Vita Eucherii*, es seien Neider in der Umgebung Karls gewesen, die den Hausmeier gegen den Bischof aufgebracht hätten. Bereits vor dem Feldzug gegen die Sarazenen, so der Anonymus, hätten diese schon einmal versucht, Zwietracht zwischen den beiden zu säen, seien damit aber gescheitert. Hinter ihren Bemühungen verbarg sich ihm zufolge die Absicht der Gefolgsleute Karls, Ämter und Güter des Eucherius nach dessen Exilierung in Besitz nehmen zu können.[134] Diese Darstellung dürfte den Beweggründen hinter der Entscheidung Karls zweifellos näher kommen als der topische Vorwurf des Neides. Offenkundig nutzte der Hausmeier seine gefestigte Stellung nach dem Sieg bei Poitiers, um ein personelles Revirement im Seine-Loire-Dukat durchzuführen. Bemerkenswert ist, dass neben Eucherius selbst auch seine Familie von den Maßnahmen Karls betroffen war. Diese richteten sich also nicht allein gegen ihn in seiner Funktion als Bischof, sondern vorrangig wohl gegen die Macht und den Einfluss seines Geschlechts.[135] Welche Vorwürfe dabei konkret die Exilierung und den Entzug der Güter begründeten, ob etwa eine mögliche Verbindung zu Gegnern Karls in Südburgund den Ausschlag gab, lässt sich nicht zuletzt wegen der unsicheren Datierung der Ereignisse nicht feststellen. Es darf allerdings ausgeschlossen werden, dass eine Initiative Karls zur Versorgung seiner Gefolgsleute den Ausschlag zum Vorgehen gegen Eucherius und seine Verwandtschaft gegeben hat.

Ainmar von Auxerre ereilte bald darauf ein ähnliches Schicksal. Wieder waren es nach dem – nicht ganz fehlerfreien – Bericht der *Gesta* der Bischöfe von Auxerre aus dem späten 9. Jahrhundert Neider in der Umgebung des Hausmeiers, die für Missgunst sorgten. Sie verbreiteten, Ainmar habe nach seiner Teilnahme an der Schlacht bei Poitiers bei einem weiteren Feldzug Karls gegen Eudo den Herzog von Aquitanien bewusst entkommen lassen. Der Bischof wurde daraufhin an den Hof bestellt und in Bastogne gefangengesetzt. Er konnte zwar mit Hilfe seines Neffen fliehen. Im *pagus* Toul wurden sie aber schließlich aufgespürt und Ainmar von den Lanzen der Verfolger durchbohrt.[136] Möglicherweise bewogen den Neffen nicht nur vorhandene emotionale Bindungen zu seinem Engagement bei der Befreiung seines Onkels – vielleicht wurde Ainmar von seiner Familie vor allem deshalb unterstützt, weil sie um ihre Stellung und ihren Besitz fürchtete.

Dass sich Karl Martells Absichten nach der Schlacht bei Poitiers auf die Entmachtung nicht nur einzelner Bischöfe, sondern zahlreicher Amtsträger und ihrer Familien in Burgund und auch in der Provence richteten, wird an der chronikalischen Überlieferung zu den Ereignissen des Jahres 733 deutlich. In den Fortsetzungen der Fredegar-Chronik wird »der treffliche Krieger und *princeps* Karl« ob seines klugen Vordringens nach Burgund in diesem Jahr gelobt.[137] Der

Hausmeier übergab das Königreich Burgund (darunter auch Lyon) seinen bewährtesten Gefolgsleuten und Getreuen, die er für geeignet hielt, sich gegen neuerliche Aufstände durchzusetzen. Seine Maßnahmen sicherte Karl dadurch ab, dass er sie in Form von Verträgen (*foedera iudiciaria*) bekräftigen ließ. Doch schon wenige Jahre danach musste der Hausmeier, der mit seinem Vorgehen eine friedliche Übereinkunft hatte erzielen wollen, erneut mit Heeresmacht vor Lyon erscheinen. Diesmal soll er nach Auskunft des – nunmehr zweiten – Fortsetzers der Fredegar-Chronik sowohl die Vornehmen als auch die lokalen Amtsträger seiner Herrschaft unterworfen haben. Mehr noch: Bis nach Marseille und Arles ließ er in den Städten seine Richter (*iudices*) einsetzen, um anschließend – beladen mit Schätzen und Geschenken – in seinen Herrschaftsbereich (*principatus*) nach Norden zurückzukehren.

Sowohl hinsichtlich der Chronologie als auch der gewählten Mittel fügen sich die skizzierten Ereignisse bruchlos in das Vorgehen Karl Martells gegen die Bischöfe Eucherius und Ainmar ein. Der Schlachtenerfolg bei Poitiers und die Ruhe an den anderen Konfliktherden des Reiches im Norden und Osten boten dem Hausmeier die Gelegenheit, seine Herrschaft in Burgund und der Provence intensiver zur Geltung zu bringen. Und ebenso wie im Fall der Bischöfe setzte er im *regnum Burgundiae* auf die Entmachtung alter Eliten und Amtsträger. Nicht immer scheint es dabei friedlich zugegangen zu sein. Die von Karl erworbenen Schätze deuten auf Plünderungen und – ebenso wie die gleichfalls genannten Geschenke – auf erzwungene Abgaben hin, die der Hausmeier von denjenigen erhielt, die sich dem militärischen Druck ohne Gegenwehr beugten oder mit einer Zuwendung ihre Position oder ihr Amt zu behalten suchten. Dass Karl Martell – wie es die Chronik Ados von Vienne (um 800–875) bezeugt – zur Durchsetzung seiner Ziele in den Provinzen von Vienne und Lyon auch vor Gewaltanwendung gegenüber kirchlichen Einrichtungen und anschließender Entfremdung ihres Besitzes nicht Halt machte, die Bischof Willicarius von Vienne zum Rückzug ins Kloster nach Agaune veranlasst haben sollen, erscheint glaubhaft. Zwar entstand das Werk erst im späteren 9. Jahrhundert und somit in einer Zeit, in der das Bild Karl Martells als »Kirchenräuber« fest etabliert war. Doch legen die zusammengetragenen Indizien nahe, in der Darstellung mehr als eine Rückprojektion einer erst später gängigen Einschätzung des Hausmeiers zu sehen. Die Erinnerung an Übergriffe auf Kirchen und ihren Besitz im Zusammenhang mit seinem Vordringen nach Burgund war auch etwa 140 Jahre danach offenbar noch lebendig.[138]

Wen Karl zur Sicherung der neu errungenen Positionen in Burgund als seine lokalen Vertreter hinterließ, ist nicht genau festzustellen. Ihm loyale Vertreter des austrasischen Adels zählten gewiss dazu, darunter sein Halbbruder Childebrand und vielleicht auch Mitglieder der Familie Plektruds. So sollen Brüder und Halbbrüder Gregors von Utrecht, eines Enkels der Plektrud-Schwester Adela von Pfalzel, in entfernte Gebiete des Reiches gesandt worden sein, wie Bischof Liudger von Münster (um 742–809) 790/91 in der Vita seines Utrechter Lehrers schrieb.[139] In der Forschung hat man dies mit dem Austausch von Funktionsträgern in Burgund und der Provence in den Jahren nach 733 durch Karl Martell in Verbindung gebracht, die Gregor-Brüder also zu den Getreuen und bewährten Gefolgsleuten des Hausmeiers gerechnet, die ihm in der Folgezeit eine Stütze in der Region sein sollten und dort an seiner Statt Herrschaft ausübten.[140] Wo und wann genau die Verwandten des Hausmeiers tätig wurden, lässt sich jedoch bislang nicht nachweisen; einzig für Childebrand ist neben seinen kriegerischen Aktivitäten an der Seite Karls der Besitz von Land in der Gegend um Autun bezeugt.[141]

Für Karls Vertrauensleute gestaltete sich ihre Tätigkeit offenbar keineswegs problemlos. Anders ließe sich nicht erklären, warum der Hausmeier nach der ersten Regelung der Verhältnisse in Burgund wenige Jahre danach noch einmal zurückkehrte und nun die Zügel anzog. In schrittweiser Intensität, so darf man daraus folgern, setzte Karl in den Jahren nach 733 seine Autorität in Burgund durch, wobei anhaltender Widerstand oder eine Rebellion bestimmter Kreise jeweils den

Anlass geboten haben könnten. Die Vergabe von Gütern, darunter auch solchen aus Kirchenbesitz, sollte seinen Maßnahmen dauerhafte Wirkung verschaffen.

Das Vorgehen des Hausmeiers diente den Fredegar-Fortsetzungen zufolge vor allem der Sicherung der Region gegen Aufstände und – wie der Verweis auf die *gentes infideles* zeigt – wohl auch gegen drohende Einfälle von Arabern und Berbern. Und obschon die entsprechenden Passagen in Wortwahl und Tenor Triumph und Sieg Karl Martells in Burgund betonten, konnte sich der Hausmeier seiner Herrschaft in Burgund nach wie vor nicht sicher sein. Deutlich wurde dies, als sich Aufständische und Araber in einem Bündnis zusammenfanden und Karl zum erneuten Eingreifen nötigten. Was die frühen karolingischen Annalen nur mit einem knappen Kommentar würdigen,[142] gewann unter der Feder des zweiten Fortsetzers der Fredegar-Chronik ausführlichere und lebendigere Gestalt. Sarazenen seien, so berichtet der Chronist, an die Rhône vorgestoßen. Dort vereinigten sie ihre Truppen mit den Verbänden des rebellierenden *dux* Maurontus und zogen in Avignon ein; wie ein späterer Chronist es darstellt, wurde Yusuf ibn Abd ar-Rahman al-Fihri, der Anführer der Araber und Berber, von der Bevölkerung friedlich empfangen.[143] Karl, der in den Fredegar-Fortsetzungen hier im Übrigen als *dux* bezeichnet wird, während er an anderen Stellen des Textes zumeist als *princeps* firmiert, mobilisierte 736/37 seinen Halbbruder Childebrand, zog aber auch selbst mit seinem Heer nach Süden. Childebrand hatte schon mit der Belagerung der Stadt begonnen, als Karl vor Avignon eintraf.

Was in den Fortsetzungen der Fredegar-Chronik nun folgt, ist ein anschaulich gestalteter Passus über die erfolgreiche Eroberung der Stadt, die vom Autor mit der Einnahme Jerichos verglichen wird. Das Handeln Karls wird hier in einen christlichen Kontext gerückt, und wie schon in der Darstellung der Schlacht von Poitiers in der Chronik wird auch im Folgenden an den Beistand Christi erinnert, dem Karl Martell den erfolgreichen Fortgang seines Feldzugs gegen die Sarazenen verdankt habe. Damit tauchte der Autor den Kampf gegen die Araber und Berber in ein religiöses Licht, das Karl, dem »triumphierenden Feldherrn«, und seinem Vorgehen auch gegen die Rebellen mit Maurontus an der Spitze zusätzliche Legitimation verschuf. Bemerkenswert erscheint dies vor allem, weil es Childebrand, der Halbbruder des Hausmeiers war, der über einen Schreiber der Nachwelt seinen Augenzeugenbericht über die Kämpfe im Süden hinterließ und der Karl zum zweiten Josua, dem Eroberer von Jericho, stilisieren ließ.[144]

Nach der Einnahme Avignons konnte Karl Martell den Feldzug erfolgreich fortsetzen.[145] Er wandte sich nach Süden und schloss Yusuf al-Fihri in Narbonne ein. Ein aus Spanien entsandtes Heer sollte den Eingeschlossenen Entsatz bringen, wurde aber am Fluss Berre von Karl und den Franken besiegt. Anschaulich referiert der Verfasser der Fredegar-Fortsetzungen den Verlauf der Schlacht: den Tod des arabischen Heerführers, die anschließende wilde Flucht seines Heeres, der verzweifelte Versuch der Sarazenen, schwimmend zu ihren Schiffen zu gelangen und so den Verfolgern zu entkommen und die Vereitelung dieses Vorhabens durch die Franken. Auch nach diesem Erfolg trieb Karl Martell sein Heer zu weiteren Vorstößen an. Nîmes, Agde und Béziers wurden in der Folge von ihm angegriffen und zerstört. Erst danach kehrte er nach Norden ins Frankenreich zurück.

Die Chronik zeichnet einmal mehr das Bild eines umfassenden Sieges. Gefangene und Kriegsbeute waren gemacht, Städte zerstört und Siege errungen worden. Doch erneut scheint der Erfolg nicht vollständig gewesen zu sein. Karl habe, so berichtet die Chronik weiter, zu einem von ihrem Verfasser nicht genau angegebenen Zeitpunkt, wahrscheinlich aber im Jahr 739 erneut Childebrand zusammen mit einem Heer flankiert von weiteren *duces* und *comites* in die Provence entsenden müssen. Wieder stieß Karl vor Avignon zu ihnen, und wieder musste er das Gebiet bis zum Mittelmeer seiner Herrschaft unterwerfen. Dabei stieß er offenbar auch nach Marseille vor. Gegner war erneut Maurontus, der sich auf durch das Meer geschützte Klippen flüchtete. Karl selbst kehrte dem Fortsetzer der Fredegar-Chronik zufolge erneut siegreich heim, nachdem er zuvor den Widerstand gegen ihn gebrochen und alle *regna* unterworfen hatte.[146]

Der Bericht des Chronisten irritiert zunächst, da er wie eine gestraffte Wiederholung der ausführlichen Darstellung zuvor anmutet. Wieder hieß der Gegner Maurontus, wieder stand Childebrand an der Spitze eines Heeres, das erneut mit Karl Martell vor Avignon zusammentraf, ehe im Anschluss daran noch einmal das Gebiet südlich davon bis zur Küste vom Hausmeier unterworfen wurde. Will man nicht annehmen, hier sei durch einen Fehler des Chronisten bei einer redaktionellen Überarbeitung eine Doppelung stehengeblieben, wird der Eintrag auf den neuerlichen Ausbruch des Aufstands unter der Führung der besiegt geglaubten alten Widersacher zurückzuführen sein. Dafür spricht, dass auch diesem Abschnitt der Chronik der Augenzeugenbericht Childebrands zugrundelag, die Darstellung den chronologischen Ablauf also wohl zuverlässig widerspiegelt. Dagegen waren die Probleme bei diesem Feldzug möglicherweise größer, als der Chronist zuzugeben bereit war. Er schweigt zwar über eine Beteiligung der Araber und Berber. Allerdings drangen sie auch nach dem Sieg Karl Martells an der Berre in den folgenden Jahren immer wieder in die Provence ein, wo sie raubten, brandschatzten und die Bauern auf den Landgütern des *patricius* Abbo vertrieben.[147] Sie waren aller Wahrscheinlichkeit nach auch an der erneuten Rebellion des Maurontus beteiligt. Paulus Diaconus schrieb im späten 8. Jahrhundert, Karl Martell habe bei einem dieser Sarazeneneinfälle den langobardischen König Liutprand um Waffenhilfe gebeten. Wahrscheinlich erfolgte das Eingreifen des Königs im Jahr 738, als Karl im Norden gegen die Sachsen kämpfte. Möglicherweise fand die Intervention Liutprands aber auch 739 und somit während des zweiten Feldzugs gegen Maurontus statt, der in diesem Fall mit der Unterstützung des langobardischen Aufgebots zugunsten des Hausmeiers entschieden worden wäre.[148] Childebrand mag sich bei der Schilderung der Ereignisse vielleicht zurückgehalten haben, weil der Sieg nicht allein Karl, sondern vor allem Liutprand gehörte.

Zu dem Zeitpunkt, an dem die betreffenden Abschnitte fertiggestellt wurden, im Jahr 751, war diese Darstellung wegen des zunehmenden fränkisch-langobardischen Gegensatzes nicht mehr opportun und musste entsprechend entfallen.

Dass Karl Martell sehr bald nach einem erfolgreich geführten Feldzug erneut zu einem Vorstoß in die Provence gezwungen war, macht die Dimension der Erhebung deutlich. Während man in der älteren Forschung noch annahm, die Auseinandersetzung sei durch einen fränkisch-burgundischen, gewissermaßen an »nationalen« Ressentiments orientierten Gegensatz motiviert gewesen, haben neuere Untersuchungen ein verändertes Bild ergeben. Demnach handelte es sich bei den am Kampf gegen Karl Martell beteiligten Personen um Angehörige von Familien des neustrischen Adels, die über weitreichende Verbindungen und Besitzungen verfügten. Schon der in den Fredegar-Fortsetzungen im Zusammenhang mit Maurontus genannte Titel *dux* könnte auf die außerburgundische Herkunft dieses Protagonisten verweisen. Offenkundig war er kein *patricius* oder *rector* und hatte in Burgund oder der Provence wohl auch kein solches Amt inne. Dennoch verfügte er über genügend Rückhalt in der Region, um Karl Martell zweimal zur Anspannung seiner militärischen Kräfte zu nötigen. Seine verwandtschaftlichen Verbindungen zu anderen Adeligen entfalteten hier die gewünschte Wirksamkeit. Zugleich legen die nachweisbaren Beziehungen nach Neustrien nahe, dass der breite Widerstand im Teilreich Burgund in den dreißiger Jahren des 8. Jahrhunderts auf Jahrzehnte zurückreichenden Gegensätzen zwischen den Pippiniden und anderen, mit ihnen konkurrierenden Adelsfamilien beruhte. Damit erweisen sich die Auseinandersetzungen in den 730ern nicht als plötzliche Rebellion gegen den Versuch Karl Martells, seine Herrschaft in Burgund und der Provence zu intensivieren, sondern als Ausbruch eines lange schwelenden Konflikts um die Machtstellung der Adelsfamilien im Frankenreich insgesamt. Wenn man sich dabei zur Trennung der Parteien ethnischer Begrifflichkeiten wie fränkisch und burgundoromanisch bediente und diese Terminologie auch in den zeitgenössischen Quellen Niederschlag fand, geschah dies wohl aus propagandistischen Gründen. Die Gegner Karl Martells und seines Königs Theuderich IV. betonten die lokale Tradition, um ihre Anhänger zu mobilisieren, während der Hausmeier und seine Anhänger vor Ort als Verfechter der fränkischen Sache auftraten. So gründete Abbo, der wahrscheinlich mit dem bereits genannten *patricius* identisch ist und schon in den frühen zwanziger Jahren ein loyaler Gefolgsmann Karls war, im Jahr 726 sein Kloster Novalesa insbesondere für die »Stabilität des Frankenreiches«.[149] Gerade an seiner Person wird deutlich, dass die Auseinandersetzung nicht allein zwischen Franken und Burgundern, sondern auch zwischen unterschiedlichen Adelsgruppen innerhalb des burgundischen Teilreiches geführt wurde. Lokale Rivalitäten und die Parteinahme für oder gegen die Pippiniden bedingten einander. Mit einem Konflikt »nationaler« Prägung hatte dies nichts zu tun.

Vor diesem Hintergrund erklärt sich auch, warum ein zweiter Feldzug in die Provence nötig wurde. Weder die Besetzung von wichtigen Ämtern und Funktionen mit Familienangehörigen und Gefolgsleuten noch die Förderung einheimischer Großer hatten ein Wiederaufflammen des Aufstands verhindern können. Zu groß war die Zahl der Gegner, die Karl nicht hatte einbinden können. Daneben trug zur Versteifung ihres Widerstands zweifelsohne bei, dass Karl durch die Konfiskation und Übertragung von Land an seine Parteigänger die Gräben vertiefte. Am Ende des 8. Jahrhunderts feierte der Abt von Saint-Victor in Marseille Karl als Wohltäter, der dem Kloster Güter zurückerstattete, die ihm vom bereits erwähnten *patricius* Antenor entzogen worden waren. Weitere Quellen zeichnen aber ein anderes Bild. Die Entfremdung kirchlichen Besitzes und dessen Vergabe an Gefolgsleute Karls, den die Chronik Ados von Vienne thematisiert, wurde bereits genannt. Im Gefolge der Konfiskationen zog sich Bischof Willicarius von Vienne ins Kloster nach Agaune zurück (s. S. 129 f.). Auch das Testament des erwähnten Abbo aus dem Jahr 739 dokumentiert die Vorgänge, denn er erhielt ebenfalls Land, das Karl konfisziert hatte. Dessen frühere

Besitzer hatten sich mit den Arabern gegen den Hausmeier verbündet. Mit der Übertragung des Besitzes an Abbo sicherte sich Karl dessen Dienste. Als *rector* von Susa und Maurienne hatte er die strategisch wichtigen Alpenpässe in dieser Region unter Kontrolle und war somit ein unverzichtbarer Partner.

Gleichzeitig macht das Testament allerdings deutlich, dass die Maßnahmen Karl Martells die Region keineswegs befriedeten. Im Gegenteil: Widerstand und Entfremdung von Besitz gab es vor und nach dem Ableben Abbos ebenso wie Raubzüge der Sarazenen. 741 – Karl Martell war noch am Leben – zog sein Sohn Pippin III. mit einem militärischen Aufgebot nach Burgund. An seiner Seite befand sich unter anderem Childebrand, sein Onkel.[150] Kampfhandlungen sind nicht überliefert, und so wollte Pippin mit diesem Akt wohl nur das ihm im Rahmen der Erbteilung seines Vaters zugeteilte Gebiet in einem Umritt in Besitz nehmen.[151] Es kann nicht ausgeschlossen werden, dass die Erkrankung und der nahende Tod Karl Martells nach den Erfahrungen mit den zurückliegenden Ereignissen Aufruhr in der Region befürchten ließen und der Aufenthalt Pippins mit einem militärischen Aufgebot in seinem Erbteil daher erforderlich schien. Möglicherweise richtete sich die Präsenz des Erben mit seinen Truppen auch gegen die Araber und Berber. Ihre nicht endenden Überfälle ließen den lukrativen Handel der Provence mit dem Mittelmeerraum, der ohnehin schon seit dem ausgehenden 7. Jahrhundert in seiner Intensität nachgelassen hatte, um 750 endgültig versiegen und warf die Region auf ihre agrarwirtschaftliche Basis zurück. Die Quelle des provenzalischen Reichtums war versiegt, das Land vielerorts verwüstet, die Bewohner vertrieben. Es schwingt Bedauern mit, wenn Bonifatius in einem Schreiben die Völker Burgunds und der Provence als Beispiele dafür anführt, welche Gottesstrafe man für irdisches Fehlverhalten zu gewärtigen hatte.[152] Insgesamt hinterließ Karl seinem Sohn hier ein schwieriges Erbe. Gänzlich zur Ruhe gekommen war der Raum auch nach seinem Tod noch nicht.

6 Karl Martell und die Kirche

6.1 Bistümer und Klöster: Land und Herrschaft

Das Verhältnis Karl Martells zu den kirchlichen Institutionen und ihren Vertretern war durch deren räumliche Nähe zum stetig wachsenden Machtbereich des Hausmeiers bestimmt. Entsprechend werden im Folgenden die Beziehungen Karls zu den Bistümern und Klöstern des Frankenreiches behandelt, ehe sich der Blick an dessen Ränder und darüber hinaus richtet. Denn auch die Mission an der Peripherie des Reiches und die Kontakte des Hausmeiers zum Papsttum sind mit der von ihm in den Kämpfen nach dem Tod seines Vaters gewonnenen Position verknüpft. Die dabei errungene Stellung hatte ihn im Zuge der erfolgreichen Ausdehnung seiner Macht zum bevorzugten Orientierungspunkt von Missionaren und Päpsten gemacht, die den Hausmeier um seinen Schutz baten.

Wie schon unter seinen Vorgängern im Hausmeieramt war das Verhältnis Karl Martells zu den Bistümern im Frankenreich von deren Bedeutung als administrative und politische Zentren bestimmt.[1] In der Spätantike war den Bischöfen als hohen Würdenträgern von den römischen Kaisern eine Friedens- und Schiedsgerichtsbarkeit eingeräumt worden; aus dem kirchlichen Schutz für die Armen, Witwen und Waisen, der sich in Krisenzeiten auf die gesamte städtische Ansiedlung ausdehnen konnte, erwuchs im 5. Jahrhundert die Stellung des Bischofs als »Verteidiger der Stadt« (*defensor civitatis*). Aus dem geistlichen Oberhaupt einer christlichen Gemeinde wurde so der Stadtherr, der in zunehmendem Maß neben den sozialen administrative Aufgaben wahrnahm und der seine *civitas* auch nach außen repräsentierte. Dabei vertrat der Bischof auch die wirtschaftlichen Interessen der Stadt. Immer wieder wurde mit den Merowingerherrschern über die Steuerlast der Gemeinde oder – wie im Fall von Verdun – über die Förderung eines lokalen Marktes verhandelt.[2] Seine Stellung stützte sich nicht nur auf die bisweilen reiche, durch Schenkungen stetig zunehmende Ausstattung seiner Kirche mit Grundbesitz, der durch die Verleihung der Immunität dem Zugriff der Grafen entzogen war, sondern ebenso auf eine geistliche Autorität, die im bischöflichen Amtsverständnis wurzelte. Als Sachwalter Gottes nahm der Bischof einen besonderen Rang in der Gesellschaft ein.

Vom Diözesanklerus und den Großen in der Stadt sowie den Grundherren auf dem Land gewählt, reichte die Macht des Bischofs über die Stadtgrenzen hinaus. Dabei geriet er häufig mit dem dort zuständigen Grafen in Konflikt. Im 7. Jahrhundert gelang es den Bischöfen in einigen Gebieten, die gräflichen Befugnisse an sich zu ziehen. Eigenständige »Kirchenstaaten« entstanden, die von Vertretern mächtiger Adelsfamilien gelenkt und nach ihrem Tod an ihre Verwandten weitergegeben wurden. Der materielle Reichtum der Kirchen und die Verbindungen zum regionalen Adel hatten die Bischöfe zu bedeutenden Stützen der Königsherrschaft gemacht. Sie waren zugleich aber dafür verantwortlich, dass die Merowinger und ihre Hausmeier sie im Konfliktfall auch unter Anwendung von Gewalt aus ihrem Amt entfernten (s. S. 124).[3]

An dieser Situation änderte sich grundsätzlich wenig, als die Pippiniden das Hausmeieramt übernahmen. So ließ Pippin II. aus nicht näher bekannten Gründen Ansbert, den Bischof von Rouen und Abt von Saint-Wandrille, im Kloster Hautmont gefangensetzen. Möglicherweise hatte Ansbert den Plänen des Hausmeiers, seine Autorität in dieser Region über die Inschutznahme von Klöstern und die Neubesetzung der Abtspositionen auszubauen, Widerstand entgegengebracht und wurde so zur unerwünschten Person. Zum Nachfolger des Bischofs bestimmte Pippin Gripo, der vielleicht mit ihm verwandt war. Seine Maßnahme wurde nicht überall mit

Wohlwollen aufgenommen, und die Entscheidung, Ansbert freizulassen, kam zu spät: Der Bischof starb um 695 noch in seinem Exil. Die Heimkehr seines Leichnams nach Saint-Wandrille gestaltete sich als Triumphzug, zumal dabei angeblich erfolgte Wunder den Toten in heiligmäßiges Licht tauchten.[4] In Reims sorgte der Hausmeier dafür, dass nach dem Tod des Bischofs Reolus (673/74–688/93) mit Rigobert einer seiner Anhänger den Bischofsstuhl bestieg. In beiden Fällen war das Verhalten Pippins Teil einer Kirchenpolitik, die keine so umfassende Dimension wie die der Merowingerkönigin Balthild besaß:[5] Stärker als ihr Engagement in den fünfziger und sechziger Jahren des 7. Jahrhunderts richteten sich die Bemühungen Pippins auf diejenigen kirchlichen Institutionen, zu denen seine Familie engere Beziehungen hatte. Wie bei Balthild schloss dies aber auch in besonderem Maß die Förderung von Klöstern ein.

Denn den Abteien kam über ihre religiöse Bedeutung hinaus ebenfalls eine wichtige Position im Machtgefüge des Frankenreiches zu. Ihr durch Schenkungen stetig anwachsender Grundbesitz schuf einen materiellen Reichtum, der die einzelnen Konvente mit ihren Äbten an der Spitze zu einem bedeutsamen Faktor im politischen Kräftespiel der Merowingerzeit werden ließ. Klöster wie das besonders von Dagobert I. geförderte Saint-Denis verfügten über ausgedehnte Besitzungen, die sich bis in weit entfernte Gebiete wie etwa Aquitanien erstrecken konnten. Aufgezeichnet ist der Besitz in den aus der Karolingerzeit stammenden *Polyptycha*, Verzeichnissen von klösterlichen Gütern, den auf ihnen lebenden Personen sowie den mit ihnen verknüpften Abgaben und Leistungen. Sie bieten nicht nur Einblicke in den Umfang der Besitzungen im 8. und 9. Jahrhundert, sondern lassen in der Zusammenschau mit königlichen Urkunden und einem Fragment eines Güterverzeichnisses von Saint-Martin in Tours aus der Merowingerzeit auch Rückschlüsse auf die damaligen Dimensionen zu. Zwar ist die Aussage, die Kirche sei am Ende des 7. Jahrhunderts der größte Grundbesitzer im Frankenreich gewesen, allzu pauschal, doch kann vereinzelt die große Ausdehnung des klösterlichen Besitzes und seine Verdichtung in bestimmten Regionen (wie beispielsweise in der Auvergne) nachgewiesen werden. Zudem war einigen Klöstern von den Merowingerherrschern seit Dagobert I. die Immunität ihres Besitzes garantiert worden.[6]

Dabei vollzog sich die Förderung bestimmter Klöster oft zu Lasten anderer kirchlicher Institutionen, die vom König stärker besteuert werden konnten. Auch im Verhältnis der Abteien zu den Bischöfen ergaben sich im 7. Jahrhundert Spannungen. Die Inhaber von Bischofsstühlen bemühten sich darum, die Konvente ihrer Diözese enger an sich zu binden und sie sich im Rahmen der herrschaftlichen Durchdringung ihres Sprengels unterzuordnen. Im Süden – etwa in Aquitanien – ging die Initiative zu den meisten Neugründungen von Bischöfen aus, die die Klöster erfolgreich in die Bistumsverfassung eingliederten.

Andernorts schuf vor allem der Einfluss des irofränkischen Mönchtums eine stärkere Autonomie klösterlicher Gemeinschaften gegenüber dem Bischof. Seit dem ausgehenden 6. Jahrhundert waren irische Mönche ins Frankenreich gezogen, um dort Klöster zu gründen und sich missionarisch zu betätigen. Die von ihnen, besonders durch Columban († 615), aber auch durch andere irische Gruppen im 7. Jahrhundert im Frankenreich verbreitete Klosterverfassung, die sie aus ihrer Heimat mitbrachten, suchte die von ihnen geführten Konvente der bischöflichen Gewalt weitgehend zu entziehen.[7]

Förderung erfuhren die irofränkischen Mönche sowohl durch das Königtum als auch durch lokale Adelsfamilien, welche die von ihnen gestifteten Klöster mit Männern aus dem von Columban gegründeten Luxeuil oder anderen Konventen columbanisch-benediktinischer Observanz besetzten. Auch für die Pippiniden lässt sich die Nähe zum irofränkischen Mönchtum nachweisen. So gründete Itta (Iduberga), die Frau Pippins I., 640 auf Anraten des heiligen Amandus das im heutigen Belgien gelegene Kloster Nivelles; der Sohn des Paars, Grimoald, war an der Gründung der Klöster Cugnon und Stablo-Malmedy beteiligt.[8] Seine Tochter Wulfetrude wurde Nachfolgerin ihrer Tante Gertrud als Äbtissin von Nivelles. Sie musste offenbar wegen der Verfehlungen ihres Vaters im Zuge seines versuchten »Staatsstreichs« Übergriffe auf das Kloster erdulden (s. S. 32) – eine Episode, die anschaulich bezeugt, wie eng die Verbindung zwischen der Stifterfamilie und dem von ihr begründeten oder geförderten Kloster war.

Unter Pippin II. engagierte sich die Familie ebenfalls stark für bestimmte Konvente.[9] Ihre Bemühungen, die in der Forschung mit dem Begriff »Klosterpolitik« umschrieben wurden, konzentrierten sich vor allem auf Klöster im Maasland, an der Sambre sowie im mittleren Austrasien. Innerhalb dieser so geschaffenen »Sakrallandschaft« (Rudolf Schieffer) gehörten Nivelles, Mons, Lobbes, Maubeuge, Hautmont, Fosses, Andenne und Susteren zu den Konventen, die an die Familie Pippins gebunden waren und von dieser kontrolliert wurden. Auch die Kirche St. Arnulf in Metz und die Abtei Stablo-Malmedy wurden von Pippin begünstigt. Dem Kloster Echternach, das der angelsächsische Missionar Willibrord 698 auf von Irmina von Oeren – wohl Pippins Schwiegermutter – gestiftetem Land errichtet hatte, wurde ebenfalls Förderung zuteil: Pippin und seine Gemahlin Plektrud erweiterten den Besitz des Konvents und gewährten ihm und seinem Leiter unter ihrer Herrschaft (*dominatio*) Schutz (*defensio*). Dass die beiden zudem verlangten, die Nachfolger Willibrords sollten den Erben des Ehepaares in allem treu sein (s. S. 49), unterstreicht, wie eng das Band zwischen Kloster und Pippiniden geknüpft war. Diese Treue scheint von ihnen von jeder Abtei eingefordert worden zu sein, die mit ihnen verbunden war. Das Engagement der Familie zahlte sich aus. Ihr machtpolitischer Anspruch wurde durch die Kontrolle der Klöster über die Grenzen von Bistümern hinweg zum Ausdruck gebracht.[10]

Nach dem Sieg bei Tertry 687 wandte Pippin auch neustrischen Konventen seine Aufmerksamkeit zu. So setzte er im Jahr 701 Bainus, der Bischof von Thérouanne war, als Abt an die Spitze von Saint-Wandrille (s. S. 38). Bald danach ordnete er dem Kloster und seinem Abt den Konvent Fleury-en-Vexin, der unter Pippins Schutz stand, als Nebenkloster zu. Auch

Saint-Wandrille unterstellte der Hausmeier seinem Schutz. Dem Konvent von Jumièges stellte er mit Godinus ebenfalls einen Mann seines Vertrauens voran.[11]

In den Wirren nach dem Tod Pippins Ende 714 zeigte sich, wie fragil die vom Hausmeier geschaffenen persönlichen Verbindungen tatsächlich waren. Der Konflikt Karl Martells mit Rigobert von Reims wurde bereits geschildert (s. S. 58). Nach seinem Sieg bei Vinchy entfernte er den Bischof aus seinem Amt. In gleicher Weise soll der Hausmeier mit dem Abt von St. Peter in Gent verfahren sein. Dieser hatte einer – allerdings erst aus dem 11. Jahrhundert stammenden – Quelle nach ebenfalls in den Kämpfen Karls Zurückhaltung geübt, war aber von umtriebigen Gegnern der brieflichen Konspiration mit Raganfred beschuldigt worden und verlor deswegen nach Vinchy ebenfalls sein Amt. Andere Bischöfe wie Ainmar von Auxerre, Eucherius von Orléans und Willicarius von Vienne mussten weichen, als Karl nach der Festigung seiner Herrschaft in Austrasien und Neustrien seine Macht in den Südwesten und nach Burgund hinein ausdehnte (s. S. 127–131).

Die Schilderung der Absetzung und Vertreibung der Geistlichen mögen in der späteren Überlieferung auf der Basis eines negativen Karlsbildes im Detail verändert worden sein. Im Kern zeichnen die Darstellungen aber wohl ein korrektes Bild von der Vorgehensweise des Hausmeiers in diesen Jahren. Karl Martell nutzte nach seinem Sieg gegen die Neustrier um Raganfred und Chilperich II. die Gelegenheit, um ein umfassendes personelles Revirement durchzuführen. Dabei stellte er bisweilen seine Anhänger an die Spitze mehrerer geistlicher Institutionen. So wurde beispielsweise das Bistum Reims von Karl dem Bischof Liutwin von Trier übertragen, der aus einer im Nahe-, Blies- und Woëvregau begüterten Familie der Widonen stammte und zu den ältesten Anhängern des Sohnes von Pippin und Chalpaida zählte. Bei seinem Tod zwischen 717 und 722 vererbte er seine beiden *episcopia* Trier und Reims an seinen Sohn Milo. Dieser war zwar Diakon und firmiert in den Quellen zum Teil als *clericus*, doch hat er möglicherweise nie die Priester- und Bischofsweihe erlangt.[12]

Das Bild des neuen Bischofs von Trier und Reims in der Überlieferung ist überwiegend negativ geprägt. Bereits Bonifatius hatte Milo in einem Schreiben an Papst Zacharias (741 – 752) aus dem Jahr 751 unter diejenigen eingereiht, die die Kirchen Gottes schädigten.[13] Sein Name stand damit stellvertretend für jene Geistlichen, die mit ihrem allzu weltlichen Gebaren nach Auffassung des angelsächsischen Missionars für den von ihm beklagten großen Verbesserungsbedarf in der fränkischen Kirche seiner Zeit verantwortlich zeichneten. Ihn zählte er zu den gierigen Laien auf den Bischofsstühlen, die sich – wie er in einem anderen Brief aus dem Jahr 742 beschrieb – in der Ausplünderung ihrer Bistümer, in sexuellen Verfehlungen, in der Jagd und im Kriegshandwerk übten. Ihr Verhalten war für ihn ebenso Ausdruck einer korrumpierten Kirche wie die Tatsache, dass seit mehr als 80 Jahren keine Kirchenversammlung mehr stattgefunden habe und die Kirche in den letzten Jahrzehnten insgesamt vernachlässigt worden sei.[14] Das Urteil des Angelsachsen über Milo teilten spätere Generationen: In der Reimser und Trierer Historiographie fand diese Bewertung des eigenen Bischofs ihre Fortsetzung. Einzig eine Stimme aus dem Kloster Mettlach aus der zweiten Hälfte des 11. Jahrhunderts zeichnete ein positives Bild von Milo, weil die Abtei von ihm stets gefördert worden war.[15]

Die Forschung hat das negative Urteil über den Bischof inzwischen relativiert. Maßgeblich dazu beigetragen hat eine Neubewertung von Bonifatius' Kritik an den kirchlichen Zuständen in seiner Zeit. Der angelsächsische Missionar gab die Verhältnisse in der fränkischen Kirche nicht in objektiver Weise wider. Vielmehr scheint er sie in seinen von »moralischen und rhetorischen Strategien« (Timothy Reuter) geprägten Aussagen verallgemeinert und überzeichnet zu haben – ein Vorgang, der sich im Zusammenhang mit der Forderung nach Reformen immer wieder nachweisen lässt und der keine Rückschlüsse auf einen besonderen Tiefpunkt der Entwicklung erlaubt. Die nachweisbaren Übertreibungen legen nahe, dass auch Milos Bild durch Bonifatius verzerrt worden sein dürfte. Möglicherweise wurzelte das negative Urteil des Angelsachsen über Milo ähnlich wie seine scharfe Kritik am Mainzer Bischof Gewilib in Konflikten um Kompetenzbereiche, die im Gefolge seiner Missionsarbeit in Hessen und Thüringen auftraten.[16] Völlig gegenstandslos war die Kritik an seiner Person gleichwohl nicht. Insbesondere die Vereinigung zweier Bistümer in Personalunion ließ sich als Verstoß gegen das Kirchenrecht bewerten, wie eine entsprechende Aussage in den *Gesta abbatum Fontanellensium* belegt.[17]

Karl Martell störte sich offenbar keineswegs an der Verletzung kirchlicher Regeln, die durch seine Politik gefördert wurde. Er beließ Milo im Amt und machte der Trierer Kathedrale und dem dortigen Kloster St. Maximin Schenkungen. Auch Felix, der Bischof von Metz (ca. 715–716), hatte zu Beginn der Herrschaft Karls zusätzlich die Verwaltung des Bistums Châlons inne. Sein Nachfolger auf dem Metzer Bischofsstuhl, Sigibald, sollte schließlich auch das Bistum Laon leiten. Hugo, der Sohn von Karls Halbbruder Drogo, verzichtete zwar auf die Leitung von Saint-Denis, blieb aber bis zu seinem Tod 731 mit der Verwaltung zahlreicher Bistümer und Klöster betraut. Gezielt versuchte Karl Martell damit, über loyale Gefolgsmänner und Verwandte seinen Einfluss in Neustrien auszubauen.[18] Das politische Kalkül besaß Vorrang vor kirchenrechtlichen Bedenken.

In Karls Händen gerieten Bischofsämter und Abtswürden zu Instrumenten der eigenen Machtpolitik – ähnlich wie es vor ihm sein Vater sowie andere Hausmeier und auch die Merowingerkönige praktiziert hatten. Der personelle Austausch wurde freilich nicht systematisch betrieben, sondern stellt sich nach Ausweis der Quellen eher als gezielte Nutzung von Gelegenheiten für einen Wechsel der Amtsträger dar. Dieses Vorgehen wird auch bei der Nachfolge Hugos auf Abt Benignus von Saint-Wandrille deutlich. Benignus, der erst nach seiner Absetzung durch Raganfred die Nähe Karl Martells suchte und nicht nur für ihn, sondern auch für die Rückkehr in sein Amt an der Seite des Hausmeiers bei Vinchy kämpfte, genoss jahrelang das Vertrauen Karls. Sein Tod im Jahr 724 hinterließ eine personelle Lücke, die der Hausmeier mit seinem Neffen Hugo füllte; möglicherweise hatte Karl den Übergang der Abtswürde aber auch schon im Jahr zuvor betrieben. Durch die in Hugo vereinigte Leitung des Bistums Rouen und der Abteien von Saint-Wandrille und Jumièges band er die Region am Unterlauf der Seine enger an seine Herrschaft.[19]

Grundsätzlich lässt sich an der Chronologie der personellen Veränderungen in Leitungspositionen von Kirchen und Klöstern ablesen, wie sich Karls Machtbereich ausdehnte. Bei der Besetzung von Ämtern mag auch eine Rolle gespielt haben, dass lange Phasen ohne einen Leiter an der Spitze einer kirchlichen Institution dem lokalen Adel die Gelegenheit eröffneten, kirchlichen Besitz zu entfremden. Für Bistümer und Abteien konnten diese Vakanzen verheerende Folgen haben. Karl Martell steuerte mit seiner Politik dieser Entwicklung entgegen. Äbte wie Hugo handelten auch in seinem Interesse, wenn sie den kirchlichen Besitzstand verteidigten, denn für Karl Martell bedeutete die Schmälerung des Kirchengutes eine Reduzierung auch seiner Ressourcen.

Damit wird ein Komplex berührt, der wie kein anderer in der Forschung Anlass zu Kontroversen gegeben hat. Im Zusammenhang mit der Kirchenpolitik Karl Martells wurde immer wieder auf die in den Quellen dokumentierte Einziehung kirchlicher Güter durch den Hausmeier und ihre Weitervergabe an seine Gefolgsleute verwiesen. Karl erntete aufgrund seines Vorgehens von den geistlichen Autoren des 8. und 9. Jahrhunderts scharfe Kritik. Unter ihren Federn entstand das Bild des Hausmeiers als eines »Kirchenräubers«, der für seine Untaten zur Hölle fuhr.[20] In der älteren Forschung suchte man die Ursachen für die Konfiskationen und die Weiterverleihung der Güter in den zahlreichen Feldzügen Karl Martells. Heinrich Brunner hat in diesem Zusammenhang 1887 die bekannte These formuliert, es seien die Erfordernisse des Kampfes gegen die Araber gewesen, die Karl dazu genötigt hätten. Um gegen ihren Ansturm gewappnet zu sein, habe er ein Heer von berittenen Kriegern aufstellen müssen, deren Rekrutierung und Unterhalt erst durch die Beschlagnahme kirchlichen Besitzes ermöglicht worden sei. Karl Martell habe zu diesem Zweck die Vergabe von Land auf Leihebasis, die merowingerzeitliche Institution des *beneficium*, mit der Verpflichtung zu militärischer Dienstleistung und einem vasallitischen Abhängigkeitsverhältnis verknüpft. Der Vasall leistete seinem Herren Kriegsdienst und wurde dafür mit einer Landleihe entlohnt. Unter der Regierung des Hausmeiers nahm, so wurde vermutet, der Prozess der Ausbildung des fränkischen Lehnswesens seinen Anfang, und mit der Schaffung einer Schicht von Berufskriegern besaßen die Maßnahmen Karls auch eine sozial- und wirtschaftsgeschichtliche Bedeutung.

Der gesamte Ansatz wurde in der Folge weiterentwickelt. Man glaubte Karl nicht nur als gesellschaftlichen, sondern auch als militärischen Neuerer identifizieren zu können. Ebenso wie der Hausmeier mit dem Lehnswesen einen neuen, auf die Kriegführung spezialisierten Adel schuf, soll er mit der Einführung des Steigbügels seinen berittenen Schlachtreihen durch den Kampf mit eingelegter Lanze ermöglicht und eine höhere Durchschlagskraft erzielt haben. Auf diese Weise soll er über den Sieg gegen die Araber hinaus die Kampfesweise nachhaltig verändert haben.[21]

Diese Deutungen riefen allerdings zum Teil erhebliche Kritik hervor. Gegen die Darstellung Karl Martells als militärischem Neuerer wurde die Kontinuität merowingerzeitlicher Kriegführung auch unter den Hausmeiern im 8. Jahrhundert betont. Nach der Schlacht bei Poitiers gab es offenbar keinen berittenen Angriff dieser Größe auf ein gegnerisches Heer mehr; der Kampf selbst war also eher ein singuläres Ereignis als der Beginn einer neuen Art von Auseinandersetzung. Und auch der Steigbügel spielte nicht die entscheidende Rolle, die ihm zugeschrieben wurde.[22] Diese Erkenntnisse stellten die vermutete Etablierung einer Schicht von Berufskriegern mit ihren Folgewirkungen insgesamt in Frage.

Über die Vermutung, in der Zeit Karl Martells sei der Keim des fränkischen Lehnswesens gelegt worden, wurde ebenfalls neu nachgedacht.[23] Im Zentrum des Interesses stand hier zunächst, ob und in welchem Umfang der Hausmeier tatsächlich Landbesitz von Kirchen und Klöstern eingezogen und in Gestalt von Prekarien, auf seine »Bitten« (*preces*) verliehene Güter, an Gefolgsleute neu ausgegeben hatte. In den zeitgenössischen Quellen ist von solchen Maßnahmen Karls zunächst im Zusammenhang mit seinen Feldzügen nach Burgund und in die Provence die Rede. Dabei soll er während des Vorstoßes im Jahr 733 nach Auskunft des Fortsetzers der Fredegar-Chronik das Gebiet des Teilreiches Burgund seinen bewährtesten Gefolgsleuten (*leudes*) und Lyon seinen Getreuen (*fideles*) übergeben haben (s. S. 128 f.). Bestätigt wird diese Information durch die Eintragungen im bereits besprochenen Testament des Abts Abbo. Danach zählte dieser selbst zu den Begünstigten, während die Rebellen ihren Widerstand gegen Karl Martell mit dem Verlust ihres Landbesitzes bezahlten.[24]

Eine weitere Quelle, die den Zusammenhang von Eroberung und Landentzug mit anschließender Vergabe an die Gefolgsleute Karl Martells thematisiert, ist die Vita des Bischofs Eucherius von Orléans. Sie wurde kurz nach dessen Tod 738 verfasst, darf also ebenfalls als zeitgenössische Quelle betrachtet werden.[25] Allerdings lässt die erhaltene Gestalt der Lebensbeschreibung erkennen, wie spätere Generationen in ihren Text eingriffen und so ein Bild produzierten, das von langer, noch die Perspektive moderner Historiker prägender Dauer sein sollte: die Darstellung Karl Martells als »Räuber« von Kirchengut.

Zunächst rückte die *Vita Eucherii* die Absetzung des Bischofs in einen ursächlichen Zusammenhang mit dem Rat der Neider in der Umgebung Karls. Ganz gleich, ob dies als eine salvatorische Klausel zu verstehen ist, die den Personen im Umfeld des Hausmeiers und nicht diesem selbst die Schuld an der Exilierung des Bischofs und seiner Verwandten zuweist:[26] Die Vita bezeugt die Konfiskation von Besitzungen und Ämtern der Familie, die von Karl entweder zu eigenem Gebrauch genutzt oder an seine Entourage (*satellites*) vergeben wurden. Ausdrücklich spricht die Lebensbeschreibung des Eucherius hier von Familien-, nicht von Kirchenbesitz.

Doch in einem späteren Teil des Textes, in der sogenannten *Visio Eucherii*, wird auch die Konfiskation von Bistumsland thematisiert. Danach entfaltete sich vor dem Bischof während eines Gebets eine Szenerie, in der Karl Martell in der Hölle Qualen durchlitt. Eucherius wurde auf seine Nachfrage von seinem Führer, einem Engel, der ihn an diesen Ort entrückt hatte, der Grund erklärt. Karl hatte sich Güter von Kirchen unrechtmäßig angeeignet, diese an Laien verteilt und damit auch die Verbindung zwischen den ehemaligen Stiftern dieser Besitzungen und den Heiligen, denen sie übereignet wurden, unterbrochen. Seine Leiden sollte dies vervielfachen, denn nun musste er auch die Sünden derjenigen büßen, die dieses Land zur Rettung ihrer Seelen den Kirchen ursprünglich geschenkt hatten. Nach dem Ende der Vision, so der Text weiter, suchte Eucherius Gewissheit. Er beauftragte Bonifatius und den Abt Fulrad von Saint-Denis († 784) damit, das Grab Karl Martells zu öffnen. Ein Drache soll dabei der Grabstätte entwichen sein; der Sarkophag selbst sei leer und mit Ruß geschwärzt gewesen. Eucherius hatte die Bestätigung für seine Vision erlangt. Karl Martell war in die Hölle hinabgezogen worden.[27]

Die skizzierte Darstellung fügt sich scheinbar gut zu den Nachrichten der Fredegar-Fortsetzungen über die Güterkonfiskationen im burgundischen Raum, wo Karl seine Gegner mit dem Entzug ihrer Besitzungen bestrafte. Und auch ein anderer Text aus dem 8. Jahrhundert zeichnet ein negatives Bild Karls, das sich auf Übergriffe auf kirchlichen Besitz beziehen könnte. Die Vita des Bischofs Maximin von Trier berichtet, der Heilige habe dem an einem Fieber erkrankten Karl Martell die von ihm begangenen schlechten Taten (*mala*) vorgehalten. Ob sich der Vorwurf tatsächlich auf Konfiskationen von Kirchengut in der Diözese Trier bezog, lässt sich aus dem Kontext nicht erschließen. Der Text, der während der Königsherrschaft Pippins III. (751–768) entstanden sein dürfte und damit als ein frühes Zeugnis der Kritik an Karl Martell gelten kann, lässt diese Möglichkeit offen. Auch die 839 entstandene Überarbeitung durch Lupus von Ferrières (um

805 – ca. 862) spricht schlicht von den Sünden, die Karl begangen hat und präzisiert diese nicht weiter.[28]

Die Zahl der Belege ist demnach gering. Hinzu kommt, dass die Behauptung einer Beschlagnahme von Land aus kirchlichem Besitz in der *Visio* ein Produkt Hinkmars von Reims († 882) darstellt. Er formulierte 858 den Bericht über das von Eucherius Erlebte in einem Brief an Ludwig den Deutschen (840 – 876), dem dies Mahnung sein sollte, die Kirchengüter im Allgemeinen und diejenigen der Erzdiözese Reims im Besonderen unangetastet zu lassen.[29] Gegenüber Ludwig stilisierte Hinkmar Karl Martell zum Ursprung des Übels: Er sei der erste unter den Königen und *principes* der Franken gewesen, die der Kirche ihr Eigentum entzogen und es aufteilten.[30] Aus seinem Brief an den Sohn Ludwigs des Frommen (814 – 840) fand die Vision des Eucherius zunächst Eingang in die *Vita Rigoberti*. Offenbar von hier aus wurde sie in die Lebensbeschreibung des Bischofs Eucherius von Orléans eingefügt und auch danach – mit Ausschmückungen und Variationen in Details – in Texten des 9. Jahrhunderts bis hin zur humanistischen Geschichtsschreibung immer wieder aufgegriffen.[31]

An einen späteren Eingriff in den Text lässt auch ein Passus in einem Brief denken, den Bonifatius 746/47 an Aethelbald von Mercia (716 – 757) richtete und der den Hausmeier als ein mahnendes Beispiel heranzieht. Karl Martell wird darin als »Umstürzer vieler Klöster« bezeichnet und der Entfremdung kirchlicher Gelder zu eigenen Zwecken bezichtigt.[32] Doch könnte diese Charakterisierung, die nur in einer der beiden überlieferten Versionen des Schreibens enthalten ist, zum einen ebenso wie bei der *Visio Eucherii* eine spätere Interpolation darstellen. Ist die Wendung tatsächlich im ursprünglichen Bonifatius-Brief enthalten gewesen, wird man zum anderen in Rechnung stellen müssen, dass hier – wie in anderen »Klageschriften« des angelsächsischen Missionars – das Ausmaß der Verfehlungen überzeichnet wurde. Weitere Belege für die Entfremdung von Kirchengut wie im Fall des von Abt Teutsind von Saint-Wandrille (735 – 738/39) an einen Grafen, aber auch an Verwandte und *homines regii* ausgegebenen Klosterbesitzes lassen sich nicht zwingend mit Karl Martell in Verbindung bringen. Zudem begegnet der Hausmeier in den Quellen auch als gerechter Richter. Ansprüche auf Landbesitz, der nach seiner Ausgabe wieder an das Kloster Stablo zurückgefallen war, wies er zurück und sicherte so der Abtei ihre Güter. In der Ende des 8. Jahrhunderts entstandenen Passio des heiligen Salvius, der in Valenciennes bestattet wurde, wird Karl nicht nur als guter Herrscher dargestellt, der die Mörder des Heiligen ihrer gerechten Strafe zuführt. Vielmehr soll er der Kirche Saint-Sauve auch ein Drittel der Einkünfte des Fiskus von Valenciennes übereignet haben.[33]

Insgesamt lassen die umrissenen Befunde damit keine verallgemeinernden Aussagen über Karl Martell als »Kirchenräuber« zu. Der Hausmeier hat seinen Gegnern nach erfolgreich geführten Feldzügen ihren Landbesitz entzogen und ihn an seine Gefolgsleute weitergegeben, und zweifellos hat im Zuge dieser Maßnahmen auch kirchliches Gut Schaden genommen. Vorstellbar ist ferner, dass zu den im Zusammenhang mit der Absetzung des Eucherius konfiszierten Gütern seiner Familie ursprünglich der Kirche gehörendes Land zählte, welches zuvor von den Angehörigen des Bischofs entfremdet und mit ihrem Eigengut vermengt worden war. Wenn Karl beschlagnahmtes Land nicht zurückgab, sondern es in der Überzeugung, es handele sich hier um den Familienbesitz seiner Gegner, nicht um Kirchengüter, an seine eigenen Gefolgsleute übertrug, konnte dies den Vertretern der Kirchen anders als dem Hausmeier als unrechtmäßiger Vorgang erscheinen. Solche strittigen Fälle dürften dazu beigetragen haben, das negative Bild Karl Martells zu überzeichnen. Die Besitzverhältnisse vor allem im burgundischen Raum waren ohnehin nicht einfach zu durchschauen und haben sich im Zuge der Auseinandersetzungen nach 714 gewiss noch verkompliziert, wie gerade der Prozess des Abts Maurontus am Ende des 8. Jahrhunderts deutlich macht. Eine systematische Politik Karl Martells lässt sich vor diesem Hintergrund aber nicht erkennen. Vielmehr handelte es sich bei den Konfiskationen wohl eher um

»regellose Zwangsanleihen« (Heinz Löwe), wie sie auch schon im 7. Jahrhundert durch die Merowingerkönige durchgeführt wurden. Dabei scheint der Hausmeier ebenso wie beim personellen Austausch von Äbten und Bischöfen erneut sich bietende Gelegenheiten genutzt zu haben, ohne einem grundlegenden Konzept gefolgt zu sein.[34]

Ohne den Nachweis einer umfassenden und systematischen Instrumentalisierung der Güterkonfiskationen, muss die Rolle Karl Martells bei der Entstehung des Lehnswesens ebenfalls neu gewichtet werden. Man wird nicht so weit gehen müssen, die Verbindung von vergebenen Benefizien mit der Vasallität vollständig als modernes, zu Beginn des 8. Jahrhunderts nicht existierendes Konstrukt abzutun. Die wenigen Belege, die es für eine Weiterverleihung eingezogener Besitzungen durch Karl gibt, zeigen aber, dass die Vergabe von Gütern zu Nießbrauch und beschränktem Eigentum erfolgte. Sie lässt sich daher stärker mit der merowingischen und agilofingischen Praxis der Landübertragungen vergleichen. Nur mit Vorbehalt können die Empfänger dieser Güter als Vasallen bezeichnet werden. Die spätere, unter den Söhnen Karl Martells besser fassbare Entwicklung wird in Ansätzen erkennbar, doch lässt dies allein den Hausmeier noch nicht als gesellschaftlichen Neuerer erscheinen. Ganz offensichtlich handelte Karl auch hier nach dem Vorbild älterer, merowingerzeitlicher Vorgaben, nutzte zugleich aber die sich bietenden Freiräume, um in Einzelfällen durch eine Verknüpfung des Benefizialwesens und einer Vorform der Vasallität Personen enger an sich zu binden.[35]

Nach dem Tod Karls fielen die Bemühungen des Bonifatius um eine Reform des kirchlichen Lebens auf fruchtbareren Boden als in der Zeit des Hausmeiers. Vor allem Karlmann schenkte den Beschwerden des Angelsachsen Gehör. Auf einer wohl im April 743 einberufenen Kirchenversammlung, die als *Concilium Germanicum* bekannt ist, wurden unter Karlmanns Ägide Regelungen beschlossen, die den Klerus, das Mönchtum und heidnische Praktiken in der Bevölkerung betrafen. Die Bestimmungen schlossen daneben auch die Rückgabe von entfremdeten Gütern an die Kirchen ein. Damit sollte, wie es in der aus der Kirchenversammlung hervorgegangenen Anordnung Karlmanns hieß, die unter den früheren Fürsten (*principes*) in Verfall geratene kirchliche Ordnung wieder hergestellt werden. Umstritten ist, ob die Kombination der Formulierungen zur Rückgabe der Güter und der Rolle der *principes* direkt auf das Vorgehen Karl Martells selbst zu beziehen ist oder ob damit nur ein allgemeines, für die Regierungszeit des Hausmeiers (wie auch seiner Vorgänger im Amt) charakteristisches Phänomen bezeichnet wird. Für letzteres spricht der breite Widerstand, der sich nach der Kirchenversammlung gegen die dort erhobenen Forderungen nach Restitution des entfremdeten Besitzes erhob. Er zeigt, dass weite Kreise an Übergriffen auf Kirchengut beteiligt waren und von widerrechtlich angeeignetem Land profitierten. Teile des Adels fürchteten angesichts der Reformbeschlüsse offenbar um ihre Machtbasis. Es überrascht daher nicht, dass sich Karlmann und Pippin schon 744 zum Einlenken gezwungen sahen und auf Synoden entsprechende Verfügungen zur Einbehaltung von Kirchenbesitz treffen ließen.[36]

6.2 Mission und Kirchenorganisation: Willibrord und Bonifatius

Das Frankenreich war nach der Taufe Chlodwigs zumindest oberflächlich weitgehend christianisiert worden. Im 6. und 7. Jahrhundert fanden sich noch synkretistische Formen der Religionsausübung, in denen alte, heidnische Praktiken mit christlichen Zeremonien vermischt wurden oder unabhängig von letzteren weiterbestanden. Sie waren Gegenstand von Bemühungen, die der Festigung des christlichen Glaubens und seiner Liturgie unter einer bereits getauften Bevölkerung dienen sollten. Von den britischen Inseln kamen schließlich im 7. Jahrhundert die Anstöße, die zur Initialzündung missionarischer Aktivitäten im nordöstlichen und östlichen Vorfeld des

Frankenreiches führten. Wieder war es der Kreis um Columban, der einen ersten Impuls gab. Der irische Gründer von Luxeuil wirkte zunächst im direkten Umfeld seines Klosters, dann schließlich auch unter der heidnischen Bevölkerung in der Umgebung von Bregenz. Zwischenzeitlich soll er sich mit dem Gedanken getragen haben, unter den Slawen missionarisch tätig zu werden, wurde aber durch eine Engelserscheinung davon abgehalten und zog schließlich nach Italien, wo er mit Bobbio letztmalig ein Kloster gründete. Die Mission stand für ihn offenbar nicht im Mittelpunkt seiner Tätigkeit. Doch schon sein Nachfolger als Abt in Luxeuil, Eustasius († 629), widmete sich der Missionsarbeit im bayerischen Raum, wo sich das Christentum nur an wenigen zentralen Orten wie Augsburg gehalten hatte. Seine Bemühungen wurden zu Anfang des 8. Jahrhunderts, wahrscheinlich aber schon im ausgehenden 7. Jahrhundert von den Missionaren Emmeram, Rupert und Korbinian fortgesetzt (s. S. 96). Im Bereich südlich des Bodensees soll sich der Columban-Schüler Gallus († um 650) seiner Vita zufolge bei der Christianisierung hervorgetan haben.[37]

Wie die genannten Fälle zeigen, entfalteten sich missionarische Tätigkeiten bis dahin in Regionen, die einst Teil des römischen Reiches gewesen waren. Über die alten Grenzen des Imperiums wie auch des Frankenreiches hinaus wirkte erst Amandus, der mit den Columban-Mönchen eng verbunden war und sowohl bei den Basken im Süden des Frankenreiches sowie den Bayern und Slawen an der Donau und im Alpenraum, aber eben auch unter den außerhalb des vormaligen römischen Reiches siedelnden heidnischen Friesen missionierte. Mit seinen grenzüberschreitenden Bekehrungsbemühungen betrat Amandus missionarisches Neuland und bot ein Modell für künftige Unternehmungen zur Heidenmission, zumal er selbst auch Kontakte nach Rom pflegte. Dagobert bestimmte Tongern-Masstricht zum Bistum für den Friesenmissionar, dessen Bekehrungsbemühungen von dem ebenfalls am Hof gut bekannten Eligius als Bischof von Noyon (641–660) fortgesetzt werden sollten.[38]

Friesland stand ganz offensichtlich im Zentrum der vom Frankenreich und den Merowingerhöfen aus gesteuerten Missionsbemühungen. Am Ende des 7. Jahrhunderts rückte es auch in den Mittelpunkt des Interesses angelsächsischer Missionare. Offenbar war die Vorstellung, mit den Sachsen auf dem Kontinent verwandt zu sein, ausschlaggebend für die Missionsversuche in den Landstrichen an der Nordsee.[39] Erste Versuche, die Friesen unter ihren Herrschern Aldgisl und Radbod zu bekehren, hatten jedoch nicht den – von den Quellen oft in beschönigender Weise herausgestellten – Erfolg und bewogen Missionare wie etwa Wilfrid von York, auf die Insel zurückzukehren. Swithbert († 713), der Nachfolger Wilfrids als Missionar in diesem Gebiet, zog sich nach dem Scheitern seiner Bemühungen um die Bekehrung der Brukterer in Westfalen in ein Kloster nach Kaiserswerth zurück, das ihm von Plektrud übertragen worden war.[40]

Das Interesse der Pippiniden an den angelsächsischen Missionaren und den von ihnen unternommenen Bekehrungsversuchen im Nordosten des Frankenreiches schlug sich auch in der Förderung Willibrords nieder. Dieser war im letzten Jahrzehnt des 7. Jahrhunderts nach Friesland gezogen, um Radbod und seine *gens* zum Christentum zu bekehren. Anders als sein Vorgänger Wilfrid suchte er aber nicht den Friesenherrscher direkt auf, sondern warb im Vorfeld seiner Bemühungen um die Unterstützung des Hausmeiers Pippin II. Dieser gewährte sie ihm ebenso wie Papst Sergius I., den Willibrord auf zwei Romreisen um einen Missionsauftrag bat und der ihn schließlich zum Erzbischof der Friesen weihte (s. S. 73). Wenn zwischen 785 und 797 in der Willibrord-Vita des mit dem Missionar verwandten Alkuin die Anregung zur Romreise Pippin II. zugeschrieben wurde, entsprach dies zwar eher dem Bild, das man zur Zeit Karls des Großen von der Kooperation des Papsttums mit dem Frankenherrscher hatte, als einer tatsächlichen Begebenheit. Und dennoch war der Strategiewechsel Willibrords zukunftsweisend. Von nun an vollzogen sich die Missionierungsbemühungen im Vorfeld des Frankenreiches unter päpstlicher, vor allem aber unter pippinidischkarolingischer Ägide. Die herrschaftliche Durchdringung eines Raums verknüpfte sich dabei mit der Bekehrung der dort lebenden Bewohner zum Christentum. Offenbar plante Pippin II., mit der Errichtung eines Erzbistums in Utrecht, dem Zentralort der friesischen Herrscher, das Gebiet nicht nur in das kirchliche Gefüge des Frankenreiches zu integrieren, sondern auch politisch zu kontrollieren.

Die enge Verbindung Willibrords zu den Pippiniden fand zugleich in großzügigen Schenkungen von Irmina von Oeren, ihrer Tochter Plektrud und deren Mann Pippin II. an Willibrord im Zusammenhang mit dem von ihm 698 gegründeten Kloster Echternach Ausdruck. Über die mit diesem Engagement verknüpften politischen Ziele, die Treueforderung und die Gründe für den Wandel Willibrords vom Anhänger Plektruds zum Gefolgsmann Karl Martells wurde bereits berichtet (s. S. 53 f.).[41] Wichtig in dem hier behandelten Zusammenhang ist, dass der Sohn Pippins II. zwar die von Willibrord in ihn gesetzten Erwartungen auf einen militärischen Erfolg über Radbod erfüllte, der ihn aus seinem Bistum Utrecht vertrieben hatte. Im Anschluss an die Rückeroberung großer Teile Frieslands zwischen 719 und 722 konnte Willibrord seine Missionsarbeit in dem Gebiet wieder aufnehmen.[42] Der Plan einer friesischen Erzdiözese wurde allerdings nicht realisiert. Ob dieses Vorhaben an militärischen Unwägbarkeiten scheiterte, weil das Gebiet nach wie vor nicht vollständig gesichert war, kann in Ermangelung von Quellen nicht geklärt werden. Denkbar wäre auch, dass die Errichtung einer solchen Kirchenprovinz den Widerstand anderer Bischöfe des Frankenreiches hervorgerufen haben könnte. Die Ansprüche des Kölner Bischofs auf die Unterordnung des Bistums Utrecht, denen Bonifatius Anfang der fünfziger Jahre des 8. Jahrhunderts in einem Schreiben an Papst Stephan II. (752–757) die eigenen Forderungen entgegenstellte, könnten auch schon Karl Martell beschäftigt haben.[43] Vielleicht erschien es dem Hausmeier aber auch aus anderen, nicht mehr rekonstruierbaren Gründen opportun, auf die Errichtung einer Erzdiözese im Missionsgebiet zu verzichten. Sie hätte Friesland in jedem

Fall eine kirchliche Eigenständigkeit verschafft, die man auf fränkischer Seite möglicherweise nicht gerne sah.

Die Zurückhaltung, die Karl Martell bei der Schaffung einer friesischen Erzdiözese zeigte, deckt sich auffällig mit der passiven Haltung, mit der der Hausmeier die Pläne des Bonifatius zur Bistumsorganisation im hessisch-thüringischen Raum begleitete. Bonifatius war selbst angelsächsischer Herkunft und fühlte sich erst spät zur Mission auf dem Kontinent berufen. 716 hielt er sich anlässlich eines erneuten Bekehrungsversuchs bei Radbod in Friesland auf, ehe er sich in den Jahren darauf zweimal nach Rom begab. Während der ersten Reise erhielt er im Jahr 719 von Gregor II. einen Missionsauftrag und seinen neuen Namen Bonifatius; auf der zweiten Reise wurde er 722 vom Papst zum Bischof geweiht, ohne dass ihm dabei ein bestimmtes Bistum zugewiesen worden wäre.[44] In der Folge widmete er sich der Mission im hessischen und thüringischen Raum. Dabei genoss er schon die Unterstützung Karl Martells, denn der Hausmeier hatte ihn 723 oder 724 – ebenso wie Pirmin, den Abt der Reichenau und späteren Gründer des Klosters Murbach – in seinen Schutz (*sub nostro mundeburdio vel defensione*) aufgenommen und ihn den Bischöfen wie auch den weltlichen Amtsinhabern anempfohlen. Dazu hatte gewiss ein Empfehlungsschreiben Papst Gregors II. beigetragen, das dieser an Thüringer und Sachsen in den künftigen Missionsgebieten des Bonifatius sowie wohl auch an Karl Martell gerichtet hatte. Der Hausmeier nahm die Anregung aus Rom offenbar ernst: Die zitierte Formel von »Schutz und Schirm« wird in seinem Schreiben, das Bonifatius zu seiner Sicherheit bei sich führen sollte, noch zwei Mal verwendet. Karl Martell unterstrich damit, dass ihm, der die Inschutznahme nach eigenem Bekunden »mit Freuden« ausgestellt hatte, an der Sicherheit des Missionars gelegen war.[45]

Zweifellos wird Karl die weiteren Handlungen des Missionars aufmerksam verfolgt haben, auch dann, als dieser 732 von Papst Gregor III. das Zeichen der erzbischöflichen Würde, das sogenannte Pallium, verliehen bekam. Damit besaß Bonifatius die Befugnis, in seinem Missionsgebiet neue Bistümer zu gründen und für diese Bischöfe zu weihen. Doch konnte er diese Pläne mehrere Jahre lang nicht verwirklichen. Aller Wahrscheinlichkeit erst nach dem Tod Karl Martells, im Jahr 742, wurden von Bonifatius die Bistümer Büraburg, Würzburg und Erfurt (später Eichstätt) ins Leben gerufen.[46] Offenbar besaß der Missionar nicht die Unterstützung des Hausmeiers, den er für die Umsetzung seines Vorhabens benötigte.

Die Gründe für die Zurückhaltung Karl Martells sind nicht klar, zumal der Hausmeier Bonifatius in anderen Bereichen unterstützte. So eröffnete er mit seinem Sachsenfeldzug des Jahres 738 dem Angelsachsen die Möglichkeit, auch in diesem Gebiet missionarisch tätig zu werden. Glaubt man den Angaben in einem päpstlichen Schreiben aus dem Folgejahr, soll Bonifatius durch seine und Karl Martells Bemühungen der Kirche etwa 100000 Seelen zugeführt haben.[47] Die Nennung des Hausmeiers im Brief Gregors III. suggeriert, dass Karl die Missionsarbeit des Bonifatius aktiv unterstützte. Offenbar versprach er sich von im Anschluss an den Feldzug durchgeführten Massentaufen, die wahrscheinlich unter Zwang erfolgten, eine nachhaltigere Befriedung der Region; vielleicht gab es sogar den Versuch, die Sachsen über ein Bistum in die kirchliche Struktur des Frankenreiches einzubinden, wie dies auch in Friesland angestrebt wurde. Allerdings war der Erfolg sowohl im militärischen als auch im missionarischen Sinne nicht von langer Dauer: Sachsen blieb ein Unruheherd und zugleich heidnisches Gebiet. Die Bekehrung zum christlichen Glauben war offenbar nur oberflächlich erfolgt.[48]

Daneben war Karl Martell wohl auch in die Bemühungen des Bonifatius zur Neuorganisation der bayerischen Kirche eingebunden.[49] Der Hausmeier hatte mit zwei Feldzügen in den Dukat 725 und 728 Hugbert in dessen Auseinandersetzung mit seinem Onkel Grimoald unterstützt (s. S. 99–101). Nach Aussage der von Willibald bald nach dem Tod des Missionars verfassten Bonifatius-Vita widmete sich der Angelsachse während Hugberts Herrschaft in Bayern 733/35 der Predigt, nahm Kirchen in Augenschein und wandte sich gegen Abweichungen vom Glauben in der Bevölkerung.[50] Ohne das Wissen oder die

Förderung des Papstes und des Bayernherzogs waren diese Tätigkeiten wohl kaum durchzuführen, und auch Karl Martell war über die Aktivitäten des Angelsachsen wenigstens informiert.[51] Das Gleiche gilt für die Reorganisation der Bistümer im Dukat. Diese wurde von Bonifatius nach Auskunft der Vita aus der Feder Willibalds 739 im Anschluss an einen in den beiden Vorjahren erfolgten Romaufenthalt bei Papst Gregor III. durchgeführt, auf dem der Angelsachse zum päpstlichen Legaten und somit zum Stellvertreter des Papstes mit ausgreifenden Vollmachten ernannt worden war. Inzwischen regierte Herzog Odilo den Dukat, der wohl im Einvernehmen mit Karl Martell die Nachfolge des 736 verstorbenen Hugbert angetreten hatte (s. S. 101). Bonifatius ging es offenbar um die Reform des kirchlichen Lebens, dessen Zustand er in seinen Briefen als zerrüttet präsentierte. Der Papst und der Herzog unterstützten daher sein Vorhaben, das Land in vier Sprengel einzuteilen und den Bistümern Regensburg, Freising und Salzburg Bischöfe an die Spitze zu stellen; der Bischof von Passau, dem vierten Bistum, war bereits von Gregor III. selbst geweiht worden.[52]

Wie die Orte der neuen Bischofssitze zeigen, orientierte sich Bonifatius offenbar an älteren Plänen Herzog Theodos, für die dieser 715/16 in Rom die Unterstützung des Papstes gesucht hatte. Schon damals sollten die vier genannten Städte zu Zentren von Bistümern werden.[53] Dennoch wird man nicht davon ausgehen können, dass die Reorganisation der Kirche im Dukat wie unter Theodo auf die Etablierung einer größeren kirchlichen und somit auch politischen Unabhängigkeit vom Frankenreich zielte. Sowohl der Papst, der von den Langobarden bedrängt wurde, als auch Odilo, der dem Hausmeier seine Stellung verdankte und sich im Zuge seines Konflikts mit bayerischen Adeligen Ende 740/Anfang 741 an den fränkischen Hof flüchtete, hatten kein Interesse daran, Karl Martell gegen sich aufzubringen. Zudem waren mit der übergeordneten Position des Bonifatius die neuentstandenen bayerischen Bistümer in die fränkische Kirche integriert. Einen eigenen Metropoliten gab es – anders als in den Planungen unter Theodo – nicht, und Karl Martell konnte mit der

Regelung zufrieden sein, dass der unter seinem Schutz stehende und im Vorjahr bei seiner Mission in Sachsen geförderte Bonifatius kraft seines Legatenamts der geschaffenen Kirchenorganisation faktisch vorstand.[54]

Vor diesem Hintergrund ist es schwer zu erklären, warum Karl Martell die Gründung der Bistümer in Würzburg, Büraburg und Erfurt nicht ebenfalls mit Nachdruck förderte. Der Hausmeier unterstützte Bonifatius bei der Mission in Sachsen und der Kirchenorganisation in Bayern, offenkundig jedoch nicht im mainfränkisch-thüringischen Dukat. Dem Angelsachsen fehlte der Rückhalt des Hausmeiers damit ausgerechnet in der Region, die seit dem Aussterben der Hedenen-Dynastie unter die Kontrolle Karl Martells gefallen war (s. S. 109f.). Doch hier, wo seine Herrschaft unmittelbar zur Geltung kommen konnte, erfüllten sich die Pläne des Bonifatius wohl erst in der Zeit kurz nach dem Tod des Hausmeiers. Selbst wenn man in Rechnung stellt, dass die Etablierung neuer Bischofssitze Zeit erforderte und Bonifatius zudem nicht wie in Bayern auf bereits existierende Pläne und schon vorhandene kirchliche Strukturen zurückgreifen konnte, wird man das Verhalten Karls als bewusste Blockade deuten können. Die Gründe dafür sind wohl im Widerstand adeliger Kreise zu suchen. Zum einen könnten lokale Große um die Beeinträchtigung ihrer Machtbasis gefürchtet haben. Zum anderen aber haben möglicherweise die linksrheinischen Bischöfe und die mit ihnen verbundenen Familien aus austrasischem Adel die mit der Schaffung von Bistümern verknüpfte Errichtung eines Metropolitanverbandes zu verhindern gesucht, weil in diesem Fall Folgen für die Bischofssitze im austrasischen Kernraum nicht ausgeblieben wären.[55] Die Einrichtung von Bistümern im mainfränkisch-thüringischen Raum hätte das Machtgefüge in mehreren Regionen verändert, und daran hatten die Großen des jeweiligen Gebiets wenig Interesse. Zusätzlich mag daneben auch der sich offenbar verschlechternde Gesundheitszustand Karl Martells Ende der dreißiger Jahre seine Aktivitäten gebremst haben. Eine umfassende Neuordnung der Kirchenorganisation in den

Gebieten des mainfränkischen Dukats erfolgte daher wohl erst unter Karlmann.

6.3 Das Papsttum und die Langobarden

Über Bonifatius und seine Missions- bzw. Reformtätigkeit in den Gebieten östlich des Rheins besaß Karl Martell Kontakt zum Papsttum. Veranlasst durch den zweiten Romaufenthalt des Missionars richtete Gregor II. im Jahr 722 ein Empfehlungsschreiben an den Hausmeier, der den angelsächsischen Missionar daraufhin in seinen Schutz nahm (s. S. 156).[56] 724 wandte sich der Papst erneut an Karl, um ihn zum Vorgehen gegen einen Bischof – wohl Gerold von Mainz – zu veranlassen. Dabei bezeichnete er ihn nicht nur als seinen »hervorragenden Sohn« und *patricius*, sondern ging nach Absendung des Briefes offenbar fest davon aus, dass Karl Martell seiner Aufforderung nachkommen werde. Hausmeier und Papst vereinten ihre gemeinsamen Interessen vor allem in Sachsen. Gregor II. rechnete auf die Unterstützung Karl Martells bei der Mission der Region, während dieser selbst den Papst Ende der zwanziger Jahre aufgefordert haben könnte, die Bekehrung der Sachsen durch sein persönliches Erscheinen vor Ort zu fördern.[57]

Das gute Verhältnis setzte sich unter Papst Gregor III. fort. Dieser zeigte sich erfreut über die Fortschritte, die die Bekehrung sächsischer Gruppen wahrscheinlich im Gefolge des Feldzugs von 738 dank der konzertierten Bemühungen Karl Martells und Bonifatius gemacht hatten (s. S. 157). Gregor III. war es auch, der sich in einer für das Papsttum weitaus heikleren Angelegenheit an den Hausmeier wandte: Er suchte die Hilfe Karl Martells gegen die Langobarden, die Rom und die umliegenden päpstlichen Patrimonien bedrohten.[58]

Schon in der Vergangenheit sahen sich die Päpste mit solchen Übergriffen der seit 568 in Italien präsenten Langobarden konfrontiert. Wie die Briefe Papst Gregors des Großen (590–604) zeigen, war es der römische Bischof, der in diesen Fällen mit den Angreifern in Verhandlungen trat, um weiteren

Schaden von der Stadt am Tiber und ihrem Umland abzuwenden. Die zunehmende Schwäche von Byzanz und seinem Vertreter in Italien, dem in Ravenna residierenden Exarchen, doch auch deren mangelnds Interesse und ihre fehlende Verhandlungsbereitschaft nötigten die Päpste dazu, selbst diplomatisch tätig zu werden. Dabei spielte eine wichtige Rolle, dass die Langobarden dem arianischen Glauben anhingen, aus Sicht des Papstes und seiner Nachfolger also Abweichler von der reinen christlichen Lehre waren. Erst am Ende des 7. Jahrhunderts sollten die Langobarden als letzte der *gentes*, die das Erbe des römischen Reiches im Westen angetreten hatten, den katholischen Glauben annehmen.[59]

Als sich am Ende des 7. Jahrhunderts Rivalitäten um den Thron des langobardischen Königreiches in einem offenen Konflikt entluden, in den auch die bayerischen Agilolfinger involviert waren (s. S. 97), wirkte sich dies mittelbar auch auf das Papsttum und seine Besitzungen in Mittelitalien aus. Die Auseinandersetzung um die Krone band Kräfte der Langobarden im Norden und schuf so größere Freiräume für die langobardischen Herzogtümer in der Mitte und im Süden der Appenninenhalbinsel. Die langobardischen *duces* von Spoleto und Benevent nutzten diese Gelegenheit, agierten zunehmend unabhängiger und verfolgten ihre eigenen politischen Interessen. Sie sollten auch zukünftig einen bedeutsamen Machtfaktor bilden.[60]

712 kehrte Liutprand, einer der Anwärter auf den Thron des Langobardenreiches, gemeinsam mit seinem Vater nach Norditalien zurück, nachdem er sich neun Jahre im bayerischen Exil aufgehalten hatte. Als er wenige Monate danach auf den Thron erhoben wurde, begannen sich die Verhältnisse zu wandeln. Der neue König schickte sich nach der Festigung seiner Herrschaft an, die alte Machtfülle zurückzuerlangen. So ergriff er angesichts der Auseinandersetzungen um die Nachfolge und das Erbe Herzog Theodos nach 717/18 die Gelegenheit, das Gebiet im Norden seines Reiches auf Kosten Bayerns zu arrondieren. Darüber hinaus hegte Liutprand die Absicht, die Herrschaft über die Apenninenhalbinsel in seiner

Person zu vereinigen und König ganz Italiens (*rex totius Italiae*) zu werden.[61] Schwächephasen des byzantinischen Reiches wie etwa bei der Belagerung von Konstantinopel durch die Araber im Jahr 717 nutzte er für seine expansiven Pläne aus. Wiederholt attackierte Liutprand in seiner Regierungszeit auch den byzantinischen Exarchat, den Rest der kaiserlichen Herrschaft in Mittelitalien mit dem Zentrum Ravenna. Im Zuge der Feldzüge wurde Classe zerstört, andere Orte wie Bologna oder Osimo besetzt; später erfolgten erneute Angriffe im Gebiet der Pentapolis an der Adriaküste.

Anfänglich konnte der König dabei noch auf ein gutes Verhältnis zum Papsttum bauen. Der Streit um die zunehmende Besteuerung, die Konfiszierung päpstlicher Güter in Süditalien und auf Sizilien sowie der Entzug der kirchenrechtlichen Zuständigkeit über den süditalischen und illyrischen Raum hatten für Spannungen zwischen Byzanz und Rom gesorgt. Vor dem Versuch des Kaisers Leon III. (717–741), den Papst durch den Ravennater Exarchen gewaltsam abzusetzen, bewahrte Gregor II. 724 das Eingreifen von Langobarden aus Spoleto und Tuszien. Zwei Jahre darauf bekam der Konflikt eine neue Dimension. 726 verfügte der Kaiser in seinem Reich ein Verbot der Bilderverehrung, das von Papst Gregor II. nicht akzeptiert und auf einer Kirchenversammlung in Rom verurteilt wurde. 731 sollte es ihm sein Nachfolger, Gregor III., auf einer römischen Synode gleichtun. Für Liutprand bot sich hier die Gelegenheit, seine kriegerischen Aktionen gegen Byzanz als Kampf für den rechten Glauben darzustellen. Demonstrativ gab der Langobardenkönig Papst Gregor II. nach fünfmonatiger Besetzung im Jahr 728 das nördlich von Rom gelegene Sutri zurück, indem er die Stadt den Aposteln Petrus und Paulus schenkte. Die eindringlichen Bitten des Papstes hatten ihn dazu bewogen.

Spannungen zwischen dem Papst und dem Langobardenkönig hatten sich im Zusammenhang mit der Besetzung Sutris bereits angedeutet. Zu einem offenen Konflikt kam es, als Gregor II. und auch sein Nachfolger Gregor III. Ende der zwanziger bzw. dreißiger Jahre die Selbstständigkeit der Herzogtümer von Spoleto und Benevent gegen Liutprands Streben nach deren Einordnung in seinen Machtbereich stützten. Das päpstlich-langobardische Verhältnis war keine bipolare Beziehung, sondern entfaltete sich in einem Spannungsfeld rivalisierender langobardischer Herrschaften. Während sich die erste Auseinandersetzung noch in einer gütlichen Einigung mit Gregor II. auflösen ließ und der Langobardenkönig danach zumindest für wenige Jahre eine hegemoniale Stellung in Italien einnahm, kam es 739 zur militärischen Konfrontation. Nach der Weigerung Gregors III., den mit ihm verbündeten und nach Rom geflohenen Herzog Transamund von Spoleto (719/20–739, 740–742, 744–745) an Liutprand auszuliefern, verwüstete der König in diesem Jahr das römische Umland und ließ vier Kastelle im Dukat besetzen.

In dieser Situation wandte sich der Papst hilfesuchend an Karl Martell. Insgesamt drei Schreiben richtete Gregor III. in den Jahren 739 und 740 an den Hausmeier, von denen zwei Eingang in den *Codex Carolinus* fanden und so der Nachwelt erhalten blieben. Darin zeichnete der Papst ein dramatisches Bild. Nicht zuletzt wegen der Hinwendung zu ihm, Karl, werde er von den Langobarden bedrängt, die sowohl gegen Ravenna als auch gegen Rom vorgingen. Dagegen forderte er ihn zur Unterstützung auf. Karl Martell sollte die Kirche Gottes und den Papst selbst gegen die Verfolgung und Unterdrückung durch die Langobarden verteidigen, die er, der Papst, nicht mehr ertragen könne. Den falschen Äußerungen des Langobardenkönigs und seines Neffen möge der Hausmeier keinen Glauben schenken. In diese Bitten mischten sich Drohungen: Nachdrücklich mahnte Gregor III. Karl Martell, seinen Forderungen nachzukommen, damit ihm der Apostelfürst Petrus nicht das Himmelreich verschließe. Er übersandte ihm die Schlüssel Petri, damit dieser nicht die Freundschaft zu den Langobardenkönigen der Liebe zum Apostelfürsten vorziehe, sondern dem Papst schnell zu Hilfe eile.[62]

Zu diesen Briefen fügt sich eine Nachricht des zweiten Fortsetzers der Fredegar-Chronik. Danach seien Karl zweimal durch Gregor III. von Rom aus die Schlüssel zum Grab mit den

Ketten des heiligen Petrus übersandt worden. Eine Gesandtschaft habe zudem Geschenke in einer bis dahin noch nie dagewesenen Größe und Fülle überbracht. Interpretiert man die Aussage des Chronisten richtig, so war es die erklärte Absicht des Papstes, sich von der Seite des byzantinischen Kaisers zu lösen. Parallel dazu hat er nach Auskunft des Gewährsmannes Karl Martell aber offenbar noch ein Angebot unterbreitet, das im Text mit einer schwer zu übersetzenden Wendung umschrieben wird. Gedeutet wurde diese als päpstliche Offerte an den Hausmeier, Rom in Schutz zu nehmen und so anstelle des byzantinischen Kaisers die Herrschaft über die Stadt am Tiber anzutreten. In dieser imperialen Konnotation erschien das Angebot des Papstes als erster Schritt auf dem Weg zur Kaiserkrönung Karls des Großen am Weihnachtstag des Jahres 800. Unlängst hat man vermutet, der Papst habe den Hausmeier, der seit 737 ohne einen Merowingerkönig an seiner Seite regierte, als souveränen Herrscher anerkennen wollen und diese Offerte mit der geplanten Ablösung der alten durch die neue Dynastie im Frankenreich in Verbindung gebracht.[63] Ob man die Intention und Bedeutung des päpstlichen Angebots in seinem historischen Kontext allerdings zu entschlüsseln vermag, wenn man es wie bei den beiden zuletzt genannten Deutungen in spätere Entwicklungen einzuordnen versucht, erscheint fraglich.

Fest steht jedenfalls, dass sich der Papst vom Kaiser ab- und dem Hausmeier zuwenden wollte, den er auf eine Stufe mit dem byzantinischen Herrscher stellte. Damit setzte Gregor III. ältere Ansätze zur Westwendung des Papsttums und seiner Abkehr von Byzanz fort. Klar ist allerdings auch, dass Karl Martell das Angebot des Papstes nicht annahm und sich seinem Hilfsgesuch verweigerte. Gregor III. erhielt keine fränkische Unterstützung gegen die Langobarden, sondern musste sich mit Geschenken begnügen, die der Hausmeier im Gegenzug für seine Gaben zu »den Schwellen des heiligen Petrus und Paulus« nach Rom bringen ließ.[64]

Der wichtigste Grund für das Verhalten Karls lag in seinem guten Verhältnis zu Liutprand. Anfänglich mag man auf Seiten der Pippiniden dem neuen Langobardenherrscher gegenüber noch feindselig gewesen sein, zumal seine Gegner im Streit um den 712 gewonnenen Thron nach ihrer Niederlage ins Frankenreich flüchteten und dort Aufnahme fanden (s. S. 97). Diese Haltung wich aber einem positiven Einvernehmen, als Liutprand ebenso wie Karl Martell in den Auseinandersetzungen um die Nachfolge Herzog Theodos in Bayern Hugbert gegen seinen Onkel Grimoald unterstützte. Bald nach dem Vorstoß des Hausmeiers in den bayerischen Dukat im Jahr 725 erfolgte die Heirat mit der von dort ins Frankenreich verbrachten Swanahild. Nun waren Karl und Liutprand, der mit der Agilolfingerin Guntrud verheiratet war, zudem miteinander verwandt. 737 sandte der Hausmeier den jüngeren Sohn aus seiner Ehe mit Chrodtrud, Pippin, zum Langobardenkönig nach Italien. Dieser schnitt Pippin das Haar und nahm ihn auf diesem Wege nach langobardischem Brauch als seinen Sohn an. Obgleich der König selbst söhnelos geblieben war, diente die Adoption nicht der Regelung der Nachfolge im Langobardenreich: Seit 735 stand Liutprand ein Mitherrscher in Gestalt seines Neffen Hildeprand zur Seite, der nach seinem Tod seine Nachfolge antreten konnte. Mit der Adoption sollte Liutprand wohl zunächst enger an die Familie Karl Martells gebunden werden. Ob damit auch die Bestrebungen Karl Martells nach der Königskrone für seine Nachkommen unterstützt werden sollten, indem Pippin durch die künstliche Verwandtschaft in ein enges persönliches Verhältnis zum Langobardenherrscher gerückt und auf diese Weise der Königswürde nähergebracht werden sollte, ist umstritten.[65]

In jedem Fall festigten Karl und Liutprand mit der Adoption Pippins ihr bestehendes gutes Verhältnis. Spätestens jetzt kam es wohl zum Abschluss des Freundschaftsbündnisses, der *amicitia*, zwischen dem Hausmeier und dem Langobardenkönig, von dem der Papst fürchtete, Karl werde es der Liebe zum Apostelfürsten vorziehen. Tatsächlich war Karl Martell offenkundig 739 und 740 nicht bereit, das Bündnis mit dem Langobardenherrscher aufzugeben. Zuletzt hatte Liutprand im Jahr 738 oder 739 in der Provence wertvolle Waffenhilfe gegen die

Sarazenen und die gegen Karls Herrschaft rebellierenden Adeligen geleistet (s. S. 133).[66] Wenn es zutrifft, dass der Langobardenherrscher mit seinem Engagement entscheidend in die Auseinandersetzung eingriff, wie es Paulus Diaconus überliefert, war der Hausmeier ihm zu Dank verpflichtet. Denn 738, parallel zum Konflikt im Süden des Reiches, bekam es Karl Martell erneut mit den Sachsen im Nordosten zu tun; der Kampf gegen sie band Kräfte, die in Burgund und der Provence zumindest zeitweise fehlten. Mit Liutprands Unterstützung konnten beide Konfliktherde befriedet und eine drohende Überspannung der Kräfte vermieden werden.

Daneben dürfte auch der sich sich verschlechternde Gesundheitszustand Karl Martells seine Mobilität und die damit verbundene militärische Schlagkraft eingeschränkt haben. Der Hausmeier war unter diesen Umständen auch künftig auf Liutprand angewiesen, wenn er Stabilität im Süden erreichen wollte – nicht nur für sich, sondern vor allem für seine Söhne, die sein Erbe antreten sollten. An einem Bruch des Bündnisses mit den Langobarden konnte ihm 739/40 daher nicht gelegen sein. Das päpstliche Angebot, die Bitten und Mahnungen verfingen deshalb nicht.[67]

Jahrzehnte danach kam man im Umfeld des karolingischen Hofes nochmals auf die Geschehnisse zurück. Dokumente aus den Jahren 806 und 817, die Reichsteilung durch Karl den Großen und ein Vertrag zwischen dessen Sohn Ludwig dem Frommen und Papst Paschalis I. (817–824), deuteten an, Karl habe das Angebot des Papstes angenommen oder gar den Schutz über Rom ausgeübt. Damit sollten wohl vorhandene Zustände im seit der Kaiserkrönung 800 veränderten Verhältnis zu Rom und dem Papsttum als längst etablierte Traditionen dargestellt werden.[68] Mit der tatsächlich erfolgten Reaktion Karl Martells haben diese Rückprojektionen nichts zu tun. Sie zeigen aber, welch großen Stellenwert der Hausmeier für die Geschichte der karolingischen Dynastie zu Beginn des 9. Jahrhunderts besaß.

7 Die letzten Jahre Karl Martells: Alleinherrschaft und Erbteilung (737–741)

7.1 Herrschaft ohne König

Die zuletzt geschilderten diplomatischen Kontakte zwischen Karl Martell, dem Papsttum und den Langobarden vollzogen sich unter veränderten politischen Rahmenbedingungen. Zu Beginn des Jahres 737 starb Theuderich IV. Karl erhob keinen Nachfolger an seiner Stelle zum König. Der Thron des Merowingerreiches blieb sechs Jahre lang unbesetzt, ehe die Söhne des Hausmeiers im Jahr 743 mit Childerich III. (743–751) wieder einen Merowingerherrscher erhoben. In der Zwischenzeit übten Karl Martell und seine Nachkommen die Herrschaft alleine aus, ohne einen Vertreter der Dynastie an ihrer Seite zu haben, die bis zu diesem Zeitpunkt die Geschicke des Frankenreiches für mehr als 250 Jahre zu weiten Teilen bestimmt hatte.

Die mehrere Jahre andauernde Vakanz des Throns war ein einmaliges Ereignis in der Geschichte des Merowingerreiches. Dennoch rückte es erst in der jüngeren Forschung verstärkt in den Mittelpunkt des Interesses.[1] Dabei bemühte man sich vor allem um die entwicklungsgeschichtliche Einordnung des Phänomens im Hinblick auf den dynastischen Wechsel, der sich nur 14 Jahre nach dem Tod Theuderichs IV. an der Spitze des Reiches vollzog. 751 wurde Pippin, der Sohn Karl Martells, zum König erhoben; der von ihm und seinem Bruder Karlmann installierte Childerich III. wurde ebenso wie dessen Sohn Theuderich geschoren und ins Kloster verbannt. Damit ging die Herrschaft der Merowingerdynastie endgültig zu Ende. 754 wurde Pippin von Papst Stephan II. in Saint-Denis möglicherweise gekrönt, gewiss aber mit seinen Söhnen

Karlmann (751–771) und Karl erstmals gesalbt. Dabei handelte es sich bei dieser Salbung grundsätzlich um eine »eigens adaptierte postbaptismale Taufsalbung« (Josef Semmler), die ausgehend von Stephan II. dann als Königssalbung gedeutet wurde. Dieser Vorgang sollte ein Band künstlicher Verwandtschaft zwischen dem Papst und den Karolingern knüpfen. Mit den Ereignissen des Jahres 754 war der Übergang der Königsherrschaft auf Pippin und dessen Nachkommen abgeschlossen.[2]

Spiegelte sich in der ausgebliebenen Wiederbesetzung des Throns im Jahr 737 und der daraus resultierenden, vier Jahre währenden Alleinherrschaft Karl Martells schon das Streben nach der Königswürde wider, das in den Jahren 751 und 754 schließlich seine Erfüllung fand? Eingebettet ist die Diskussion um diese Frage in die breite Debatte über die Macht oder Ohnmacht der Könige in der späten Merowingerzeit, die mehrheitlich als von ihren Hausmeiern abhängige schwache Könige (*rois fainéants*) bzw. als »Schattenkönige« betrachtet werden.[3] Will man die Ereignisse nach dem Tod Theuderichs IV. im Jahr 737 korrekt einordnen und bewerten, wird man zunächst nach dem Verhältnis zwischen Merowingerherrscher und Hausmeier in der Zeit Karl Martells fragen müssen.

Es sind frühe urkundliche Zeugnisse Karl Martells, die uns in Verbindung mit Urkunden des Königs Einblick in das Zusammenspiel zwischen Herrscher und Hausmeier und die Ambivalenzen des Verhältnisses geben. Tatsächlich lassen sich dabei einige Anhaltspunkte dafür finden, dass Karl Martell nach der Erlangung des Hausmeieramts in eine königsgleiche Stellung gelangt war. So wurden die im Jahr 724 ausgestellten Urkunden, mit denen Karl Bonifatius in seinem Missionsgebiet und Pirmin mit seiner Gründung Reichenau in seinen Schutz nahm, formal nach dem Vorbild einer Königsurkunde erstellt (s. S. 90). Offenkundig orientierte sich Karl Martell bewusst am herrscherlichen Modell und rückte so mit dem Ausstellungsakt gewissermaßen in die Position des Königs ein. Theuderich erscheint dadurch als schwacher Herrscher, der neben dem Hausmeier geduldet, aber kaum zu eigenständigen Handlungen fähig war. Allerdings war es der Merowinger, der mit einer komplementär zum Dokument des Hausmeiers ausgestellten Urkunde Pirmin das Land zur Gründung seiner Abteien übertrug. Auch wenn Karl Martell faktisch dahinterstand, musste also der Herrscher den Schenkungsakt in formaler Hinsicht tätigen, zumal es sich im Falle der Reichenau um Land handelte, das zum Fiskus gehörte. In der Forschung besteht zwar weitgehend Konsens darüber, dass spätestens seit dem Tod Chilperichs II. und der Erhebung Theuderichs IV. 721 die Merowingerkönige nur noch Marionetten waren, doch ganz ohne Herrscher, so zeigt dieser Befund, ging es um 724 noch nicht.[4]

Dass der Herrscher für den Adel in den Außendukaten ganz grundsätzlich den entscheidenden Referenzpunkt für ihre Legitimation bot, hat daneben die bereits behandelte Passage aus dem *Breviarium Erchanberti* aus dem 9. Jahrhundert gezeigt. Auch wenn die dort festgehaltene Aussage, wonach sich der Unmut des alemannischen Herzogs Gotfrid und anderer *duces* am fehlenden, vom Hausmeier blockierten Zugang zum Merowingerherrscher entzündete, zeitlich nicht präzise verortet werden kann, so ist doch anzunehmen, dass diese Vorstellung in den zwanziger und dreißiger Jahren wirksam war. Daneben – und das ist besonders wichtig – scheint die formale Zustimmung des Königs zur Erhebung eines neuen Hausmeiers am Ende des 7. Jahrhunderts wie auch im frühen 8. Jahrhundert ein unverzichtbarer Bestandteil des Prozederes gewesen zu sein.[5]

Bis zum Jahr 737 setzten die Hausmeier, darunter auch Pippin II., Könige ein, um die Erwartungshaltung des Adels zu bedienen. Der König war nach wie vor nötig, um das Machtgefüge im Frankenreich zwischen den widerstreitenden Faktoren innerhalb des Adels auszutarieren. Über seine legitimatorische Funktion hielt der Herrscher das Reich zusammen. Auch Karl Martell hatte dies erkannt, als er in der Krise nach dem Tod seines Vaters zunächst mit Chlothar IV. einen eigenen Merowingerherrscher einsetzte, um seine Ansprüche legitimieren zu können, mehr aber noch, als er nach dem Tod Chlothars den ursprünglich von seinen Gegnern installierten

Chilperich II. als König akzeptierte. Damit eröffnete er den Neustriern die Möglichkeit, weiterhin an »ihrem« König festhalten zu können und nutzte so die sich bietende Chance zu einem Ausgleich, der die Akzeptanz seiner Herrschaft im westlichen Frankenreich erhöhte.

Vor diesem Hintergrund erscheint es umso erstaunlicher, dass Karl Martell nach dem Tod Theuderichs IV. keinen König mehr auf den Thron erhob. Ein Erbe aus dem Merowingergeschlecht hätte ihm zur Verfügung gestanden. Childerich III., der wahrscheinlich der Sohn Theuderichs, vielleicht aber ein Spross Chilperichs II. war, wurde schließlich sechs Jahre nach dem Tod des bis dato letzten Herrschers doch noch auf den Thron gehoben. Karl entschied sich demnach bewusst gegen die Fortsetzung des bisherigen Modells. Damit verzichtete er aber auch auf den entscheidenden Faktor, der seine Handlungen in seiner Position als Hausmeier legitimierte. Für ihn selbst mag dies noch kein konkretes Problem dargestellt haben, da er durch seine militärischen Erfolge seine Gegner im Reich bezwungen und sein Prestige gemehrt sowie mit der gezielten Besetzung wichtiger Ämter mit eigenen Gefolgsleuten und Verwandten seine Herrschaft ausreichend abgesichert hatte. Doch für die Nachfolge seiner Söhne im Hausmeieramt barg das Fehlen eines legitimierenden Königs Gefahren. Schließlich sahen sich Pippin und Karlmann wohl aufgrund der Aufstandsbewegung gegen sie, die insbesondere von den Herzögen an der Peripherie getragen wurde, tatsächlich genötigt, Childerich III. 743 die Herrscherwürde zu übertragen. Aus diesem Grund ist zu fragen, was die Auffassung Karls nährte, in seinen letzten Lebensjahren nach 737 ohne einen Merowinger an seiner Seite herrschen zu können.

Möglicherweise sicherte der Hausmeier seine Stellung auf einer Reichsversammlung ab, indem er sich dort durch eine Wahl in seinem Amt bestätigen ließ. Dieser Schluss lässt sich aus einer Schenkungsurkunde ziehen, in der von Karl als »erwähltem Hausmeier« die Rede ist.[6] Erkennbar ist damit allerdings auch, dass Karl sich nicht zum König wählen ließ, sondern in seinem alten Amt verblieb. In diesem Zusammenhang ist zuletzt vermutet worden, der Hausmeier habe die Absicht gehabt, einen seiner Söhne im Zuge der Regelung seiner eigenen Nachfolge als Hausmeier zum König erheben zu lassen. Dazu habe Karl die Zustimmung Theuderichs IV. eingeholt, da der König in der Frage seiner eigenen Nachfolge als Herrscher nicht übergangen werden durfte. Basis dieser Überlegungen ist ein Passus im *Breviarium Erchanberti*, wonach Theuderich IV. zunächst unwillens, dann aber schließlich doch bereit war, der Teilung des Reiches unter die Söhne Karl Martells zuzustimmen. Was bislang in der Forschung nur auf die Teilung der Hausmeierwürde im Reich bezogen worden war, wurde jetzt mit der Königswürde selbst in Verbindung gebracht. Allerdings sei das Bemühen Karls am Widerstand gegen seine Herrschaft im Reich gescheitert, der vor allem in den Jahren 738/39 mit den Aufständen in Burgund und der Provence einen Höhepunkt erreicht habe. Karl habe sein Projekt schließlich aufgeben müssen, wollte aber auch keinen anderen Merowinger auf den Thron erheben, um sein Ansehen zu wahren. So habe der Hausmeier unter den gegebenen Verhältnissen einfach weiterregiert. Der Königsthron sei daher auch weiterhin unbesetzt geblieben.[7]

Vieles spricht gegen diese These. So lässt sich in den Urkunden der Zeit über die erwähnte Anlehnung an das königliche Urkundenformular hinaus keine direkte Bezugnahme auf eine königliche Stellung des Hausmeiers nachweisen. Vielmehr wurde in den überlieferten Dokumenten auch nach 737 weiterhin der Tod Theuderichs IV. als Bezugspunkt für die Datierung gewählt. Karl Martell selbst bezeichnete sich in seiner letzten erhaltenen Urkunde aus dem Jahr 741, also kurz vor seinem Tod und vier Jahre nach dem Beginn der königslosen Zeit, ebenso wie zuvor als Hausmeier und datierte gleichfalls nach den Jahren nach dem Ende der Herrschaft Theuderichs. Daneben lässt sich aber ein bemerkenswerter Wandel in der Datierungsformel der Hausmeierurkunden sowie später auch der Privaturkunden in den 720er Jahren feststellen: Die Bezeichnung des Herrschers als »unser Herr« (*domnus noster*) entfiel, und die alte Formel, in der die

Herrschaft des Merowingerkönigs mit *regnum* umschrieben wurde, wandelte sich in *regnante* mit der Nennung des königlichen Namens. Man hat in diesen Veränderungen mehr als nur stilistische Varianten gesehen und sie mit Karl Martell selbst in Zusammenhang gebracht, der mit dieser Modifizierung der Datierungsformeln die Stellung des Königs bewusst reduziert habe. Auch dieser Befund unterstreicht, wer aus der Sicht der Zeitgenossen an der Spitze des Frankenreiches stand.[8]

Erst in den Urkunden, die nach dem Tod Karl Martells entstanden, wurde Theuderich IV. nicht mehr genannt; nun datierte man nach dem Datum des Todes des Hausmeiers oder in Anlehnung an die Herrschaftsjahre Karlmanns und Pippins. Zudem wurde Karl in Texten, die nach der Mitte des 8. Jahrhunderts niedergeschrieben wurden, der Königstitel *rex* beigelegt und seine Herrschaft selbst als *monarchia*, als Alleinherrschaft, bezeichnet. Blickt man auf die Entwicklung der Bezeichnung Karls in den entsprechenden historiographischen und hagiographischen Texten, die den Königstitel auf den Hausmeier anwandten, so lässt sich zunächst ein uneinheitlicher Gebrauch festellen. In einzelnen Werken stehen unterschiedliche Bezeichnungen wie *princeps*, *dux*, *patricius* oder eben *rex* oft nebeneinander. Der Gebrauch des Königstitels ist bisweilen schlicht auf Fehlleistungen beim Verständnis oder beim Abschreiben der Vorlage zurückzuführen. Ferner waren diese Texte schon unter dem Eindruck der Königserhebung Pippins im Jahr 751 verfasst worden und bezeichneten daher nicht nur diesen, sondern auch seinen Vater als *rex*.[9] Die Königsherrschaft der Karolinger wurde so gewissermaßen in die Zeit Karl Martells verlängert.

Auch das Kalendar Willibrords zählt zu diesen späteren Zeugnissen. Eine der dort eingeritzten Randbemerkungen bezeichnet den Hausmeier als *Carlus regis*.[10] Zwar wurde das Kalendar zu Beginn des 8. Jahrhunderts angelegt, doch sind die Griffelritzungen – und damit auch der Titel – nach dem Tod des Hausmeiers, möglicherweise erst im letzten Viertel des 8. Jahrhunderts in Echternach der Handschrift hinzugefügt worden. So entstand wohl auch dieser Vermerk bereits vor dem Hintergrund der durch Pippin III. erlangten Königswürde. Vielleicht war aber auch der Schreiber, der wahrscheinlich angelsächsischer Herkunft war und sich daher eines entsprechenden Schreibstils bediente, für die Verwendung des Begriffs *rex* verantwortlich. Auf der Insel ging man mit dem Königstitel offenbar doch großzügiger um, wie auch die Bezeichnung Karls als *rex* in der *Continuatio Bedae*, die wohl bald nach 766 entstanden sein dürfte, vermuten lässt.[11]

Im Frankenreich bemühte man sich allgemein offenbar um eine stärkere Differenzierung. Zwar blieb Karl Martell der Königstitel in den zeitgenössischen historiographischen Quellen vorenthalten und der Hausmeier wurde in den Fredegar-Fortsetzungen stattdessen als *dux* oder häufiger als *princeps* bezeichnet. Doch sein herrschaftliches Handeln umschrieb man mit dem Wort *regere*, die Regierungsmaßnahmen der Merowingerkönige aber mit dem Begriff *regnare*. Der Unterschied scheint geringfügig. Die konsequente Anwendung des jeweiligen Terminus auf den Hausmeier und den König lässt jedoch erkennen, dass die Verfasser hier einen Bedeutungsunterschied sahen, der sich offenkundig mit ihrer Vorstellung der verschiedenen Rollen deckte.[12] Ähnlich interpretierte auch der Verfasser eines in der Zeit Karls des Großen entstandenen Königskatalogs die Alleinherrschaft des Hausmeiers, als er für die Zeit nach dem Tod Theuderichs IV. vermerkte, Karl habe ohne einen König geherrscht. Er hob die königslose Herrschaft Karls von der Königsherrschaft selbst begrifflich ab: Differenziert umschrieb der Königskatalog die Herrschaftsausübung Karl Martells mit dem Wort *imperare*, während diejenige der Merowingerkönige vor und nach Karl sowie des gleichfalls im Katalog verzeichneten ersten Karolingerkönigs Pippin mit dem Terminus *regnare* bezeichnet wurde.[13] Insgesamt zeigt sich, dass in der Zeit Karl Martells der merowingische König noch immer als Herrscher an der Spitze des Reiches stand. Konsequenterweise wurde *regnare* schließlich erst auf Pippin III. angewandt und zur Charakterisierung seiner Herrschaft gebraucht, nachdem dieser 751 zum König erhoben wurde.

Die terminologische Nähe der beiden Begriffe *regere* und *regnare* führt stärker als das Wortpaar *imperare-regnare* vor Augen, wie eng das Hausmeieramt inzwischen an das Königsamt herangerückt war. In ähnlicher Weise wurde die Stellung des Hausmeiers von außen durchaus als königsgleiche Position wahrgenommen. So ist der *princeps*-Titel, mit dem seit dem ausgehenden 7. Jahrhundert die Hausmeier in den hagiographischen und historiographischen Darstellungen bezeichnet wurden, als Verweis auf die herausragende, ja königsgleiche Stellung des Amtsinhabers zu verstehen. Im Testament Abbos aus dem Jahr 739 wurde Karl Martell durch das ehrende Attribut *inlustrissimus* erhöht und das Dokument selbst nach seinen Regierungsjahren und nicht den Herrschaftsjahren des Merowingerkönigs datiert. Zugleich aber wurde im Testament Theuderichs IV. ausdrücklich als König gedacht. Und auch die Bezeichnung Karls als *subregulus*, die sich als Anrede in den beiden erhaltenen Briefen Papst Gregors III. an den Hausmeier von 739/40 findet, besitzt ebenso wie der ihm gegenüber verwendete Begriff *excellentia* zwar Anklänge an eine königliche Stellung, lässt aber zugleich eine Unterordnung unter eine höhere Instanz erkennen. Im Vergleich zur bis dahin seitens des Papsttums gebrauchten direkten Anredeform *dux* bzw. der in der weiteren Korrespondenz mit Bonifatius verwendeten Bezeichnungen *princeps* oder *patricius* erscheint die veränderte Anrede mit dem Begriff *subregulus* als qualitative Steigerung. Möglicherweise spielte Gregor III. damit auf die besondere politische Situation im Frankenreich an, das zu jener Zeit keinen König besaß. Dass er in Verbindung mit seiner Forderung nach Auflösung des Bündnisses mit Liutprand allerdings auf diese Weise auf die Lösung des Problems um die Königsherrschaft verweisen und so der späteren Entwicklung in Gestalt der Königserhebung Pippins gewissermaßen vorgreifen wollte, lässt sich nicht sicher belegen.[14]

Ebenfalls unklar ist in diesem Zusammenhang die Bedeutung der Adoption von Karls Sohn Pippin, die wohl auf

Initiative Karl Martells durch Liutprand erfolgte (s. S. 165). Dass nicht der Erstgeborene Karlmann von Karl Martell zu Liutprand gesandt wurde, wirkt zunächst irritierend. Möglicherweise war er aber als ältester Sohn für den Hausmeier nicht entbehrlich, sondern sollte an dessen Seite bleiben. Ohnehin profitierte die gesamte Familie von der neu geknüpften Beziehung. Doch ist in der Forschung umstritten, ob die Adoption ausschließlich dem Zweck diente, das Bündnis zwischen Karl Martell und Liutprand zu flankieren, oder ob durch die Aufnahme Pippins in eine Königsfamilie die Rahmenbedingungen für die Ablösung der alten Dynastie im Frankenreich verbessert werden sollten.

Der Vorgang erinnert unwillkürlich an den sogenannten »Staatsstreich« des Grimoald (s. S. 31 f.). Erneut versuchte ein Hausmeier, seinen Sohn durch einen König adoptieren zu lassen. Diesmal war es allerdings nicht ein Herrscher aus der Merowingerdynastie, sondern der Langobardenkönig, der den Akt vollziehen sollte. Während sich Karl Martell der künstlichen Verwandtschaft zur Intensivierung der Beziehungen mit dem Langobardenreich bediente, kam die Grimoald-Variante zur Erlangung des Merowingerthrons für ihn offenkundig nicht in Betracht. Vielleicht ließ Karl Martell die Erinnerung an Grimoalds misslungenen Versuch zur Machterlangung bewusst auf diese Option verzichten. Immerhin auffällig ist, dass seit seiner Zeit die den Karolingern gewogene Historiographie die Erinnerung an den gescheiterten Grimoald mehr und mehr verblassen ließ, ja sie sogar gezielt unterdrückte. In den *Annales Mettenses priores* leugnete man nicht allein den »Staatsstreich« (wie zuvor schon in den Fredegar-Fortsetzungen), sondern die Existenz Grimoalds selbst. Der Name des Hausmeiers war unter den Nachkommen Karl Martells nicht mehr in Gebrauch, wozu aber auch die Tatsache beigetragen haben mag, dass der letzte Träger des Namens, der Sohn Pippins und Plektruds, ein Rivale Karls in den innerfamiliären Auseinandersetzungen der Sukzessionskrise gewesen war.[15] Dennoch bleibt die Möglichkeit, dass die Verdrängung des älteren Grimoald aus der Erinnerung einsetzte, weil sie im

Zusammenhang mit den Plänen Karls für die Zeit nach dem Tod Theuderichs IV. wenig opportun erschien.

Insgesamt machen die zusammengetragenen Befunde deutlich, wie schwierig es ist, sich anhand der fragmentarischen Überlieferung ein Urteil über konkrete Pläne und Konzepte des Hausmeiers zu bilden. Die offiziöse karolingische Hausgeschichtsschreibung in Gestalt der Fortsetzungen der Fredegar-Chronik enthält beispielsweise keinen Hinweis auf die geschilderte Problematik; Theuderich IV. ist der letzte Merowinger, der in dieser Darstellung genannt wird. Auch in den älteren Metzer Annalen ist von Childerich III. und seiner Absetzung durch Pippin namentlich keine Rede.[16] Anderen Quellen wie dem *Breviarium Erchanberti* und den *Gesta abbatum Fontanellensium* ist kein Interregnum bekannt. Die *Gesta* beispielsweise schließen in ihrer fehlerhaften Chronologie die Lücke zwischen Theuderich IV. und seinem Nachfolger Childerich III., ohne die Alleinherrschaft des Hausmeiers zu erwähnen.[17] Hinweise auf die Intentionen Karl Martells sucht man in diesen Quellen dementsprechend vergebens.

Dass der Hausmeier Pläne grundsätzlicher Art schmiedete, ist angesichts der 737 erfolgten Wahl und der im Anschluss zu behandelnden Erbteilung unbestritten: Wie weitreichend diese waren, wird die Forschung auch in Zukunft beschäftigen. Fest steht, dass Karl Martell in den Jahren von 737 bis zu seinem Tod 741 weiter als Hausmeier fungierte. Und auch wenn er nicht nach der Erlangung der Königswürde für einen seiner Söhne strebte, so war die Alleinherrschaft des Hausmeiers ohne König doch ein Novum in der Geschichte des Frankenreiches. Karl besaß damit eine Stellung, die über das hinausging, was seinen Vorgängern im Amt beschieden gewesen war.

7.2 Erbteilung und Tod

Deutlich wird diese herausgehobene Position anlässlich der Erbteilung, mit der Karl Martell das von ihm beherrschte Reich auf seine Söhne übertragen wollte. Es ist der Fortsetzer der Fredegar-Chronik, der die Teilung der *regna* durch den Hausmeier als zeitgenössische Quelle überliefert. Eingebettet zwischen den Abschnitt, in dem die Kontakte Karl Martells mit dem Papsttum dargestellt werden, und einem Kapitel, das den Zug Pippins nach Burgund sowie den Tod des Hausmeiers beschreibt, zeichnet der Verfasser die Aufteilung der Gebiete nach. So habe Karl, nachdem er den Rat seiner Großen eingeholt hatte, seinem Erstgeborenen Karlmann Austrasien, Alemannien und Thüringen übergeben, während der zweite und jüngere Sohn Pippin Burgund, Neustrien und die Provence erhielt.[18] Eine genaue Amtsbezeichnung, mit der die Ausübung der Herrschaft in diesen Gebieten umschrieben würde, fehlt. Doch zeigen die folgenden Ereignisse und die Dokumente aus jener Zeit, dass die beiden Brüder als Hausmeier firmierten und der Vater sein über das Gesamtreich ausgeübtes Amt ebenfalls auf seine Söhne aufgeteilt hatte.

Ergänzt wird die Überlieferung der Fredegar-Fortsetzungen von drei Nachrichten aus dem 9. Jahrhundert. Zum einen weiß auch das *Breviarium Erchanberti* von der Teilung des *regnum* und vom dazu eingeholten Rat der Großen. Der Text berichtet aber zudem noch von einer ebenfalls erbetenen Zustimmung König Theuderichs IV., die dieser allerdings nur unwillig gegeben haben soll (s. S. 171). Zum anderen informieren die *Annales Mettenses priores* über die auch hier mit dem Rat der Großen erfolgte Aufteilung des Reiches zu gleichen Teilen und nennen in offensichtlicher Anlehnung an den Text der Fredegar-Fortsetzungen die Karlmann und Pippin übertragenen Gebiete. Danach aber lässt der Annalist in seiner Darstellung noch eine weitere Teilung folgen: Nachdem der Hausmeier seinen *principatus* unter den Söhnen aufgeteilt habe, sei schließlich auch Grifo, der Sohn Karls aus der Verbindung mit Swanahild, die in diesem Zusammenhang als Konkubine bezeichnet wird, auf deren Veranlassung hin mit einem dritten Teil in der Mitte dieses *principatus* ausgestattet worden. Dieser habe einen Teil Neustriens, einen Teil Austrasiens und Burgunds umfasst. Die skizzierten Vorgänge wurden dem Annalisten zufolge noch zu Lebzeiten Karl Martells ausgeführt und werden im Text dem

Jahr 741 zugeordnet.[19] Zuletzt berichten schließlich auch die sogenannten Einhardsannalen in einer knappen Bemerkung, Karl habe bei seinem Tod drei Söhne als Erben hinterlassen. Wie genau das Reich aufgeteilt wurde, wird hier freilich nicht dokumentiert.[20]

Basierend auf diesen Aussagen wurde in der Forschung ein zweistufiges Teilungsmodell entworfen. Auf eine erste Teilung unter den Söhnen Karlmann und Pippin erfolgte noch vor dem Tod Karl Martells eine zweite, die auf Veranlassung Swanahilds auch Grifo einschloss.[21] Auch die Vorgehensweise Karls selbst wurde anhand der zitierten Zeugnisse präzisiert. Demnach suchte der Hausmeier zunächst den Rat der Großen und die Zustimmung des Königs, um seine Teilungspläne in die Tat umzusetzen. Theuderich IV. stimmte nach anfänglicher Weigerung zu, muss also – bei konsequenter Deutung des Berichts im *Breviarium Erchanberti* – sowohl beim ersten Vorschlag als auch bei der Einwilligung zu Karls Plan am Leben gewesen sein. Spätestens im März 737 wird der Hausmeier daher beim König vorstellig geworden sein.[22]

Wann genau die Teilung erfolgte, ist nicht präzise zu bestimmen. Die Chronologie der Fredegar-Fortsetzungen setzt das Geschehen in eine zeitliche Relation zu den im Text vorher und nachher geschilderten Ereignissen, die ebenfalls nicht genau datiert sind. Der Darstellung des Chronisten zufolge fiel die Teilung in die Zeit zwischen dem Austausch von Gesandten mit dem Papst in Rom und Pippins Aufbruch nach Burgund. Auch die *Annales Mettenses priores* gestatten nur eine ungenaue chronologische Einordnung. Die vom Annalisten genannten Jahreszahlen weichen häufig gegenüber den tatsächlichen, mit Hilfe von anderen Dokumenten bestimmbaren Zeitangaben ab.[23] Gewiss ist nur, dass in der Perspektive des um 805 schreibenden Verfassers die Teilung des Reiches unter die älteren Karlssöhne der Herauslösung eines Gebiets in seiner Mitte vorausging, doch kann der Abstand zwischen diesen beiden Bestimmungen Karls nicht gemessen werden.

Dass Karl Martell sich spätestens im Frühjahr 737 die Zustimmung des Merowingerkönigs dazu einholte, das Reich auf seine Söhne aufzuteilen, dieser Plan nach der chronologischen Einordnung in den Fredegar-Fortsetzungen und den älteren Metzer Annalen in zeitlicher Nähe zum Ableben des Hausmeiers und somit offenbar erst mehr als vier Jahre danach umgesetzt wurde, ist wohl auf sein Bestreben zurückzuführen, seine Herrschaft möglichst lange alleine auszuüben. Anders als sein Vater Pippin II., der seine Söhne aus der Ehe mit Plektrud lange vor seinem Tod an der Herrschaft beteiligt hatte, indem er Grimoald zum neustrischen Hausmeier und Drogo zum *dux* in der Champagne und Burgund erhob, ließ Karl weder Karlmann noch Pippin an der Regierung des Reiches teilhaben. 723 findet sich eine Konsensunterschrift Karlmanns auf einer Schenkungsurkunde für das Kloster Utrecht, die der Hausmeier ausstellen ließ; sie findet sich neben der seines Bruders Pippin auch auf der gefälschten, aber auf einer echten Vorlage basierenden Gründungsurkunde der Abtei Reichenau aus dem Jahr darauf. 735 erfolgte dann eine deutliche Aufwertung der Stellung Karlmanns und Pippins im Herrschaftsgefüge des Reiches, als Karl Martell den aquitanischen Herzog Hunoald veranlasste, den Treueid nicht nur ihm, sondern auch seinen im Heer anwesenden älteren Söhnen zu leisten. Auf diese Weise versuchte der Hausmeier wohl, den Dukat, der später nicht zu den unter seine Söhne aufgeteilten Gebiete zählen sollte, an sich und an seine potentiellen Nachfolger zu binden. Möglicherweise deutete sich hierin schon die Absicht des Hausmeiers an, sein Amt an Karlmann und Pippin weiterzugeben und auch seinen Herrschaftsbereich unter ihnen aufzuteilen. In diesem Fall würde die Entgegennahme der Eidleistung in Aquitanien die erste Teilungsanordnung Karls im Kern gewissermaßen vorwegnehmen und wäre zugleich ein Beleg für die Existenz solcher Überlegungen bereits zu einem früheren Zeitpunkt als 737 oder 741. An weitergehenden Regierungshandlungen ihres Vaters wurden Karlmann und Pippin jedoch zunächst nicht beteiligt, und auch mit einem eigenen Herrschaftsgebiet wurden sie nicht betraut. Dies änderte sich erst 741.[24]

Licht auf die mögliche Abfolge der Ereignisse in diesem Jahr vermag die letzte Urkunde des Hausmeiers zu werfen. Karl

Martell schenkte am 17. September 741, etwa einen Monat vor seinem Tod, dem Kloster Saint-Denis die Königspfalz Clichy.[25] Wahrscheinlich ist dieser Akt schon im Zusammenhang mit der geplanten und nach seinem Tod durchgeführten Bestattung in der alten Grablege der Merowingerkönige zu sehen. Karl fühlte wohl sein Ende nahen. Auf der Schenkungsurkunde, die von Chrodegang, dem späteren Bischof von Metz († 766) in seiner Funktion als Referendar rekognosziert wurde, finden sich nur die Unterschriften Swanahilds und Grifos – diejenigen Karlmanns und Pippins fehlen dagegen. Daraus ist der Schluss gezogen worden, dass Swanahild und ihr Sohn Karl Martell zu diesem Zeitpunkt näher standen, die agilofingische Ehefrau des Hausmeiers ihn gar von den beiden älteren Söhnen abgeschirmt habe. Denkbar ist allerdings auch, dass sich Karlmann und Pippin schon in ihren jeweiligen Herrschaftsgebieten aufhielten. Die Fredegar-Fortsetzungen, die in der betreffenden Passage auf Informationen Childebrands basieren, berichten, Pippin sei mit einem Heer nach Burgund aufgebrochen (s. S. 136). Auch wenn kein genaues Datum angegeben wird, wird dieses Ereignis vom Chronisten in seiner Darstellung in die Zeit vor den Tod Karl Martells gerückt. Aus der relativen Chronologie, die in der Quelle korrekt wiedergegeben sein dürfte, lässt sich daher ableiten, dass Pippin schon vor September 741 nicht mehr am Hofe weilte. Ähnliches ist für Karlmann anzunehmen, der sich in dem ihm zugesprochenen Teil des Reiches aufgehalten haben dürfte. Daraus ergibt sich ein stimmiges Bild: Karl Martell war im September so schwer erkrankt, dass er für die Zeit nach seinem Ableben vorsorgte. Saint-Denis wurde als künftige Grablege mit einer Schenkung bedacht; die älteren Söhne waren schon vorher in die ihnen zugewiesenen Teilreiche entsandt worden. Gewiss schwang bei dieser Maßnahme die Erfahrung mit, die Karl selbst nach dem Tod seines Vaters gemacht hatte. Unruhen waren nicht auszuschließen, und nur durch die Präsenz des herrschenden Hausmeiers und seines militärischen Aufgebots konnten diese vermieden werden.

Die Abwesenheit der Söhne vom Hof bot Swanahild die Gelegenheit, Karl Martell zur Einbeziehung des gemeinsamen

Sohnes Grifo in die Erbteilung zu bewegen und damit die zweite Stufe der Erbteilung einzuleiten. Wie groß der Einfluss der Agilolfingerin auf ihren Gatten in den letzten Jahren wirklich war, wird in der Forschung kontrovers diskutiert.[26] Allgemein zeichnen die prokarolingischen Quellen von Swanahild wie von ihrem Sohn Grifo ein negatives Bild, in dem ihr Einfluss auf Karl Martell wahrscheinlich übertrieben dargestellt wurde. Doch auch ohne eine starke Stellung der Agilolfingerin am Hof über mehrere Jahre hinweg wäre eine Beeinflussung des Hausmeiers gerade in einer Phase denkbar, in der dieser schon körperlich geschwächt war und Karlmann und Pippin nicht mehr in seiner direkten Umgebung weilten. Erst zu diesem Zeitpunkt, so scheint es, hat Swanahild ihrem herangewachsenen Sohn seinen Anteil am väterlichen Erbe sichern lassen, dabei aber wohl nicht – wie die Einhardsannalen berichten – in ihm Hoffnung auf die Alleinherrschaft im Reich geweckt.[27]

Wahrscheinlich hatte Grifos Alter – die *Annales Mettenses priores* bezeichnen ihn im Zusammenhang mit der Teilung als Heranwachsenden (*adolescens*) – eine frühere Einbeziehung in die Aufteilung des Reiches durch Karl Martell verhindert, auch wenn es dafür formal betrachtet keinen Ausschlussgrund gab: Die Erinnerung an die Wirren nach dem Tod Pippins II. und die Verschärfung der Krise durch die Minderjährigkeit Theudoalds, den man aus der Sicht der Zeitgenossen vor der Zeit zum neustrischen Hausmeier gemacht hatte, könnten Karls Entscheidung hier mitbestimmt haben. Grifo wurde frühestens 726 geboren und war zum Zeitpunkt des spätestens im Frühjahr 737 dem König angetragenen Erbteilungsplans damit erst elf Jahre alt, also noch unter der Volljährigkeitsgrenze von zwölf Jahren. 741 hatte er schon ein Alter von 15 Jahren erreicht und wurde möglicherweise deshalb nun berücksichtigt.[28]

Unklar ist, was sich genau hinter der Formulierung *in medio principatus sui* verbirgt, mit der der Grifo vom Vater zugedachte Teil des Reiches umrissen ist. Zum einen lässt sich anhand des Ausdrucks nicht bemessen, welchen Anteil Grifo an der Herrschaft im Gesamtreich tatsächlich besaß. Fraglich ist etwa, ob auch das Hausmeieramt auf ihn aufgeteilt wurde oder ob er nur die Verfügungsgewalt über die Besitzungen in diesem Gebiet erhielt. Zum anderen ist auch der Umfang des *principatus* nicht zu bestimmen. Wenn er aus austrasischen, neustrischen und burgundischen Gebieten bestand und in der Mitte des Reiches lag, kann man ihn ungefähr verorten, seine Umrisse bleiben jedoch im Dunkeln. Es ist in diesem Zusammenhang vermutet worden, dass es sich dabei um einen an Fiskalgut reichen Raum gehandelt haben wird. Möglicherweise zählte vor allem die Region um Paris zu dem Teil des Reiches, der Grifo zugewiesen wurde. Swanahild besaß verwandtschaftliche Beziehungen in diesem Raum und könnte über weiteren Rückhalt verfügt haben.[29]

Nicht alle Adeligen scheinen indes mit der Ausgliederung eines dritten Herrschaftsbereichs aus den vorhandenen Teilen einverstanden gewesen zu sein. Folgt man den *Annales Mettenses priores*, so waren es die Franken (*Franci*), die sich dagegen wehrten. Sie fühlten sich der Darstellung des Annalisten zufolge dadurch von den beiden legitimen Erben des Hausmeiers getrennt. Im Verweis auf die Illegitimität der Herrschaft Grifos in einem eigenen Gebiet wird die Sicht des Annalisten deutlich, der offenkundig von einer vorherigen Verfügung Karl Martells ausging, die Karlmann und Pippin als – für ihn – legitime Erben einsetzte. Anstoss nahmen die *Franci* an der Neuregelung wohl, weil sie selbst nicht daran beteiligt wurden.[30] Nimmt man diese Nachricht ernst, so kann man entsprechend vermuten, dass die Einbeziehung Grifos relativ unvorbereitet und allein durch Karl Martell auf Veranlassung Swanahilds erfolgte. Damit erhärtet sich die Annahme, dass die Regelung erst in den letzten Wochen vor Karls Tod – getrennt von der ersten Teilung und ohne Zustimmung der Großen – getroffen wurde.

In den älteren Metzer Annalen sind es die *Franci*, die sich gegen Grifo wenden, Karlmann und Pippin herbeirufen und ein Heer versammeln, um den ungeliebten dritten Erben gefangenzunehmen. Grifo und seine Mutter sollen in Folge des Angriffs nach Laon geflohen sein. Pippin und Karlmann konnten die in der Stadt Eingeschlossenen schließlich zur Aufgabe zwingen. Swanahild wurde ins Kloster Chelles in Pippins Obhut verbannt, während Grifo von Karlmann auf dem Chèvremont bei Lüttich gefangengesetzt wurde.[31]

Nach ihrem Erfolg zogen die Brüder nach Süden, um eine Erhebung Herzog Hunoalds von Aquitanien niederzuwerfen. In Vieux-Poitiers soll dann nach dem Bericht der Reichsannalen sowie der davon abhängigen Einhardsannalen und der *Annales Mettenses priores* eine erneute Reichsteilung durchgeführt worden sein.[32] Danach hätten die Brüder das *regnum*, das sie gemeinsam besaßen, unter sich aufgeteilt. Was genau diese Formulierung besagt, ist unklar. Karlmann und Pippin könnten das Erbteil Grifos zunächst gemeinsam in Besitz genommen und nun aufgeteilt haben; vielleicht nahmen sie aber nur eine Aufteilung der aquitanischen Eroberungen vor oder bestimmten ihre Einflusssphären neu. Der Sieg über Hunoald hätte den geeigneten Anlass dazu geboten, zumal das militärische Aufgebot der Brüder gewissermaßen als »Reichsversammlung« fungiert haben könnte.[33]

Man wird allerdings eher davon ausgehen müssen, dass die beiden Brüder die Erbteilung ihres Vaters nach eigenen Vorstellungen korrigierten und so auf eine neue Grundlage stellten. Denn die Rekonstruktion der späteren Herrschaftsbereiche Pippins und Karlmanns zeigt, dass anders als von Karl geplant nun beide Brüder einen Anteil an Neustrien und Austrasien bekamen. Diese Maßnahme sollte Pippin und Karlmann möglicherweise einen Anteil sowohl am austrasischen Familiengut als auch am neustrischen Königsgut sichern, zugleich aber auch Pippin die Räume östlich des Rheins öffnen, wo eine mit der Expansion des Reiches verbundene Machterweiterung noch möglich war.[34] Gewiss aber sollte die Teilung aus eigener Machtfülle heraus erfolgen. Nur so wäre der letzte Wille Karls, der für Karlmann und Pippin die Legitimationsgrundlage ihrer Herrschaft in den ihnen zugewiesenen Gebieten bot, auf dem zugleich aber auch der Anspruch Grifos auf seinen Erbteil basierte, grundsätzlich erneuert worden. Es ist immerhin auffällig, dass Grifo von seinen Brüdern in der weiteren Folge der Ereignisse einen eigenen Dukat zugewiesen bekam, mit dem er sich jedoch nicht zufrieden zeigte. Jedoch erst nach neuerlichen Versuchen, sich gegen Karlmann und Pippin aufzulehnen, wurde er politisch kaltgestellt. Eine Beteiligung an der Herrschaft im Frankenreich selbst wurde ihm nicht mehr zuteil. Er starb schließlich 753 im Kampf mit zwei Grafen und Anhängern Pippins, die ihn beim versuchten Übergang ins langobardische Italien bei Saint-Jean-de-Maurienne stellten.[35]

Auch wenn vieles unklar bleibt: Insgesamt machen die skizzierten Vorgänge deutlich, dass der Hausmeier grundsätzlich zur Aufteilung des Reiches fähig war. Karl Martell besaß die Macht und den Willen, das Reich und sein Amt seinen Nachkommen zu hinterlassen. Offenkundig hatte er dazu auch die Einwilligung des zuletzt amtierenden Merowingerherrschers gewonnen. Mit dem Tod Theuderichs IV. war Karl Martell auf der Höhe seiner Machtstellung im Frankenreich angelangt. Zwar musste er sich noch 738/39 mit dem Aufstand in Burgund und einer Verschwörung gegen ihn befassen, in deren Gefolge er den Abt Wido von Saint-Vaast und von Saint-Wandrille – angeblich einer seiner Verwandten – als einen der Beteiligten hinrichten ließ. Auch mit seinen sächsischen Gegnern setzte er sich in dieser Zeit erneut auseinander. 740 führte er aber keinen Feldzug durch, was von einigen Annalisten ausdrücklich vermerkt wurde. Stattdessen widmete sich Karl den »inneren Angelegenheiten seines Reiches«. Wahrscheinlich zwang ihn eine Krankheit dazu, von einem weiteren Feldzug Abstand zu nehmen. Der Hausmeier war schon in den vorangegangenen Jahrzehnten bisweilen erkrankt, wie diesbezügliche Bemerkungen in den Quellen belegen, und seine Gesundheit wurde mit zunehmendem Alter durch die Strapazen der von ihm geführten Feldzüge zweifellos immer stärker belastet. Doch auch ohne die Präsenz des geschwächten Hausmeiers scheint im Reich Ruhe geherrscht zu haben. Karl war zuletzt aller Probleme Herr geworden.[36]

Im Spätjahr 741 erfasste den Hausmeier während seines Aufenthaltes in der Pfalz Quierzy ein heftiges Fieber. Ob es sich dabei um eine Malariaerkrankung handelte, die er sich zwei Jahre zuvor auf seinem Kriegszug in der Provence zugezogen hatte, muss offenbleiben. Die Pfalz sollte der solchermaßen geschwächte Hausmeier nicht mehr verlassen: Am 15. oder 22. Oktober 741 erlag Karl Martell dort schließlich seiner Krankheit. Nach dem Bericht des Chronisten hatte sich das Ereignis schon durch »Zeichen des Untergangs« angekündigt, die an den Gestirnen sichtbar geworden waren. Allerdings erfolgte die beschriebene Sonnenfinsternis schon am 1. April 740, während sich der Mond am 18. März und am 10. September desselben Jahres verdunkelte. Dass der Verfasser die Chronologie der Ereignisse zusammenzog und so die Zeichen des Untergangs und den Tod Karl Martells gewissermaßen synchronisierte, deutet auf sein Bestreben hin, das Ableben des Hausmeiers als bedeutenden Einschnitt zu stilisieren.[37]

Mit dem Tod Karl Martells traten die skizzierten Erbregelungen nun endgültig in Kraft, und die Söhne des Hausmeiers rückten in die Herrschaftsposition des Vaters ein. In Verbindung mit seiner überragenden Stellung, die auch außerhalb des Frankenreiches anerkannt wurde, vererbte der Hausmeier Karlmann und Pippin wohl auch das Bewusstsein, dass die Herrschaft über das Reich selbst ohne Merowingerkönig möglich war. Dennoch mussten sich Karls Söhne kurze Zeit nach seinem Tod zur Erhebung eines Merowingerherrschers verstehen. Zweifellos nötigte sie der umfassende Widerstand ihrer Gegner, die sich in einem Bündnis zusammengefunden hatten, zu diesem Schritt. 743 befanden sich Karlmann und Pippin in der Defensive. Der bayerische Herzog Odilo hatte eine »Koalition aller Unzufriedenen« (Rudolf Schieffer) gebildet. Im Bündnis mit seinem Verwandten, dem Alemannenherzog Theudebald, wandte er sich gegen die Herrschaft der Brüder und rief zu diesem Zweck auch Sachsen und Slawen zu Hilfe; der Papst entsandte den Legaten Sergius nach Bayern. Auch die Aquitanier befanden sich im Aufstand gegen die Karlssöhne. Noch ehe Karlmann und Pippin den Krieg nach Bayern trugen, der beiden Seiten in den Kämpfen des Jahres 743 hohe, auch von der fränkischen Historiographie nicht zu verhehlende Verluste bescheren sollte,[38] setzten sie Childerich III. auf den Thron, der sechs Jahre lang vakant gewesen war.

Wahrscheinlich diente seine Erhebung dem Zweck, ihre Legitimation im Allgemeinen und die Akzeptanz ihrer Herrschaft in den Außendukaten im Besonderen zu erhöhen.[39] Hier konzentrierte sich nicht nur die Opposition gegen die beiden Karlssöhne, hier waren auch die Vorstellungen vom Merowingerkönig als legitimationsstiftenden Faktor verbreitet, wie die *Lex Alamannorum* und das *Breviarium Erchanberti* bezeugen. Wenn die Bindung an den Herrscher als Argument im Kampf gegen Karlmann und Pippin gebraucht wurde, lag es nahe, mit der Einsetzung des Merowingers Childerich III. den Gegnern auf diesem Feld entgegenzutreten.

Mit dem militärischen Sieg über ihre Widersacher in den Jahren nach 743 festigten Karlmann und Pippin ihre Herrschaft in den jeweiligen Teilreichen. Schließlich entschied Karlmann, sich zunächst nach Rom zu begeben und sich von dort auf den nahegelegenen Monte Soratte in ein klösterliches Leben zurückzuziehen, das ihn schließlich nach Montecassino führen sollte. Zuvor aber hatte er seinem Bruder seinen Reichsteil überlassen, was Pippin zum alleinigen Herren im Frankenreich werden ließ. 751 erfolgte schließlich die Entsendung der Gesandtschaft zu Papst Zacharias, dem die berühmte Frage gestellt wurde, wer denn nun König sein solle: derjenige, der die Macht habe, oder jener, der nur den Titel trage. Die Antwort des Papstes fiel wunschgemäß aus: Nicht der Titel, sondern die tatsächliche Macht sei entscheidend. Die Folgen sind bekannt. Childerich III. wurde abgesetzt und ins Kloster Sithiu (Saint-Bertin) geschickt; Pippin bestieg im November des Jahres in Soissons unter den huldigenden Zurufen der Großen den Thron. Die Herrschaft der Merowinger war zu Ende.[40]

Die geschilderte Ereigniskette erweckt den Eindruck einer zwangsläufigen Abfolge, die in der Erhebung Pippins zum neuen König gipfelte. Bestärkt wird diese Lesart des Geschehens durch die Historiographie. Ganz offenkundig war es das Bestreben schon des zeitgenössischen Fortsetzers der Fredegar-Chronik, insbesondere aber späterer Autoren, das Jahr 751 und die Person Pippins selbst zum Ziel des karolingischen Aufstiegs zu stilisieren. Auf ihn und seine Königserhebung, so die Suggestion, lief die Entwicklung unweigerlich zu. Dass man im Zuge dieser Darstellung des Geschehens den Text glättete, Verwerfungen einebnete und Probleme verschwieg, ist in der Forschung deutlich herausgestellt worden. Ebenso ist unterstrichen worden, dass in den entsprechenden Texten nach 751 für Childerich III. und seine Absetzung kein Platz mehr war.[41] Insgesamt ist das in den Quellen dokumentierte Bild des unaufhaltsamen Aufstiegs Pippins zur Königswürde damit stärker relativiert worden. Auch seine Bemühungen um die Sicherung des Throns für seine Nachkommen gegen die Ansprüche anderer Familienangehöriger wurden dabei herausgestellt. Die Salbung im Jahr 754 diente dazu, den Söhnen Pippins durch die Unterstützung des Papstes die Nachfolge zu garantieren.[42] Aus dem Herrschaftswechsel war nun ein Dynastiewechsel geworden.

Mit der Auflösung der teleologischen, auf die Königsherrschaft hinzielenden Darstellung des Geschehens in den Quellen erscheint im Rückblick die Alleinherrschaft Karl Martells ebenfalls in verändertem Licht. Das sechsjährige Interregnum war nicht der Vorgriff auf den erst ein Jahrzehnt später durchgesetzten Thron- und Dynastiewechsel, und auch die Erhebung Childerichs III. durch Karlmann und Pippin war keineswegs nur ein kurzfristiger Rückschlag auf dem Weg dorthin. Dass schon Karl Martell die Königswürde im Blick hatte, lässt sich daher zwar nicht gänzlich ausschließen, erscheint aber insgesamt als unwahrscheinlich. Zwar ließ er sich in der Grablege merowingischer Könige in Saint-Denis bestatten, doch lässt sich daraus ein Anspruch auf Königsnähe, nicht zwingend aber ein Plan des Hausmeiers zur Erlangung der Königswürde ableiten. Seinen Söhnen wurde nach der Alleinherrschaft des Vaters und den Ereignissen nach seinem Tod allerdings bewusst, dass ihre Herrschaft dauerhaft nur über den Gewinn der Krone zu sichern war. Wollte man einen Merowinger nicht mehr auf dem Thron dulden, musste man diesen selbst besteigen.

8 Nachleben

Beigesetzt wurde Karl Martell in Saint-Denis nahe bei Paris. Die Wahl dieser Grabstätte war nicht zufällig erfolgt. An diesem Ort fanden schon in der Spätantike Tote ihre letzte Ruhe, bevor die heilige Genovefa um 475 dort die dem heiligen Dionysius geweihte Kirche gegründet haben soll. Erstmals wurde im 6. Jahrhundert mit Arnegunde, der vierten Frau Chlothars I., eine Angehörige der Merowingerfamilie in Saint-Denis beigesetzt, ehe mit Dagobert I. schließlich der erste König dort begraben wurde. Sein Sohn Chlodwig II. folgte ihm in dieser Tradition. Spätere Abkömmlinge der Merowingerdynastie wurden an anderen Orten bestattet. So erfolgte die Beisetzung Childeberts III. und Chilperichs II. in Choisy-au-Bac und Noyon. Dabei waren es die zum Zeitpunkt ihres Todes 711 und 721 herrschenden Hausmeier Pippin II. und Karl Martell, die die Tradition einer zentralen Grabstätte für die Mitglieder der Königsdynastie beendeten.[1]

Vor diesem Hintergrund ist es bemerkenswert, dass von allen merowingischen Nekropolen allein Saint-Denis von den Pippiniden-Karolingern kontinuierlich weiter als Begräbnisort genutzt wurde. Für die Entwicklung der Kirche zur verbindlichen Grablege der französischen Könige im Verlauf des Mittelalters war dies von großer Bedeutung. Wenn sich Karl Martell dort als erster Angehöriger seiner Familie beisetzen ließ, geschah dies offenbar in bewusster Anknüpfung an die Merowinger. In seiner letzten erhaltenen Urkunde schenkte der Hausmeier dem Kloster Saint-Denis den nahegelegenen Königshof Clichy (s. S. 179 f.). Stiftung und Begräbnis Karl Martells demonstrierten anschaulich, dass der neue Herrscher seine Hand auf das »Aachen der Merowinger des 7. Jahrhunderts« (Eugen Ewig) gelegt hatte. Karl schickte sich an, mit seinem Begräbnis ebendort die alte Tradition der merowingischen Dynastie für seine politischen Zwecke zu übernehmen.[2]

Wo genau Karl in der Kirche von Saint-Denis einst beigesetzt wurde, ist heute nicht mehr festzustellen. Sein Grab befand sich einem späteren Zeugnis zufolge links neben dem Hauptaltar und bestand aus einem Marmorsarkophag mit aufliegender Platte. Es soll ebenso wie das Grab Dagoberts I. über einen Aufbau verfügt haben, über dessen Aussehen wenige vage Hinweise existieren, die ein nur unzureichendes Bild vermitteln.[3] All dies ist heute verloren. Im 9. Jahrhundert, als Hinkmar von Reims die Eucherius-Vita um die Vision vom leeren, mit Ruß geschwärzten Sarkophag bereicherte (s. S. 148 f.), wusste man offenkundig genau, wo sich die Ruhestätte des Hausmeiers befand. Und auch im 13. Jahrhundert war es möglich, anhand einer Inschrift Karl Martell zu identifizieren und umzubetten. Es war der französische König Ludwig IX. (1226–1270), der in den 1260er Jahren den Innenraum der Kirche umgestalten und die dortigen Königsgräber neu anordnen ließ. Diese Maßnahmen waren Teil seines Programms, das die »Rückkehr zum Geschlecht Karls des Großen« (*reditus ad stirpem Caroli Magni*) propagieren sollte, um der eigenen kapetingischen Dynastie ein höheres Ansehen zu verleihen. Während sich im Vater und Großvater des Königs, Ludwig VIII. (1223–1226) und Philipp II. Augustus (1180–1223), die Verschmelzung der beiden Dynastien der Karolinger und Kapetinger vollzogen hatte, sollte nun in der traditionellen Grablege der französischen Herrscher die Vereinigung der Familien auch durch ein neues Arrangement der Gräber sichtbar werden. Innerhalb dieses »dynastischen Memorialprogramms« (Eva Leistenschneider) wurde das Grab Karl Martells wohl 1264 in der Vierung der Kirche direkt neben dem Chlodwigs II. platziert. Der Hausmeier bekam ein neues Grabmal, das ihn ebenso wie die anderen dort bestatteten Herrscher in einer Liegendfigur (Gisant) mit Krone und Szepter zeigt. Karl erhielt damit die Attribute eines Königs,[4] und auch die seinem Grab beigefügte Inschrift betitelte ihn als

Karolus Martellus Rex. Der zeitgenössische Bericht über die Umbettung seines Grabes reiht ihn ebenfalls unter die Könige ein. Der Eintrag im *Chronicon Sancti Dionysii recentius* zum Jahr 1264 vermerkt auch die Übertragung von »König Karl Martell«.[5]

Die Königsherrschaft der Karolinger hatte indes nicht erst aus Sicht der Zeitgenossen des 13. Jahrhunderts mit Karl ihren Anfang genommen. Schon früh, im 8. Jahrhundert, verknüpfte man die Stellung des Hausmeiers mit dem Königstitel, wovon bereits im Zusammenhang mit dem Interregnum der Jahre 737 bis 743 und der Alleinherrschaft Karls im Frankenreich die Rede war (s. S. 172 f.). Was hier seinen Anfang nahm, wurde in den folgenden Jahrhunderten zur sich immer mehr verfestigenden Vorstellung. In zunehmendem Maß wurde Karl Martell als königsgleicher Herrscher, dem nur der Königstitel fehlte, ohne weitere, differenzierende Erklärungen einfach als König bezeichnet.

Die Einordnung Karl Martells in die Reihe der Könige in der Kirche des heiligen Dionysius erscheint umso bemerkenswerter, als in dem Gesamtarrangement der Jahre 1264/67 für die dynastische Entwicklung der Kapetinger in historischer Perspektive entscheidende Figuren wie Hugo, der Graf von Paris und Herzog von Franzien († 956), der Vater Hugo Capets, bei der Grabumbettung nicht in gleichem Maß berücksichtigt wurden. Sein Grab erhielt eine einfache Platte und wurde nicht als Tumba gestaltet wie das Grab Karl Martells. Letzterer wurde im Vergleich zu anderen also aufgewertet.[6] Sicher glaubte man zu wissen, dass es sich bei dem Hausmeier um einen Herrscher königlichen Rangs gehandelt hatte.

Neben der Erhöhung des Hausmeiers zum König und eng damit verflochten prägten zwei andere Bilder die Erinnerung an Karl Martell, die ebenso wie die ihm zugeschriebene Königswürde in seiner Stellung und seinen Handlungen sowie deren Wahrnehmung und Beurteilung durch die Zeitgenossen wurzelten. Die beiden Karlsbilder, die im Laufe der Zeit weiter ausgestaltet wurden und sich langfristig im historischen

Gedächtnis etablierten, waren die Darstellung Karls als »Kirchenräuber« einerseits und als großer Heerführer, als »Hammer«, andererseits.

Das Bild Karl Martells als »Kirchenräuber«, das in seiner Entstehung und Bedeutung bereits ausführlicher besprochen wurde, ging im Kern auf die aus der Feder Hinkmars von Reims stammende *Visio Eucherii* aus dem 9. Jahrhundert zurück, die ihrerseits auf der *Vita Eucherii* aus dem 8. Jahrhundert aufbaute (s. S. 147–149). In zahlreichen Texten aus späterer Zeit wurde diese Charakterisierung Karls übernommen und weiter ausgeschmückt. Zunächst verwandte Adrevald von Fleury um 875 die *Visio Eucherii*, bettete sie allerdings in einen gegenüber Hinkmar veränderten Zusammenhang ein. Direkt an die Darstellung Hinkmars knüpfte der Autor der *Vita Rigoberti* zwischen 888 und 895 an; ebenso nahm Flodoard (893/94–966) in seiner Reimser Kirchengeschichte im 10. Jahrhundert die Vision des Eucherius auf, ehe die Tatenberichte der Trierer Bischöfe um 1100 auf der Basis seines Textes die Geschichte um ein weiteres Detail ergänzten. Es folgten teilweise stark veränderte Darstellungen in den Chroniken Hugos von Flavigny (1065–um 1114), Vinzenz' von Beauvais (vor 1200–1264) und Heinrichs von Herford (vor 1326–1370) im 12. bis 14. Jahrhundert. Schließlich nahmen sich auch die Humanisten am Ende des Mittelalters in ihren Werken des Themas an. Kritik kam erst im 17. Jahrhundert auf, als man den Visionsbericht ins Reich der Fabel verbannte.[7]

Vor allem die Autorität Hinkmars von Reims hatte entscheidend zur Verbreitung des Bildes vom »Kirchenräuber« beigetragen. Kritik übten in dieser Zeit aber auch andere Hagiographen an Karl, so etwa, wenn dem Hausmeier Fehlverhalten gegenüber Bonifatius vorgehalten wurde oder seine Handlungen über die Anhäufung von Abts- und Bischofsämtern in der Person seines Neffen Hugo indirekt verurteilt wurden. Allerdings war die negative Darstellung keineswegs so dominant, wie die skizzierte Zusammenstellung von Autoren, die den Visionsbericht in ihren Werken ausschöpfen, suggerieren könnte, zumal die Taten Karl Martells in einigen hagiographischen Schriften einen durchaus positiven Widerhall fanden. In der heutigen Erinnerung an den Hausmeier spielt seine Kirchenpolitik nicht zuletzt durch die Resultate der Forschung kaum mehr als eine nachgeordnete Rolle.

Als im Gedächtnis der Menschen des 21. Jahrhunderts wesentlich breiter rezipiert und ungleich wirkmächtiger erweist sich das Bild Karl Martells als erfolgreicher Feldherr und Stratege. Schon die zeitgenössischen Verfasser des *Liber historiae Francorum* und der Fredegar-Fortsetzungen feierten den Hausmeier als siegreichen Krieger und bedachten ihn mit entsprechenden Beinamen und Attributen. Für sie war Karl der treffliche Krieger (*egregius bellator*), der Triumphator, der tatkräftig (*strenuus*), unerschrocken (*intrepidus*) und schlau (*sagax*) gegen seine Gegner vorging, der die Feinde und ihr Land seiner Herrschaft unterwarf, Schätze und Beute an sich nahm und als Sieger (*victor*) in sein Herrschaftsgebiet heimkehrte.[8] Bemerkenswert ist dabei, dass der zweite Fortsetzer der Fredegar-Chronik, der unter der Ägide von Childebrand, des Halbbruders Karl Martells, schrieb, die Schlachtenerfolge Karls und damit auch seine Person selbst in einen biblischen Kontext einbettete. Insbesondere die Eroberung von Avignon im Jahr 737 wurde nach dem Vorbild des Kampfes Josuas vor Jericho gestaltet (s. S. 132). Dadurch setzte der Verfasser Karl mit einem alttestamentlichen Herrscher gleich, während die Franken als neues Israel erscheinen konnten.

Die *Annales Mettenses priores* beschrieben Karl kurz nach 800 nicht nur als hervorragenden Fürsten (*precellentissimus princeps*), sondern auch als Verteidiger des römischen Volkes, das um seinen Schutz (*defensio*) und seine Milde (*clementia*) ersucht hatte. Auf diese Weise formte der Annalist die Kontakte Karl Martells zum Papsttum, die er den Fredegar-Fortsetzungen entnommen hatte, vor dem Hintergrund der wenige Jahre zuvor erfolgten Kaiserkrönung Karls des Großen, des Enkels und Namensvetters des Hausmeiers, in seinem Sinne um. Zugleich präsentierte er Karl als Feldherrn, der den Feinden gegenüber Mitleid (*misericordia*) und Frömmigkeit (*pietas*) walten ließ, während die Sarazenen im Gegensatz dazu von ihm als Christen mordende *gens* skizziert wurden.[9]

Diese Verbindung christlicher Tugenden mit der Auseinandersetzung mit den Arabern und Berbern findet sich auch in einer Prophezeiung, die den byzantinischen Kaiser (dargestellt als Löwen) zusammen mit Karl Martell (dem Löwensohn) über die Sarazenen (den Waldesel) herfallen lässt.[10] Hier wie in manchen frühen Chroniken verband sich der Kampf gegen die Sarazenen mit einem religiösen Zug, der aus den ins Frankenreich eingedrungenen Scharen ungläubiges Volk, aus Karl Martell aber den Feldherrn werden ließ, dem Christus im Kampf gegen sie den Sieg verlieh.[11]

Um die Glorie des Feldherrn Karl zu erhöhen, konnte dieser Sieg nicht groß genug ausfallen. Während die zeitgenössischen Berichte schon von 375 000 gefallenen Sarazenen sprechen, denen auf fränkischer Seite nur 1500 Tote gegenüberstanden, trieben die Autoren in späteren Zeiten – teils bewusst, teils auch durch Abschreibfehler bedingt – die Zahl der getöteten Feinde noch weiter nach oben. Ohne genaue Zahlen zu nennen, hob auch Einhard die Niederwerfung der Sarazenen in den zwei Schlachten bei Poitiers und an der Berre unter den Taten des Hausmeiers besonders hervor.[12]

Doch zumeist wurden in den Quellen die militärischen Erfolge nicht auf die Schlacht bei Poitiers und den dortigen Sieg über die Araber reduziert. Die Schlachtenerfolge Karl Martells allgemein boten Ermoldus Nigellus in einem Schreiben Anlass, den Hausmeier als »großen Karl« (*Carolus magnus*) anzusprechen. Ermoldus war es auch, der in seiner zwischen 826 und 828 verfassten Lobschrift auf Ludwig den Frommen von den Ausmalungen in der Pfalz Ingelheim berichtete: Dort war Karl Martell als Sieger über die Friesen, sein Sohn Pippin als Überwinder der Aquitanier und Karl der Große schließlich als Triumphator über die Sachsen dargestellt. Der Hausmeier reihte sich damit ein in die Gruppe der karolingischen Kriegerkönige.[13] Im 9. Jahrhundert brachte ihm sein Kriegsruhm schließlich auch den Beinamen ein, unter dem er bis heute bekannt ist: *Martellus*, der Hammer. Nur einmal und erst relativ spät, im 11. Jahrhundert, sollte dieser Name dann mit dem Sarazenensieg Karls verknüpft werden. Insgesamt verdankte er ihn aber seinem Kriegsruhm aus zahlreichen Schlachten, nicht dem Ergebnis eines einzelnen Kampfes. Hugo von Flavigny griff den treffenden Kommentar einer älteren Chronik auf, als er um 1100 in seiner Chronik schrieb, Karl habe einem Hammer gleich die benachbarten Reiche zermalmt.[14]

Zunächst war es der bereits genannte Adrevald von Fleury, der um 875 das Epitheton »Hammer« in der lateinischen Version *Tudes* erstmals im Zusammenhang mit Karl nannte. Die Vorstellung, der Hausmeier sei ein kriegerischer Mann von äußerst starker Kraft, fand schließlich etwa zwei Jahrzehnte danach in der *Vita Rigoberti* in der Bezeichnung Karls als *Martellus* Ausdruck. Dieser Beiname sollte sich, obgleich jünger als *Tudes*, letztlich durchsetzen. Mutmaßungen, das Epitheton stünde im Zusammenhang mit Judas Makkabäus, der im alttestamentlichen Makkabäerbuch wegen seiner militärischen Erfolge ebenfalls als »Hammer« bezeichnet wurde, oder mit anderen Bibelstellen, konnten bislang nicht bestätigt werden. Direkte textliche Bezüge ließen sich in den betreffenden Quellenpassagen nicht nachweisen, denkbar ist eine solche Verbindung vor dem Hintergrund der im 9. Jahrhundert zunehmenden religiösen Deutung der Kämpfe Karls insbesondere gegen die Araber und Berber dennoch. Jedenfalls blieb der Beiname an Karl haften. Als Metapher für seine militärische Stärke sollte er die Vorstellung vom Hausmeier in Zukunft entscheidend prägen.[15]

Das Bild des tatkräftigen und im Krieg erfolgreichen Herrschers, der mit dem Kampf gegen die Sarazenen den Erwartungen an einen christlichen Monarchen entsprach, wirkte weit über das Frühmittelalter hinaus fort. Denkbar ist, dass es auch dazu beitrug, Karl Martell im Zuge der Umgestaltung der Grabmalanordnung in Saint-Denis unter die Könige einzuordnen. Immerhin hegte der Initiator des Vorhabens, Ludwig IX., Zeit seines Lebens den Traum, das Heilige Land mit seinen Pilgerstätten den Christen zurückzugewinnen. Karl Martell mochte über seine dynastische Bedeutung hinaus auch in dieser Hinsicht als Anknüpfungspunkt geeignet erschienen sein. Zudem lässt sich im familiären Umfeld Ludwigs ein weiterer Träger des Namens Karl Martell nachweisen: Karl Martell, der wahrscheinlich im März 1271 geborene Sohn Karls II. von Anjou, der seinerseits ein Neffe des französischen Königs Ludwig IX. war.[16]

Spuren der Geschichte des Hausmeiers hat man in den altfranzösischen Versepen, dem vom Ende des 12. Jahrhunderts stammenden Renaut de Montauban und dem in Fragmenten aus demselben Jahrhundert überlieferten, aber älteren Mainet zu finden versucht.[17] Allerdings hatte hier der Schatten seines erfolgreichen Enkels Karls des Großen die Erinnerung an ihn verdunkelt. Gleichwohl gedachte man am Ende des Mittelalters in einem besonderen Werk auch seiner Taten. Die Handschriften 6 bis 9 der Bibliothèque Royale in Brüssel enthalten eine »Geschichte Karl Martells und seiner Nachfolger« (*L'Histoire de Charles Martel et de ses successeurs*).[18] Das Werk basiert auf einer Prosafassung, die von einem unbekannen Autor vor 1448 fertiggestellt und von David Aubert im Auftrag des burgundischen Herzogs Philipp des Guten (1419– 1467) wohl zwischen 1463 und 1465 in die genannten Handschriften übertragen wurde. Ende der sechziger und Anfang der siebziger Jahre wurde die vierbändige Darstellung mit Zierbuchstaben und Miniaturbildern von Pol Fruit und Loyset Liédet reich illustriert. Sie unterstreichen die im Text selbst entfaltete Vorstellung, die man sich in der zweiten Hälfte des 15. Jahrhunderts von Karl Martell machte, dem das erste Buch gewidmet ist. Insgesamt besteht die *Histoire* aus einer Mischung von Geschichten aus dem ritterlich-höfischen Milieu, die das Abenteuer, den Kampf und das Heroische im Leben des jeweiligen Protagonisten betonen. Die Darstellung Karl Martells weicht dabei erheblich von dem ab, was aus den Quellen des Frühmittelalters über das Leben des Hausmeiers bekannt ist. Das Geschehen wurde vielmehr den aktuellen Zeitumständen des 15. Jahrhunderts angepasst. Beispielsweise wird Karl mit einem Gefährten vor Konstantinopel vom byzantinischen Kaiser empfangen, den er in seinem Kampf gegen die Türken zu unterstützen gedenkt – ein Vorhaben, das Mitte des 15. Jahrhunderts enorme politische Aktualität besaß. Daneben bekämpft er aber auch die Sarazenen im französischen Raum, so etwa, als diese Laon und Soissons belagern und von Karl vertrieben werden. In der Darstellung wird Karl Martell zudem die Königswürde zugeschrieben.[19] Beides – Sarazenenkampf und Königtum – waren die Elemente eines Karlsbildes, das sich aus frühmittelalterlichen Ansätzen heraus bis ins 15. Jahrhundert verfestigt hatte und nun am burgundischen Hof in romanhafter Form Gestalt gewann.

Als Beispiel für große militärische Leistungen blieb Karl Martell auch der Moderne im Gedächtnis. In zahlreichen Gemälden und figürlichen Darstellungen auch der Populärkultur wurde und wird er als Kämpfer mit dem Hammer oder der Axt gezeigt, der den christlichen Glauben im Kampf gegen die Araber verteidigte. 1897 stellte die französische Kriegsmarine ein Schlachtschiff in Dienst, das seinen Namen trug. Jahrzehnte später benannte sich eine französische Terrorgruppe, der *Groupe Charles Martel*, nach ihm. Damit suchte sie der Zielrichtung ihrer Anschläge gegen zumeist aus Nordafrika stammende Franzosen Ausdruck zu verleihen. Letztmalig geschah dies 1991 – über ein Jahrzehnt blutiger Terror fand damals ein Ende.[20]

Inzwischen besitzt Karl Martell auch einen Eintrag in der Kommunikationsplattform *facebook*. Die Kommentare dort zeigen anschaulich, worum es bei der Wertschätzung seiner Person aktuell geht: Kraft und Stärke gegenüber eines als Bedrohung empfundenen Vordringens des Islam in Europa. Karl gilt hier als Garant einer europäischen Kultur, die auf dem Christentum basiert und von ihm mit Waffengewalt gegen die anstürmenden Sarazenen verteidigt wurde. In gleicher Weise wird der Hausmeier von einem politischen Netzwerk und einer nach ihm benannten Gesellschaft instrumentalisiert. Was vom Karlsbild bis heute im allgemeinen Verständnis blieb, ist somit die Verengung seiner Biographie auf ein Ereignis während seiner Regierungszeit, basierend auf den groben Linien, die schon die Zeitgenossen und die unmittelbar nachfolgenden

Generationen zeichneten. Diese erweisen sich als wirkmächtigste Motive der Erinnerungsbildung.

9 Resümee

Das aus der Rückschau geschaffene Bild Karl Martells hinterließ auch Spuren in der wissenschaftlichen Erforschung der historischen Figur und ihrer Zeit. Die Handlungen des Hausmeiers veranlassten mitunter die eingangs des Buches zitierten, bisweilen wertenden Stellungnahmen. Sie ließen zugleich den Eindruck eines geschlossenen Zeitalters entstehen, das als Übergang von der Merowinger- zur Karolingerherrschaft zwischen der Betrachtung als eigenständiger historischer Phase und der Einbettung in ein langfristiges Kontinuum gespannt war. Bedeutung und Stellenwert erlangten Biographie und Zeit Karl Martells durch ihre Zuordnung zu den Ereignissen von 751/754, zum dynastischen Wechsel an der Spitze des Frankenreiches. Über den Anteil Karls am Aufstieg der Familie wurde im Rückblick von diesen Ereignissen aus reflektiert. Von hier aus wurde über seine Persönlichkeit ebenso geurteilt wie über seine Handlungen sowie die Strategien und Konzepte, die ihnen eventuell zugrunde lagen. Doch wie viel weiß man eigentlich über den Hausmeier selbst und über den gestalterischen Spielraum, den ihm die Ereignisse in seiner Zeit ließen?

Nur in wenigen Zeugnissen wie den frühen Stiftungen an das Kloster Echternach, dem er Eigengut übertrug, mehr aber noch in der schriftlich geäußerten Bitte um das Gebet für den erkrankten Sohn Grifo zeigt sich ansatzweise die Frömmigkeit des Hausmeiers, auch wenn diese in ihrer Intensität nicht zu bestimmen ist.[1] Die Fürsorge des Vaters ist insgesamt eine einmalige Momentaufnahme. Rückschlüsse auf seine körperliche Konstitution bieten die Erkrankungen, die für 723 und 739 nachweisbar, für 740 anzunehmen sind. Zuletzt soll es ein

Fieber gewesen sein, das den Hausmeier zunächst auf das Krankenlager warf und dann sterben ließ. Die Erkrankungen Karls kontrastieren auffällig mit der Darstellung des Hausmeiers als Feldherrn mit einem weiten Aktionsradius. Auch zu den späteren bildlichen Darstellungen, die den Hammer oder Streitaxt schwingenden Kämpfer auf dem Schlachtfeld bei Poitiers zeigen, fügen sich diese körperlichen Schwächen schlecht, zumal man annehmen kann, dass Karl in den letzten Lebensjahren nicht mehr uneingeschränkt handlungsfähig war.

Dennoch war die Beschreibung Karls als erfolgreicher Kämpfer in den zeitgenössischen Quellen nicht allein das Werk der um Stilisierung ihres Helden bemühten Geschichtsschreiber. Vielmehr wird man angesichts der Tatsache, dass ein Annalist das Ausbleiben eines Feldzugs im Jahr 740 als auffallend empfand und entsprechend notierte, die ausgreifenden kriegerischen Aktivitäten Karls als charakteristischen Zug seiner Herrschaftszeit bezeichnen können. Dass er in der militärischen Offensive ein Instrument zur Ausdehnung seines Machtbereichs sah, ist offensichtlich; dass ihm diese Form der politischen Auseinandersetzung anfangs aufgezwungen wurde, ist allerdings ebenso klar. Karl sah sich nach den anfänglichen Erfolgen der Neustrier gegen Plektrud in der Defensive und musste sogar selbst eine Niederlage einstecken, von der er sich aber rasch erholte. Für die Großen Austrasiens verkörperte er ebenso die Hoffnung auf eine Änderung der bestehenden Machtverhältnisse wie für Willibrord, der sich von ihm die Rückkehr auf seinen Bischofssitz Utrecht versprochen haben mag. Möglicherweise versuchte Karl vor der Schlacht von Vinchy wirklich, durch ein Friedensangebot an Raganfred und Chilperich die Kämpfe auf diplomatischem Weg zu beenden. Am Ende entschieden jedoch die Schlacht und der weitere Vorstoß Karls nach Neustrien den Konflikt. Dieser gewann in diesem Moment größere Dimensionen, weil mit Radbod, Eudo von Aquitanien sowie den Sachsen auch Randgebiete des Reiches in die Auseinandersetzung einbezogen wurden und Karls Aufmerksamkeit verlangten. So setzten sich die Kriege

Karls auch nach dem mit der Niederwerfung der Neustrier weitgehend erreichten Ende der Sukzessionskrise weiter fort.

Ein weiterer Grund für die Verstetigung der Feldzüge lag möglicherweise auch in Karls Erfolgen selbst. Seine Siege hatten zweifellos die Zahl seiner Anhänger vermehrt. Viele seiner Gefolgsleute mögen der verlockenden Aussicht auf Beute erlegen sein, als sie sich Karl Martell anschlossen. Zu Recht ist darauf hingewiesen worden, dass die zahlreichen Hinweise in den Quellen auf die im Rahmen der Kämpfe gemachte Beute als ein Indiz für dieses Motiv gelesen werden könnten. Karl Martell wurde mit dem materiellen Zugewinn eine weitere Möglichkeit zur Bindung von Gefolgsleuten und damit zur Stärkung seiner Macht an die Hand gegeben. Dies wurde in gleicher Form schon in der Merowingerzeit praktiziert. Nun war es allerdings nicht der König, sondern der Hausmeier, der ins Zentrum rückte. Karl Martell handelte also in merowingischen Traditionen, hatte aber den Herrscher als handelnde Person in den Hintergrund gedrängt. Mit dem Instrument der Beute- und Güterverteilung dürfte Karl Martell freilich auch die damit verbundenen Probleme geerbt haben: Denn das Verlangen seines Gefolges nach beweglicher Habe konnte dem Hausmeier durchaus zur Fessel werden. Und auch hier finden sich Ähnlichkeiten zur Situation unter den Merowingern, die von ihren Großen bisweilen zu Feldzügen, Plünderungen und Eroberungen genötigt wurden. Denkbar ist, dass die Zwänge, die wirtschaftliche Faktoren im Verbund mit der Dynamik der Gruppenbindung auf Karl Martell ausübten, den Gestaltungsspielraum des Hausmeiers ebenfalls erheblich einschränkten.[2]

Rücksichtnahmen prägten offenbar auch die Bemühungen, mit denen Karl Martell seine beherrschende Stellung in Neustrien und andernorts absichern wollte. Zwar strebte der Hausmeier nach seinen Siegen gegen die innerfränkischen Gegner einen personellen Wechsel insbesondere an der Spitze von Bischofskirchen und Abteien an, doch scheint er auch auf die Bedürfnisse neustrischer Kreise eingegangen zu sein. Gleichzeitig aber störte sich Karl Martell nicht an den Konventionen des Kirchenrechts und förderte gezielt Ämterhäufung. Damit verengte er den Kreis der Personen, denen er sein Vertrauen schenkte, deren Loyalität er sich aber immer wieder vergewissern musste. Anders ausgedrückt: Unter Missachtung rechtlicher Vorgaben verteilte Karl die Macht auf wenige Schultern und erleichterte sich so die Kontrolle.

Wenn er mit Hugo einen engen Verwandten mit wichtigen Positionen betraute oder mit Childebrand dem eigenen Halbbruder eine bedeutsame Aufgabe übertrug, so stellte diese Berücksichtigung von Familienangehörigen eher die Ausnahme als die Regel dar. Andere Neffen hielt er von der Macht fern und verdrängte sie schließlich endgültig. Sein Familiensinn wurde durch den eigenen Herrschaftsanspruch eng begrenzt: Auch seine eigenen Söhne band er erst sehr spät in die Regierung des Reiches ein. Karl fürchtete möglicherweise die Gefahr, die von ihnen allen für die Stabilität seiner Herrschaft ausgehen konnte.

Die Ereignisse nach dem Tod seines Vaters, als Karl seinen Anspruch auf die Herrschaft im Frankenreich gegen seine Stiefmutter und die Nachkommen seiner Halbbrüder durchsetzen musste, haben den Umgang des Hausmeiers mit seinen Gegnern zweifellos entscheidend geprägt. Allgemein wurden missliebige Widersacher von ihm im besten Fall zunächst in ihrer Herrschaftsfunktion belassen, bei einer weiteren Erhebung abgesetzt, in Haft genommen oder in einem Fall gar hingerichtet. In Momenten der Stärke schaltete er Gegner von einst, derer er sich nach dem Ende der Sukzessionskrise noch bedient hatte, endgültig aus. Der Hausmeier vergaß offenbar alte Rechnungen keineswegs und beglich sie zu gegebener Zeit, unterschiedlos, ob es sich dabei um Verwandte handelte oder nicht.

Es ist die eigentümliche Mischung aus äußeren Zwängen, der Bereitschaft zu Kompromissen und dem behutsamen, aber zielstrebigen Vorgehen gegen innere und äußere Gegner in bestimmten Situationen, die für die Sicherung und Ausdehnung der Herrschaft Karl Martells charakteristisch ist. Der Hausmeier nutzte sich bietende Gelegenheiten, um seine

Position sowohl innerhalb als auch außerhalb seines engeren Herrschaftsbereichs zu festigen. Karl handelte dabei zumeist umsichtig und zeigte sich über die lokalen Verhältnisse gut informiert. Unter geschickter Ausnutzung der jeweiligen Situation verhalf er so seiner Herrschaft, die sich in konzentrischen Kreisen um den austrasisch-neustrischen Kern herum ausdehnte, in unterschiedlichen Gebieten auf differenzierte Weise zur Anerkennung. Dabei scheint Karl seine Möglichkeiten in den verschiedenen Regionen stets gut im Blick behalten zu haben. So beschränkte er sich bezüglich der Sachsen weitgehend auf Strafexpeditionen, in Aquitanien und Bayern auf die lose Abhängigkeit der Dukate, während er Friesland und Burgund mit der Provence in sein Reich zu integrieren suchte. Dass er in den beiden zuletzt genannten Gebieten erst in den dreißiger Jahren eingriff, bezeugt anschaulich das verzögerte Vorgehen des Hausmeiers. Dass er mit seiner Politik der Enteignung und Einsetzung von Landfremden in der Region nicht den erwünschten Erfolg erntete, zeigt zudem deutlich die Grenzen des Spielraums auf, der Karl Martell zur Verfügung stand. Aufflammende Aufstände, erneute Einfälle der muslimischen Herren Spaniens und Septimaniens und die dadurch notwendig gewordene Bitte um Hilfe beim Langobardenkönig waren das Ergebnis dieser Politik.

Die skizzierte Nutzung sich bietender Gelegenheiten, die Politik des Opportunen, lässt sich kaum mit Vorstellungen von einer langfristigen Handlungsstrategie Karls in Einklang bringen, die die unterschiedlichen Bereiche der Ausdehnungsbestrebungen, der Militärpolitik und der Kirchenpolitik miteinander verklammert hätte. Daher ist die Interpretation der Güterkonfiskationen durch den Hausmeier als systematische Entfremdungen kirchlichen Besitzes zu Recht in der Forschung revidiert worden, ebenso die damit einhergehende Bewertung Karls als eines gesellschaftlichen Neuerers. Auffällig ist allerdings seine Zurückhaltung bei der Förderung von Mission und Bekehrung in den Gebieten am nordöstlichen und östlichen Rand des Frankenreiches. Insbesondere Bonifatius scheint er (abgesehen von der Missionierung der Lippe-

Sachsen) nicht so nachdrücklich unterstützt zu haben, wie man sich das seitens des Papsttums in Rom wünschte und in entsprechenden Briefen auch zum Ausdruck brachte. Und obschon er auch Willibrord und Pirmin förderte, unterschied sich Karls Engagement insgesamt doch von dem seines Vaters, insbesondere aber von dem seiner Söhne. Die Regierungszeit Karl Martells stellt in dieser Hinsicht eine Verwerfung dar, die eine Entwicklung phasenweise abschwächte. Auch in seiner Haltung gegenüber politischen Forderungen des Papsttums ließ sich Karl von seiner aktuellen Interessenlage leiten. Er leistete Gregor III. keine Unterstützung gegen die Langobarden, sondern hielt an seinem guten Verhältnis zu Liutprand fest. Erst sein Sohn und Nachfolger Pippin leitete hier eine bündnispolitische Wende zugunsten des Papstes ein.

Die Überlegungen zu Konzepten und zu politischen Strategien wirft auch die Frage nach der Verortung der Herrschaft Karl Martells im dynastischen Wechsel von den Merowingern zu den Karolingern auf. Für Karl war der König vor allem zu Beginn seiner Herrschaft als Hausmeier eine wichtige, legitimationsstiftende Figur in einer Herrschaftsstruktur, die auf einer älteren Basis beruhte. Karl beherrschte letztlich ein noch immer merowingisches Reich: Die formale Bestätigung des Hausmeiers durch den König führt anschaulich vor Augen, dass wie noch am Ende des 7. Jahrhunderts auch in Karl Martells Zeit mit den alten Kräften und Strukturen zu rechnen war. Der Herrscher blieb entscheidender legitimatorischer Bezugspunkt auch für Karl. Vor diesem Hintergrund ist die Alleinherrschaft nach 737 tatsächlich nicht hoch genug zu bewerten.

Allerdings fällt es schwer, die Regierungszeit des Hausmeiers im Allgemeinen und die Phase der Alleinherrschaft nach 737 im Besonderen als Vorlauf für die Erlangung der Königskrone zu betrachten. Angesichts der nahezu ungestörten Alleinherrschaftsphase, in der Karls Stellung insgesamt nicht gefährdet schien, bestand für den Hausmeier ohnehin keine dringende Notwendigkeit, den dynastischen Wechsel und die Erlangung der Königswürde anzustreben. Bestätigt wird diese Einschätzung durch das Verhalten der Karlssöhne: Erst 743, im zweiten

Jahr nach dem Tod des Vaters, setzten sie Childerich III. auf den Thron. Vorausgegangen war der Kampf gegen ein Bündnis zahlreicher Gegner, das seine Basis vor allem in den Randdukaten hatte. Die dortigen *duces* hatten auch in der Zeit Karl Martells die Bindung ihrer Personen und ihrer Amtsausübung an den Merowingerkönig geknüpft, und der breite Widerstand gegen die karolingische Herrschaft war es, der Karlmann und Pippin zur Rückkehr zu den Zuständen von vor 737 nötigten. Vielleicht setzte sich erst jetzt, nach diesem Ereignis, bei Pippin die Erkenntnis durch, dass eine dauerhafte Machtsicherung nur erfolgen konnte, wenn die Merowinger vom Thron verdrängt sein würden. Gänzlich ausgeschlossen werden kann zwar nicht, dass schon Karl Martell über diese Option nachgedacht hat. Es spricht aber vieles dafür, dass seine Pläne noch nicht so weit gingen. Karl war dem Königsthron ein gutes Stück nähergerückt – er blieb aber Hausmeier. Er nutzte seine Position, um das von ihm beherrschte Reich – wie ein Merowingerherrscher oder ein Herzog in einem der Außendukate – unter seine Söhne aufzuteilen. Damit tat er es letztlich seinem Vater gleich, der 697 seine Söhne mit Aufgaben im Reich betraute, einen davon sogar mit dem Hausmeieramt in Neustrien ausstattete. In verfassungsgeschichtlicher Perspektive knüpfte Karl Martell hier demnach an ältere Herrschaftspraktiken an.

Doch auch ohne eine direkte Verbindung zu den Ereignissen von 751 und 754 oder sogar von 800 zu ziehen, ist die Führung des Reiches durch Karl Martell ohne einen König an seiner Seite eine bis dahin einzigartige Konstellation. Sie bezeugt die schrittweise erfolgte Emanzipation des Hausmeiers von den Merowingerherrschern. Der politische Erfolg Karl Martells, der auf seiner militärischen Stärke basierte, hatte die Voraussetzungen dafür geschaffen. Will man daher im Übergang von der Merowinger- zur Karolingerzeit einen Einschnitt suchen, so wird man ihn zweifellos nicht 687 mit der Schlacht von Tertry ansetzen, sondern in der Krise in den Jahren nach 714, stärker aber noch am Ende der dreißiger Jahre suchen müssen, als Theuderich verstarb und der Hausmeier alleine herrschte. Nachdem alle anderen Nachkommen und Erben

Pippins II. verdrängt waren, vermochte Karl seine Herrschaft auf seine eigenen Söhne zu übertragen. Dies galt auch für Bereiche, in denen sein Vater selbst seine Macht nur mittelbar (wie anfänglich in Neustrien) oder gar nicht (wie beispielsweise in Burgund) zur Geltung bringen konnte.

Anschaulich zeigen die letztwilligen Verfügungen Karls, dass die Familie während seiner Herrschaft ihren pippinidischen Ursprüngen in zweifacher Hinsicht entwachsen war. Zum einen hatte das Geschlecht seine politische Beschränkung auf die Kerngebiete Austrasien und Neustrien abgestreift, da Karl durch seine Erfolge im Kampf weitere Gebiete des merowingischen Frankenreiches seiner Herrschaft unterworfen hatte. Der karolingische Machtbereich dehnte sich nun weiter aus als jemals zuvor. Karl Martell war aber zum anderen auch – deutlicher noch als sein Vater Pippin II. – den Grenzen des Hausmeieramts entwachsen. Seine Stellung ermöglichte es ihm schließlich, in königsgleicher Verfügungsgewalt sein Reich unter seinen Erben aufzuteilen.

Insgesamt hatte Karl seiner Familie eine erheblich größere Machtbasis und gefestigtere Stellung geschaffen, die sie gegenüber rivalisierenden Adelsgeschlechtern deutlich überhöhte. Zugleich wies er mit der Ausdehnung seiner Macht durch seine zahlreichen Feldzüge seinen Nachfolgern den Weg. Deren Politik zielte in den Jahrzehnten nach seinem Tod auf die Integration Aquitaniens, Bayerns und Sachsens in ihr Reich; sie führten auf diese Weise fort, was Karl Martell begonnen hatte. Seinen Erben sollte es schließlich auch vorbehalten bleiben, der karolingischen Herrschaft durch die Erlangung der Königs- und später der Kaiserkrone neue Gestalt zu verleihen.

10 Bibliographie

10.1 Quellen

Ado von Vienne, Chronicon, ed. Georg Heinrich Pertz (MGH Scriptores 2), Hannover 1879, S. 315–323.

Adrevald von Fleury, Miracula Sancti Benedicti, ed. Oswald Holder-Egger (MGH Scriptores 15, 1), Hannover 1887, S. 474–497.

Alcuin, Vita Willibrordi archiepiscopi Traiectensis, ed. Wilhelm Levison (MGH SS rerum Merovingicarum 7), Hannover – Leipzig 1920, S. 81–141.

Annales Alamannici, ed. Walter Lendi, in: Ders., Untersuchungen, S. 146–192.

Annales Sancti Amandi, ed. Georg Heinrich Pertz (MGH Scriptores 1), Hannover 1826, S. 3–14.

Annales qui dicuntur Einhardi, ed. Friedrich Kurze (MGH Scriptores rerum Germanicarum in usum scholarum 6), Hannover 1895.

Annales Fuldenses, ed. Friedrich Kurze (MGH Scriptores rerum Germanicarum in usum scholarum 7), Hannover 1891.

Annales Guelferbytani, ed. Walter Lendi, in: Ders., Untersuchungen, S. 147–181.

Annales Laubacenses, ed. Georg Heinrich Pertz (MGH Scriptores 1), Hannover 1826, S. 3–12.

Annales Laureshamenses, ed. Georg Heinrich Pertz (MGH Scriptores 1), Hannover 1826, S. 19–30.

Annales Mettenses priores, ed. Bernhard von Simson (MGH Scriptores rerum Germanicarum in usum scholarum 10), Hannover – Leipzig 1905, S. 1–98.

Annales Mosellani, ed. Johann Martin Lappenberg (MGH Scriptores 16), Hannover 1859, S. 491–499.

Annales Nazariani, ed. Walter Lendi, in: Ders., Untersuchungen, S. 147–167.

Annales Petaviani, ed. Georg Heinrich Pertz (MGH Scriptores 1), Hannover 1826, S. 3–13.

Annales regni Francorum, ed. Friedrich Kurze (MGH Scriptores rerum Germanicarum in usum scholarum 6), Hannover 1895.

Annales de Saint-Denis, généralement connues sous le titre de Chronicon Sancti Dionysii ad cyclos paschales, ed. Élie Berger, in: Bibliothèque de l'École des Chartes 40 (1879) S. 261–295.

Annales Tiliani, ed. Georg Heinrich Pertz (MGH Scriptores 1), Hannover 1826, S. 3–8, 219–224.

Arbeo von Freising, Vita Corbiniani episcopi Baiuvariorum, ed. Bruno Krusch (MGH Scriptores rerum Germanicarum in usum scholarum 13), Hannover 1920, S. 100–234.

[Beda Venerabilis, Historia ecclesiastica] Bede's Ecclesiastical History of the English people, ed. Bertram Colgrave und Richard Aubrey Baskerville Mynors, Oxford 1969.

Die Briefe des heiligen Bonifatius und Lullus, ed. Michael Tangl (MGH Epistolae selectae in usum scholarum 1), Berlin 1916.

The Calendar of St. Willibrord from MS. Paris. Lat. 10837. A Facsimile With Transcription, Introduction, and Notes, ed. by Henry Austin Wilson (Henry Bradshaw Society LV), London 1918 (Neudruck Suffolk 1998).

Capitularia regum Francorum, ed. Alfred Boretius, Bd. 1 (MGH Legum Sectio II), Hannover 1883.

Das Chronicon Laurissense breve, ed. H. Schnorr von Carolsfeld, in: Neues Archiv der Gesellschaft für ältere deutsche Geschichtskunde 36 (1911) S. 15–39.

Chronicon Moissiacense, ed. Georg Heinrich Pertz (MGH Scriptores 1), Hannover 1826, S. 280–313.

Chronicon universale, ed. Georg Waitz (MGH Scriptores 13), Hannover 1881, S. 1–19.

Chronique des abbés de Fontenelle (Saint-Wandrille), ed. Pascal Pradié (Les Classiques de l'Histoire de France au Moyen Âge 40), Paris 1999.

Codex Carolinus, ed. Wilhelm Gundlach (MGH Epistolae 3), Berlin 1892, S. 469–657.

Continuatio Hispana, ed. Theodor Mommsen (MGH Auctores antiquissimi 11), Berlin 1894, S. 323–368.

Continuationes Bedae, in: Bede's Ecclesiastical History of the English people, ed. Bertram Colgrave und Richard Aubrey Baskerville Mynors, Oxford 1969, S. 572–577.

Diplomatum imperii I, ed. Georg Heinrich Pertz (MGH Diplomata 1), Hannover 1872.

Eddius Stephanus, The Life of Bishop Wilfrid, ed. Bertram Colgrave, Cambridge u.a. 1927.
Einhard, Vita Caroli Magni, ed. Oswald Holder-Egger (MGH Scriptores rerum Germanicarum in usum scholarum 25), Hannover – Leipzig 1911.
Erchambert, Breviarium regum Francorum et maiorum-domus, ed. Aemilianus Ussermann, in: Chronicon Hermanni Contracti ex inedito hucusque codice Augiensi, unacum eius vita et continuationes, ed. ders., Bd. 1, St. Blasien 1790, S. XLI–LII.
Erchanbert, Breviarium regum Francorum, ed. Georg Heinrich Pertz (MGH Scriptores 2), Hannover 1829, S. 327–330.
[Ermoldus Nigellus] Ermold le Noir, Poème sur Louis le Pieux et épitres au roi Pépin, édités et traduits par Edmond Faral (Les Classiques de l'Histoire de France au Moyen Âge), Paris 1932.

[Fredegar, Chronicae und Continuationes Fredegarii] Chronicarum quae dicuntur Fredegarii Scholastici libri IV. cum Continuationibus, ed. Bruno Krusch (MGH Scriptores rerum Merovingicarum 2), Hannover 1888, S. 1–193.

Genealogiae comitum Flandriae, ed. Ludwig Bethmann (MGH Scriptores 9), Hannover 1851, S. 302–336.
Gesta episcoporum Autisiodorensium, ed. Georg Waitz (MGH Scriptores 13), Hannover 1881, S. 393–400.
Gregor von Tours, Libri historiarum X, ed. Bruno Krusch und Wilhelm Levison (MGH Scriptores rerum Merovingicarum 1, 1), Hannover 1951.

Hermann der Lahme, Chronicon, ed. Georg Heinrich Pertz (MGH Scriptores 5), Hannover 1844, S. 67–133.
Hugo von Flavigny, Chronicon, ed. Georg Heinrich Pertz (MGH Scriptores 8), Hannover 1848, S. 280–503.

Die Konzilien der karolingischen Teilreiche 843–859, ed. Wilfried Hartmann (MGH Concilia 3), Hannover 1984.

Liber historiae Francorum, ed. Bruno Krusch (MGH Scriptores rerum Merovingicarum 2), Hannover 1888, S. 215–328.

Le Liber pontificalis, ed. Louis Duchesne (Bibliothèque des Écoles Françaises d'Athènes et de Rome Sér. 2, 1), Paris ²1955 (Neudruck 1981).

Liber Traditionum, in: Diplomata belgica ante annum millesimum centesimum scripta, ed. M. Gysseling und A. C. F. Koch (Bouwstoffen en Studiën voor de Geschiedenis en de Lexicografie van het Nederlands 1), Brüssel 1950, S. 123–138 Nr. 49.

Liudger, Vita Gregorii abbatis Traiectensis, ed. Oswald Holder-Egger (MGH Scriptores 15, 1), Hannover 1887, S. 63–79.

Lupus von Ferrières, Vita Maximini episcopi Trevirensis, ed. Bruno Krusch (MGH Scriptores rerum Merovingicarum 3), Hannover 1896, S. 71–82.

Miracula Sancti Martialis, ed. Oswald Holder-Egger (MGH Scriptores 15, 1), Hannover 1887, S. 280–283.

Jean Marie Pardessus, Diplomata, chartae, epistolae, leges aliaque instrumenta ad res gallo-francicas spectantia…, Bd. 2: Instrumenta ab anno 628 ad annum 751, Paris 1849 (Neudruck Aalen 1969).

Passio Kiliani martyris Wirziburgensis, ed. Wilhelm Levison (MGH Scriptores rerum Merovingicarum 5), Hannover – Leipzig 1910, S. 722–728.

Passio Sancti Salvii, ed. Maurice Coens, in: Ders., Passion, S. 164–187.

Paulus Diaconus, Historia Langobardorum, ed. Ludwig Bethmann und Georg Waitz (MGH Scriptores rerum Langobardicarum et Italicarum 1), Hannover 1878, S. 12–187.

Testamentum Abbonis, ed. Patrick Geary, in: Ders., Aristocracy, S. 36–79.

Die Urkunden der Arnulfinger, ed. Ingrid Heidrich, Bad Münstereifel 2001.

Die Urkunden der Merowinger, nach Vorarbeiten von Carlrichard Brühl hg. von Theo Kölzer, Teil 1 (MGH Diplomata regum Francorum e stirpe Merovingica 1), Hannover 2001.

Vita Ansberti episcopi Rotomagensis, ed. Wilhelm Levison (MGH Scriptores rerum Merovingicarum 5), Hannover – Leipzig 1910, S. 613–641.

Vita Sancti Arnulfi, ed. Bruno Krusch (MGH Scriptores rerum Merovingicarum 2), Hannover 1888, S. 426–446.

Vita Erminonis, ed. Wilhelm Levison (MGH Scriptores rerum Merovingicarum 6), Hannover – Leipzig 1913, S. 461–470.

Vita Eucherii episcopi Aurelianensis, ed. Wilhelm Levison (MGH Scriptores rerum Merovingicarum 7), Hannover – Leipzig 1920, S. 41–53.

Vita Sanctae Geretrudis, ed. Bruno Krusch (MGH Scriptores rerum Merovingicarum 2), Hannover 1888, S. 447–474.

Vita Landiberti vetustissima, ed. Bruno Krusch (MGH Scriptores rerum Merovingicarum 6), Hannover – Leipzig 1913, S. 353–384.

Vita Leutfredi abbatis Madriacensis, ed. Wilhelm Levison (MGH Scriptores rerum Merovingicarum 7), Hannover – Leizig 1920, S. 1–16.

Vita Pardulfi abbatis Waractensis, ed. Wilhelm Levison (MGH Scriptores rerum Merovingicarum 7), Hannover – Leizig 1920, S. 19–40.

Vita Rigoberti episcopi Remensis, ed. Wilhelm Levison (MGH Scriptores rerum Merovingicarum 7), Hannover – Leizig 1920, S. 54–78.

Vita Vulframni episcopi Senonici auctore Pseudo-Iona, ed. Wilhelm Levison, in: Passiones vitaeque sanctorum aevi Merovingici, ed. Bruno Krusch und Wilhelm Levison (MGH Scriptores rerum Merovingicarum 5), Hannover – Leipzig 1910, S. 657–673.

Camille Wampach, Geschichte der Grundherrschaft Echternach im Frühmittelalter. Untersuchungen über die Person des Gründers, über die Kloster- und Wirtschaftsgeschichte auf Grund des liber aureus Epternacensis (698–1222), Bd. I, 2: Quellenband, Luxemburg 1930.

Willibald, Vita Sancti Bonifatii archiepiscopi Moguntini, in: Vitae Sancti Bonifatii archiepiscopi Moguntini, ed. Wilhelm Levison (MGH Scriptores rerum Germanicarum in usum scholarum 57), Hannover – Leipzig 1905, S. 1–57.

10.2 Literatur

Arnold Angenendt, Taufe und Politik im frühen Mittelalter, in: Frühmittelalterliche Studien 7 (1973) S. 143–168.

–, Willibrord im Dienste der Karolinger, in: Annalen des historischen Vereins für den Niederrhein 175 (1973) S. 63–113.

–, Das geistliche Bündnis der Päpste mit den Karolingern, 754–796, in: Historisches Jahrbuch 100 (1980) S. 1–94

–, Willibrord als römischer Erzbischof, in: Willibrord. Apostel der Niederlande, Gründer der Abtei Echternach. Gedenkgabe zum 1250. Todestag des angelsächsischen Missionars, hg. von Georges Kiesel und Jean Schroeder, Luxembourg ²1990, S. 31–41.

–, Das Frühmittelalter. Die abendländische Christenheit von 400 bis 900, Stuttgart – Berlin – Köln ²1995.

Bernard S. Bachrach, Merovingian Military Organization, 481–751, Minneapolis 1972.

–, Early Carolingian Warfare. Prelude to Empire, Philadelphia 2001.

–, Charles Martel, Mounted Shock Combat, the Stirrup, and Feudalism, in: Studies in Medieval and Renaissance History 7 (1970) S. 49–75; wieder abgedruckt in: Warfare in the Dark Ages, S. 221–247.

Die Bajuwaren. Von Severin bis Tassilo 488–788. Gemeinsame Landesausstellung des Freistaates Bayern und des Landes Salzburg, Rosenheim/Bayern, Mattsee/Salzburg, 19. Mai bis 6. November 1988, hg. von Hermann Dannheimer und Heinz Dopsch, München – Salzburg 1988.

Matthias Becher, Der sogenannte Staatsstreich Grimoalds. Versuch einer Neubewertung, in: Karl Martell in seiner Zeit, S. 119–147.

–, »Non enim habent regem idem Antiqui Saxones...« Verfassung und Ethnogenese in Sachsen während des 8. Jahrhunderts, in: Sachsen und Franken in Westfalen. Zur Komplexität der ethnischen Deutung und Abgrenzung zweier frühmittelalterlicher Stämme. Ergebnisse eines vom 22.–25. April 1999 in Paderborn durchgeführten Kolloquiums zur Vorbereitung der Ausstellung »799. Kunst und Kultur der Karolingerzeit. Karl der Große und Leo III. in Paderborn«, hg. von Hans-Jürgen Häßler, bearb. von Jörg Jarnut und Matthias Wemhoff, Oldenburg 1999, S. 1–31.

–, Sachsen vom 6. bis 8. Jahrhundert: Nebenland des Frankenreichs, in: Über allen Fronten. Nordwestdeutschland zwischen Augustus und Karl dem Großen, hg. von Mamoun Fansa (Archäologische Mitteilungen aus Nordwestdeutschland, Beiheft 26), Oldenburg 1999, S. 145–161.

–, Eine verschleierte Krise. Die Nachfolge Karl Martells 741 und die Anfänge der karolingischen Hofgeschichtsschreibung, in: Von

Fakten und Fiktionen. Mittelalterliche Geschichtsdarstellung und ihre kritische Aufarbeitung, hg. von Johannes Laudage, Köln – Weimar – Wien 2003, S. 95–133.

–, Die Chronologie der Äbte von Saint-Wandrille in der ersten Hälfte des 8. Jahrhunderts. Studien zu den Gesta abbatum Fontanellensium, in: Vielfalt der Geschichte, S. 25–47.

–, Eine Reise nach Rom, ein Hilferuf und ein Reich ohne König. Bonifatius in den letzten Jahren Karl Martells, in: Bonifatius – Leben und Nachwirken, S. 231–253.

–, Merowinger und Karolinger, Darmstadt 2009.

–, Chlodwig I. Der Aufstieg der Merowinger und das Ende der antiken Welt, München 2011.

Bonifatius – Leben und Nachwirken. Die Gestaltung des christlichen Europa im Frühmittelalter, hg. von Franz J. Felten, Jörg Jarnut und Lutz E. von Padberg (Quellen und Abhandlungen zur mittelrheinischen Kirchengeschichte 121), Mainz 2007.

Michael Borgolte, Geschichte der Grafschaften Alemanniens in fränkischer Zeit (Vorträge und Forschungen Sonderbd. 31), Sigmaringen 1984.

Wolfram Brandes, The Satraps of Constantine, in: Johannes Fried, Donation of Constantine and Constitutum Constantini. The Misinterpretation of a Fiction and its Original Meaning. With a contribution by Wolfram Brandes: »The Satraps of Constantine« (Millennium-Studien zu Kultur und Geschichte des ersten Jahrtausends n. Chr./Millennium Studies in the culture and history of the first millennium C. E. 3), Berlin – New York 2007, S. 115–127.

Theodor Breysig, Jahrbücher des fränkischen Reiches, 714–741: Die Zeit Karl Martells, Leipzig 1869.

Heinrich Brunner, Der Reiterdienst und die Anfänge des Lehnwesens, in: Zeitschrift der Savigny-Stiftung für Rechtsgeschichte Germanistische Abteilung 8 (1887) S. 1–38.

Rudolf Buchner, Die Provence in merowingischer Zeit. Verfassung – Wirtschaft – Kultur, Stuttgart 1933.

Jacob Burckhardt, Carl Martell, in: Ders., Frühe Schriften, hg. von Hans Trog und Emil Dürr (Jacob Burckhardt-Gesamtausgabe 1), Berlin – Leipzig 1930, S. 55–111.

Die Burgunder. Ethnogenese und Assimilation eines Volkes. Dokumentation des 6. wissenschaftlichen Symposiums der Nibelungenliedgesellschaft Worms e. V. und der Stadt Worms vom 21. bis 24. September 2006, hg. von Volker Gallé, Worms 2008.

Jörg W. Busch, Vom Attentat zur Haft. Die Behandlung von Konkurrenten und Opponenten der frühen Karolinger, in: Historische Zeitschrift 263 (1996) S. 561–588.

Élisabeth Carpentier, Les batailles de Poitiers. Charles Martel et les Arabes en 30 questions, La Crèche 2000.

Peter Classen, Italien zwischen Byzanz und dem Frankenreich, in: Nascita dell'Europa ed Europa Carolingia: un'equazione da verificare (Settimane di studio del Centro italiano di studi sull'alto medioevo 27, 2), Spoleto 1981, S. 919–971; wieder abgedruckt in: Ausgewählte Aufsätze von Peter Classen, hg. von Josef Fleckenstein (Vorträge und Forschungen 28), Sigmaringen 1983, S. 85–115.

Maurice Coens, La Passion de Saint Sauve, martyr à Valenciennes, in: Analecta Bollandiana 87 (1969) S. 133–187.

Roger Collins, The Arab Conquest of Spain, 710–797, Oxford – Malden 1989.

–, Deception and Misrepresentation in Early Eighth Century Frankish Historiography: Two Case Studies, in: Karl Martell in seiner Zeit, S. 227–247.

–, Die Fredegar-Chroniken (MGH Studien und Texte 44), Hannover 2007.

Marios Costambeys, An aristocratic community on the northern Frankish frontier 690–726, in: Early Medieval Europe 3 (1994) S. 39–62.

Scott DeGregorio (Hg.), The Cambridge Companion to Bede, Cambridge u. a. 2010.

Jean Deviosse, Charles Martel, Paris 1978.

Alain Dierkens, Carolus monasteriorum multorum eversor et ecclesiasticarum pecuniarum in usus proprios commutator? Notes sur la politique monastique du maire du palais Charles Martel, in: Karl Martell in seiner Zeit, S. 277–294.

Heinz Dopsch, Zum Anteil der Romanen und ihrer Kultur an der Stammesbildung der Bajuwaren, in: Die Bajuwaren, S. 47–54.

Der Dynastiewechsel von 751. Vorgeschichte, Legitimationsstrategien und Erinnerung, hg. von Matthias Becher und Jörg Jarnut, Münster 2004.

Horst Ebling, Prosopographie der Amtsträger des Merowingerreiches von Chlothar II. (613) bis Karl Martell (741) (Beihefte der Francia 2), München 1974.

–, Die inneraustrasische Opposition, in: Karl Martell in seiner Zeit, S. 295–304.

Karl August Eckhardt, Lex Ribuaria I: Austrasisches Recht im 7. Jahrhundert, Göttingen – Berlin – Frankfurt 1959.

Gustav Eiten, Das Unterkönigtum im Reiche der Merovinger und Karolinger (Heidelberger Abhandlungen zur mittleren und neueren Geschichte 18), Heidelberg 1907.

Stefan Esders, Römische Rechtstradition und merowingisches Königtum. Zum Rechtscharakter politischer Herrschaft in Burgund im 6. und 7. Jahrhundert (Veröffentlichungen des Max-Planck-Instituts für Geschichte 134), Göttingen 1997.

Andrea Esmyol, Geliebte oder Ehefrau? Konkubinen im frühen Mittelalter (Beihefte zum Archiv für Kulturgeschichte 52), Köln – Weimar – Wien 2002.

Eugen Ewig, Die fränkischen Teilreiche im 7. Jahrhundert (613–714), in: Trierer Zeitschrift 22 (1953) S. 85–144; wieder abgedruckt in: Ders., Spätantikes und fränkisches Gallien 1, S. 172–230.

–, Die fränkischen Teilungen und Teilreiche (511–613), in: Akademie der Wissenschaften und der Literatur Mainz. Abhandlungen der geistes- und sozialwissenschaftlichen Klasse, Bd. 9, Wiesbaden 1953, S. 651–715; wieder abgedruckt in: Ders., Spätantikes und fränkisches Gallien 1, S. 114–171.

–, Milo et eiusmodi similes, in: Sankt Bonifatius. Gedenkgabe zum 1200. Todestag, Fulda ²1954, S. 412–440; wieder abgedruckt in: Ders., Spätantikes und fränkisches Gallien 2, S. 189–219.

–, Zum christlichen Königsgedanken im Frühmittelalter, in: Das Königtum. Seine geistigen und rechtlichen Grundlagen (Vorträge und Forschungen 3), Konstanz 1956, S. 7–73; wieder abgedruckt in: Ders., Spätantikes und fränkisches Gallien 1, S. 3–71.

–, Spätantikes und fränkisches Gallien. Gesammelte Schriften (1952–1973), hg. von Hartmut Atsma, Bd. 1 (Beihefte der Francia 3/1), Zürich – München 1976.

–, Bemerkungen zu den Immunitätsbestimmungen und den Schenkungsinserten der Reichenauer Fälschungen, in: Die Gründungsurkunden der Reichenau, S. 63–80; wieder abgedruckt in: Ders., Spätantikes und Fränkisches Gallien 3, S. 607–624.

–, Spätantikes und fränkisches Gallien. Gesammelte Schriften (1952–1973), hg. von Hartmut Atsma, Bd. 2 (Beihefte der Francia 3/2), Zürich – München 1979.

–, Die fränkischen Königskataloge und der Aufstieg der Karolinger, in: Deutsches Archiv für Erforschung des Mittelalters 51 (1995) S. 1–28; wieder abgedruckt in: Ders., Spätantikes und Fränkisches Gallien 3, S. 259–286.

–, Die Merowinger und das Frankenreich. Mit Literaturnachträgen von Ulrich Nonn, Stuttgart ⁵2006.

–, Spätantikes und Fränkisches Gallien. Gesammelte Schriften (1974–2007), hg. von Matthias Becher, Theo Kölzer, Ulrich Nonn, Bd. 3 (Beihefte der Francia 3/3), Ostfildern 2009.

Franz J. Felten, Äbte und Laienäbte im Frankenreich. Studie zum Verhältnis von Staat und Kirche im früheren Mittelalter (Monographien zur Geschichte des Mittelalters 20), Stuttgart 1980.

Johannes Fischer, Der Hausmeier Ebroin, Phil. Diss. Bonn 1954.

Paul Fouracre, Observations on the outgrowth of Pippinid influence in the »Regnum Francorum« after the battle of Tertry (687–715), in: Medieval prosopography 5, 2 (1984) S. 1–31.

–/Richard A. Gerberding, Late Merovingian France. History and Hagiography, 640–720 (Manchester Medieval Sources Series), Manchester – New York 1996.

–, The Age of Charles Martel, Harlow u. a. 2000.

–, Writing about Charles Martel, in: Law, laity and solidarities. Essays in honour of Susan Reynolds, ed. by Pauline Stafford, Janet L. Nelson and Jane Martindale, Manchester – New York 2001, S. 12–26.

–, Why were so many bishops killed in Merovingian Francia?, in: Bischofsmord im Mittelalter. Murder of Bishops, hg. von Natalie Fryde und Dirk Reitz (Veröffentlichungen des Max-Planck-Instituts für Geschichte 191), Göttingen 2003, S. 13–35.

–, Francia in the seventh century, in: The new Cambridge medieval history, Bd. 1: c. 500–c. 700, hg. von dems., Cambridge u. a. 2005, S. 371–396.

Eckhard Freise, Kalendarische und annalistische Grundformen der Memoria, in: Memoria. Der geschichtliche Zeugniswert des liturgischen Gedenkens im Mittelalter, hg. von Karl Schmid und Joachim Wollasch (Münstersche Mittelalter-Schriften 48), München 1984, S. 441–577.

Stephan Freund, Von den Agilolfingern zu den Karolingern. Bayerns Bischöfe zwischen Kirchenorganisation, Reichsintegration und Karolingischer Reform (700–847) (Schriftenreihe zur bayerischen Landesgeschichte 144), München 2004.

–, Bonifatius und die bayerischen Bistümer aus hagiographischer Sicht, in: Bonifatius – Leben und Nachwirken, S. 281–293.

Alfred Friese, Studien zur Herrschaftsgeschichte des fränkischen Adels. Der mainländisch-thüringische Raum vom 7. bis 11. Jahrhundert (Geschichte und Gesellschaft. Bochumer Historische Studien 18), Stuttgart 1979.

Die Frühzeit der Thüringer. Archäologie, Sprache, Geschichte, hg. von Helmut Castritius, Dieter Geuenich und Matthias Werner unter Mitarbeit von Thorsten Fischer (Ergänzungsbände zum Reallexikon der Germanischen Altertumskunde 63), Berlin – New York 2009.

Patrick Geary, Aristocracy in Provence. The Rhône Basin at the dawn of the Carolingian age (Monographien zur Geschichte des Mittelalters 31), Stuttgart 1985.

–, Die Provence zur Zeit Karl Martells, in: Karl Martell in seiner Zeit, S. 381–392.

–, Die Merowinger. Europa vor Karl dem Großen, München ³2007.

Richard A. Gerberding, The Rise of the Carolingians and the Liber Historiae Francorum, Oxford 1987.

–, 716: A Crucial Year for Charles Martel, in: Karl Martell in seiner Zeit, S. 205–216.

Jan Gerchow, Die Gedenküberlieferung der Angelsachsen. Mit einem Katalog der *libri vitae* und Necrologien (Arbeiten zur Frühmittelalterforschung 20), Berlin – New York 1988.

Dieter Geuenich, Chlodwigs Alemannenschlacht(en) und Taufe, in: Die Franken und die Alemannen bis zur »Schlacht bei Zülpich« (496/97), hg. von dems. (Ergänzungsbände zum Reallexikon der Germanischen Altertumskunde 19), Berlin – New York 1998, S. 423–437.

–, Geschichte der Alemannen, Stuttgart ²2005.

Michael Glatthaar, Bonifatius und das Sakrileg. Zur politischen Dimension eines Rechtsbegriffs (Freiburger Beiträge zur mittelalterlichen Geschichte 17), Frankfurt am Main u. a. 2004.

–, Gregor II. und Karl Martell im Jahr 729, in: Scientia veritatis. Festschrift für Hubert Mordek zum 65. Geburtstag, hg. von Oliver Münsch und Thomas Zotz, Ostfildern 2004, S. 77–90.

Hans-Werner Goetz, Karl Martell und die Heiligen. Kirchenpolitik und Maiordomat im Spiegel der spätmerowingischen Hagiographie, in: Karl Martell in seiner Zeit, S. 101–118.

–, Der fränkische maior domus in der Sicht erzählender Quellen, in: Vielfalt der Geschichte, S. 11–24.

Walter Goffart, The Le Mans Forgeries. A Chapter from the History of Church Property in the Ninth Century (Harvard Historical Studies 76), Cambridge, MA 1966.

Heike Grahn-Hoek, Das Recht der Thüringer und die Frage ihrer ethnischen Identität. Mit einer Bemerkung zur Entstehung von Begriff und Institution ›Adel‹, in: Die Frühzeit der Thüringer, S. 415–456.

Die Gründungsurkunden der Reichenau, hg. von Peter Classen (Vorträge und Forschungen 24), Sigmaringen 1977.

Achim Thomas Hack, Codex Carolinus. Päpstliche Epistolographie im 8. Jahrhundert, 2 Halbbde. (Päpste und Papsttum 35, 1 und 2), Stuttgart 2006 und 2007.

Guy Halsall, Warfare and society in the barbarian West, 450–900, London – New York 2003.

Stefanie Hamann, Zur Chronologie des Staatsstreichs Grimoalds, in: Deutsches Archiv für Erforschung des Mittelalters 59 (2003) S. 49–96.

Carl I. Hammer, From *Ducatus* to *Regnum*. Ruling Bavaria under the Merovingians and Early Carolingians (Collection *Haut Moyen Âge* 2), Turnhout 2007.

Matthias Hardt, Gold und Herrschaft. Die Schätze europäischer Könige und Fürsten im ersten Jahrtausend (Europa im Mittelalter. Abhandlungen und Beiträge zur historischen Komparatistik 6), Berlin 2004.

Martina Hartmann, Pater incertus? Zu den Vätern des Gegenkönigs Chlothar IV. (717–718) und des letzten Merowingerkönigs Childerich III. (743–751), in: Deutsches Archiv für Erforschung des Mittelalters 58 (2002) S. 1–15.

–, Die Königin im frühen Mittelalter, Stuttgart 2009.

Wilfried Hartmann, Die Synoden der Karolingerzeit im Frankenreich und in Italien (Konziliengeschichte. Reihe A: Darstellungen), Paderborn – München – Wien – Zürich 1989.

–, Karl der Große, Stuttgart 2010.

Irene Haselbach, Aufstieg und Herrschaft der Karlinger in der Darstellung der sogenannten Annales Mettenses priores. Ein Beitrag zur Geschichte der politischen Ideen im Reiche Karls des Großen (Historische Studien 412), Lübeck – Hamburg 1970.

Wolfgang Haubrichs, Ein namhaftes Volk – Burgundische Namen und Sprache des 5. und 6. Jahrhunderts, in: Die Burgunder, S. 135–184.

Ingrid Heidrich, Titulatur und Urkunden der arnulfingischen Hausmeier, in: Archiv für Diplomatik 11/12 (1965/66) S. 71–279.

–, Die urkundliche Grundausstattung der elsässischen Klöster, St. Gallens und der Reichenau in der ersten Hälfte des 8. Jahrhunderts, in: Die Gründungsurkunden der Reichenau, S. 31–62.

– (Ed.), Der Text der Reichenauer »Gründungsurkunden«, in: Die Gründungsurkunden der Reichenau, S. 81–88.

–, Von Plectrud zu Hildegard. Beobachtungen zum Besitzrecht adliger Frauen im Frankenreich des 7. und 8. Jahrhunderts und zur politischen Rolle der Frauen der frühen Karolinger, in: Rheinische Vierteljahrsblätter 52 (1988) S. 1–15.

–, Les maires du palais neustriens du milieu du VIIe au milieu du VIIIe siècle, in: La Neustrie, S. 217–229.

–, Die Urkunden Pippins d. M. und Karl Martells: Beobachtungen zu ihrer zeitlichen und räumlichen Streuung, in: Karl Martell in seiner Zeit, S. 23–33.

Martin Heinzelmann, Bischof und Herrschaft vom spätantiken Gallien bis zu den karolingischen Hausmeiern. Die institutionellen Grundlagen, in: Herrschaft und Kirche, S. 23–82.

Yitzhak Hen, Culture and Religion in Merovingian Gaul, A.D. 481–751 (Cultures, beliefs and traditions 1), Leiden – New York – Köln 1995.

–, The Early Liturgy of Echternach, in: Die Abtei Echternach 698–1998, hg. von Michele Camillo Ferrari, Jean Schroeder und Henri Trauffler in Zusammenarbeit mit Jean Krier (Publications du CLUDEM 15), Luxembourg 1999, S. 53–64.

Klaus Herbers, Covadonga, Poitiers und Roncesvalles – Das Abendland und sein islamisches Feindbild?, in: Der europäische Gedanke. Hintergrund und Finalität, hg. von Reinhard C. Meier-Walser und Bernd Rill, München 2000, S. 97–113.

–, Geschichte Spaniens im Mittelalter. Vom Westgotenreich bis zum Ende des 15. Jahrhunderts, Stuttgart 2006.

Herrschaft und Kirche. Beiträge zur Entstehung und Wirkungsweise episkopaler und monastischer Organisationsformen, hg. von Friedrich Prinz (Monographien zur Geschichte des Mittelalters 33), Stuttgart 1988.

Paul Hinschius, System des katholischen Kirchenrechts mit besonderer Rücksicht auf Deutschland, Bd. 3, Berlin 1883 (Neudruck Graz 1959).

Eduard Hlawitschka, Die Vorfahren Karls des Großen, in: Karl der Große. Lebenswerk und Nachleben, Bd. 1: Persönlichkeit und Geschichte, hg. von Helmut Beumann, Düsseldorf 1965, S. 51–82.

–, Karl Martell, das römische Konsulat und der römische Senat. Zur Interpretation von Fredegarii Continuatio c. 22, in: Die Stadt in der europäischen Geschichte. Festschrift Edith Ennen, hg. von Werner Besch, Klaus Fehn, Dietrich Höroldt, Franz Irsigler, Matthias Zender, Bonn 1972, S. 74–90; wieder abgedruckt in: Ders., Stirps regia. Forschungen zu Königtum und Führungsschichten im früheren Mittelalter. Ausgewählte Aufsätze. Festgabe zu seinem 60. Geburtstag, hg. von Gertrud Thoma und Wolfgang Giese, Frankfurt am Main 1988, S. 105–121.

Richard Hodges, Dream Cities. Emporia and the End of the Dark Ages, in: Towns in Transition. Urban Evolution in Late Antiquity and the Early Middle Ages, ed. by Neil Christie and Simon T. Loseby, Aldershot – Brookfield 1996, S. 289–305.

Hartmut Hoffmann, Untersuchungen zur karolingischen Annalistik (Bonner Historische Forschungen 10), Bonn 1958.

John Howe, The Hagiography of Saint-Wandrille (Fontenelle) (Province of Haute-Normandie), in: L'hagiographie du haut moyen âge en Gaule du Nord. Manuscrits, textes et centres de production, sous la direction de Martin Heinzelmann (Beihefte der Francia 52), Stuttgart 2001, S. 127–192.

Hans J. Hummer, Politics and Power in Early Medieval Europe. Alsace and the Frankish Realm, 600–1000 (Cambridge Studies in Medieval Life and Thought. Fourth Series 65), Cambridge 2005.

Joachim Jahn, Hausmeier und Herzöge. Bemerkungen zur agilolfingisch-karolingischen Rivalität bis zum Tode Karl Martells, in: Karl Martell in seiner Zeit, S. 317–344.

Jörg Jarnut, Beiträge zu den fränkisch-bayerisch-langobardischen Beziehungen im 7. und 8. Jahrhundert (656–728), in: Zeitschrift für bayerische Landesgeschichte 39 (1976) S. 331–352; wieder abgedruckt in: Ders., Herrschaft und Ethnogenese im Frühmittelalter, S. 67–88.

–, Untersuchungen zur Herkunft Swanahilds, der Gattin Karl Martells, in: Zeitschrift für bayerische Landesgeschichte 40 (1977)

S. 245–249; wieder abgedruckt in: Ders., Herrschaft und Ethnogenese im Frühmittelalter, S. 101–105. (zitiert als Untersuchungen II)

–, Untersuchungen zu den fränkisch-alemannischen Beziehungen in der ersten Hälfte des 8. Jahrhunderts, in: Schweizerische Zeitschrift für Geschichte 30 (1980) S. 7–28; wieder abgedruckt in: Ders., Herrschaft und Ethnogenese im Frühmittelalter, S. 107–128. (zitiert als Untersuchungen I)

–, Geschichte der Langobarden, Stuttgart – Berlin – Köln – Mainz 1982.

–, Agilolfingerstudien. Untersuchungen zur Geschichte einer adligen Familie im 6. und 7. Jahrhundert (Monographien zur Geschichte des Mittelalters 32), Stuttgart 1986.

–, Genealogie und politische Bedeutung der agilolfingischen Herzöge, in: Mitteilungen des Instituts für Österreichische Geschichtsforschung 99 (1991) S. 1–22; wieder abgedruckt in: Ders., Herrschaft und Ethnogenese im Frühmittelalter, S. 139–160.

–, Bonifatius und Bayern, in: Der weite Blick des Historikers. Einsichten in Kultur-, Landes- und Stadtgeschichte. Peter Johanek zum 65. Geburtstag, hg. von Wilfried Ehbrecht, Angelika Lampen, Franz-Joseph Post und Mechthild Siekmann, Köln – Weimar – Wien 2002, S. 269–281.

–, Herrschaft und Ethnogenese im Frühmittelalter. Gesammelte Aufsätze von Jörg Jarnut. Festgabe zum 60. Geburtstag, hg. von Matthias Becher unter Mitarbeit von Stefanie Dick und Nicola Karthaus, Münster 2002.

Waltraud Joch, Karl Martell – ein minderberechtigter Erbe Pippins?, in: Karl Martell in seiner Zeit, S. 149–169.

–, Legitimität und Integration. Untersuchungen zu den Anfängen Karl Martells (Historische Studien 456), Husum 1999.

Bernhard Jussen, Patenschaft und Adoption im frühen Mittelalter. Künstliche Verwandtschaft als soziale Praxis (Veröffentlichungen des Max-Planck-Instituts für Geschichte 98), Göttingen 1991.

–, Über ›Bischofsherrschaften‹ und die Prozeduren politisch-sozialer Umordnung in Gallien zwischen ›Antike‹ und ›Mittelalter‹, in: Historische Zeitschrift 260 (1995) S. 673–718.

Mathias Kälble, Ethnogenese und Herzogtum Thüringen im Frankenreich (6.–9. Jahrhundert), in: Die Frühzeit der Thüringer, S. 329–413.

Reinhold Kaiser, Königtum und Bischofsherrschaft im frühmittelalterlichen Neustrien, in: Herrschaft und Kirche, S. 83–108.
–, Die Franken. Roms Erben und Wegbereiter Europas? (Historisches Seminar, Neue Folge 10), Idstein 1997.
–, Die Zeit Karl Martells – eine Umbruchsphase des frühen Mittelalters?, in: Historische Zeitschrift 264 (1997) S. 391–401.
–, Die Burgunder, Stuttgart 2004.
–, Das römische Erbe und das Merowingerreich (Enzyklopädie deutscher Geschichte 26), München ³2004.
Marco Kamradt, Die frühfränkische Historiographie und die Schlacht von Vinchy am 21. März 717, in: Concilium medii aevi 10 (2007) S. 153–166.
Karl Martell in seiner Zeit, hg. von Jörg Jarnut, Ulrich Nonn und Michael Richter unter Mitarbeit von Matthias Becher und Waltraud Reinsch (Beihefte der Francia 37), Sigmaringen 1994.
Sören Kaschke, Die karolingischen Reichsteilungen bis 831. Herrschaftspraxis und Normvorstellungen in zeitgenössischer Sicht (Schriften zur Mediävistik 7), Hamburg 2006.
Brigitte Kasten, Königssöhne und Königsherrschaft. Untersuchungen zur Teilhabe am Reich in der Merowinger- und Karolingerzeit (MGH Schriften 44), Hannover 1997.
–, Stepmothers in Frankish legal life, in: Law, laity and solidarities. Essays in honour of Susan Reynolds, ed. by Pauline Stafford, Janet L. Nelson and Jane Martindale, Manchester – New York 2001, S. 47–67.
Hagen Keller, Fränkische Herrschaft und alemannisches Herzogtum im 6. und 7. Jahrhundert, in: Zeitschrift für die Geschichte des Oberrheins 124 (1976) S. 1–30.
Theo Kölzer, Die letzten Merowinger: rois fainéants?, in: Der Dynastiewechsel von 751, S. 33–60.
Franz Kurowski, Die Friesen. Das Volk am Meer, Hamburg 2009.

Eva Leistenschneider, Die französische Königsgrablege Saint-Denis. Strategien monarchischer Repräsentation 1223–1461, Weimar 2008.
Régine Le Jan, Convents, violence, and competition for power in seventh-century Francia, in: Topographies of power in the early Middle Ages, ed. by Mayke de Jong and Frans Theuws with Carine van Rhijn (The Transformation of the Roman World 6), Leiden – Boston – Köln 2001, S. 243–269.

Léon Levillain, Les Nibelungen historiques et leurs alliances de famille, in: Annales du Midi 49 (1937) S. 337–408; 50 (1938) S. 5–66.

Wilhelm Levison, A propos du calendrier de S. Willibrord, in: Revue bénédictine 50 (1938) S. 37–41; wieder abgedruckt in: Ders., Aus rheinischer und fränkischer Frühzeit. Ausgewählte Aufsätze, Düsseldorf 1948, S. 342–346.

Klaus Lindner, Untersuchungen zur Frühgeschichte des Bistums Würzburg und des Würzburger Raumes (Veröffentlichungen des Max-Planck-Instituts für Geschichte 35), Göttingen 1972.

Sabine Lippert, Karl Martell. Geschichte und Legende, Goslar 2005.

José Eduardo López Pereira, Estudio crítico sobre la Crónica mozárabe de 754, Zaragoza 1980.

Thomas R. P. Mielke, Karl Martell. Der erste Karolinger, München 1999.

Hanns Leo Mikoletzky, Karl Martell und Grifo, in: Festschrift Edmund E. Stengel zum 70. Geburtstag am 24. Dezember 1949 dargebracht von Freunden, Fachgenossen und Schülern, Münster – Köln 1952, S. 130–156.

Shane Miller, The Hammer of Gaul – The Story of Charles Martel, New York 1964.

Hubert Mordek, Die Hedenen als politische Kraft im austrasischen Frankenreich, in: Karl Martell in seiner Zeit, S. 345–366.

Heribert Müller, Kunibert von Köln (um 590–663?), in: Rheinische Lebensbilder Bd. 12, hg. von Franz-Josef Heyen, Köln – Bonn 1991, S. 7–23.

Alexander Callander Murray, *Post vocantur Merohingii*: Fredegar, Merovech and ›Sacral Kingship‹, in: Ders. (Ed.), After Rome's Fall. Narrators and Sources of Early Medieval History. Essays presented to Walter Goffart, Toronto – Buffalo – London 1998, S. 121–152.

–, ›*Pax et disciplina*‹: Roman public law and the Merovingian state, in: Proceedings of the Tenth International Congress of Medieval Canon Law, Syracuse, New York, 13–18 August 1996, ed. by Kenneth Pennington, Stanley Chodorow and Keith H. Kendall (Monumenta Iuris Canonici, Series C, Subsidia 11), Città del Vaticano 2001, S. 269–285; wieder abgedruckt in: From Roman provinces to Medieval kingdoms, ed. by Thomas F. X. Noble (Rewriting histories), New York – Abingdon 2006, S. 376–388.

Valérie Naudet, Une compilation de David Aubert: Les Histoires de Charles Martel, in: Les manuscrits de David Aubert. Textes réunis par Danielle Quéruel (Cultures et civilisations médiévales XVIII), Paris 1999, S. 69–79.

Janet L. Nelson, Writing Early Medieval Biography, in: History Workshop Journal 50 (2000) S. 129–136.

La Neustrie. Les pays au nord de la Loire de 650 à 850. Colloque historique international, publié par Hartmut Atsma, Bd. 1 (Beihefte der Francia 16, 1), Sigmaringen 1989.

David Nicolle, Poitiers AD 732. Charles Martel turns the Islamic tide, Oxford – New York 2008.

Thomas F. X. Noble, The Republic of St. Peter. The Birth of the Papal State, 680–825, Philadelphia 1984.

–, Boniface and the Roman Church, in: Bonifatius – Leben und Nachwirken, S. 327–339.

Ulrich Nonn, Das Bild Karl Martells in den lateinischen Quellen vornehmlich des 8. und 9. Jahrhunderts, in: Frühmittelalterliche Studien 4 (1970) S. 70–137.

–, Vom Maior Domus zum Rex. Die Auffassung von Karl Martells Stellung im Spiegel der Titulatur, in: Rheinische Vierteljahrsblätter 37 (1973) S. 107–116.

–, Die Schlacht bei Poitiers 732. Probleme historischer Urteilsbildung, in: Beiträge zur Geschichte des Regnum Francorum. Referate beim Wissenschaftlichen Colloquium zum 75. Geburtstag von Eugen Ewig am 28. Mai 1988, hg. von Rudolf Schieffer (Beihefte der Francia 22), Sigmaringen 1990, S. 37–56. (zitiert als Nonn, Schlacht I)

–, Das Bild Karl Martells in den mittelalterlichen Quellen, in: Karl Martell in seiner Zeit, S. 9–21.

–, Beobachtungen zur »Herrschaft« der fränkischen Hausmeier, in: Von Sacerdotium und Regnum. Geistliche und weltliche Gewalt im frühen und hohen Mittelalter. Festschrift für Egon Boshof zum 65. Geburtstag, hg. von Franz-Reiner Erkens und Hartmut Wolff, Köln – Weimar – Wien 2002, S. 27–46.

–, Die Nachfolge Karl Martells und die Teilung von Vieux-Poitiers, in: Der Dynastiewechsel von 751, S. 61–73.

–, Die Schlacht bei Tours und Poitiers 732, in: Höhepunkte des Mittelalters, hg. von Georg Scheibelreiter, Darmstadt 2004, S. 48–58. (zitiert als Nonn, Schlacht II)

–, Karl Martell – Name und Beiname, in: Nomen et Fraternitas. Festschrift für Dieter Geuenich zum 65. Geburtstag, hg. von Uwe

Ludwig und Thomas Schilp (Ergänzungsbände zum Reallexikon der Germanischen Altertumskunde 62), Berlin – New York 2008, S. 575–585.
–, Die Franken, Stuttgart 2010.

Otto Gerhard Oexle, Die Karolinger und die Stadt des heiligen Arnulf, in: Frühmittelalterliche Studien 1 (1967) S. 250–364.
Thilo Offergeld, Reges pueri. Das Königtum Minderjähriger im frühen Mittelalter (MGH Schriften 50), Hannover 2001.

Padberg, Lutz E. von, Bonifatius. Missionar und Reformer, München 2003.
–, Christianisierung im Mittelalter, Darmstadt 2006.
Jürgen Petersohn, Franken im Mittelalter. Identität und Profil im Spiegel von Bewußtsein und Vorstellung (Vorträge und Forschungen Sonderbd. 51), Ostfildern 2008.
Henri Pirenne, Geburt des Abendlandes. Untergang der Antike am Mittelmeer und Aufstieg des germanischen Mittelalters, Leipzig 1939.
Walter Pohl, Die Awaren. Ein Steppenvolk in Mitteleuropa 567–822 n. Chr., München ²2002.
–, Die Völkerwanderung. Eroberung und Integration, Stuttgart – Berlin – Köln 2002.
–, Das Papsttum und die Langobarden, in: Der Dynastiewechsel von 751, S. 145–161.
Verena Postel, Die Ursprünge Europas. Migration und Integration im frühen Mittelalter, Stuttgart 2004.
Friedrich Prinz, Frühes Mönchtum im Frankenreich. Kultur und Gesellschaft in Gallien, den Rheinlanden und Bayern am Beispiel der monastischen Entwicklung (4. bis 8. Jahrhundert), Darmstadt ²1988.

Radegunde. Ein Frauenschicksal zwischen Mord und Askese, hg. im Auftrag der Stadtverwaltung Erfurt von Hardy Eidam und Gudrun Noll, Erfurt o. J. (2008).
Bruno Rech, Die Sage von Karls Jugend und den Haimonskindern. Ein Beitrag zur Geschichte Karl Martells, in: Historisches Jahrbuch 62–69 (1942–49) S. 136–154.
Helmut Reimitz, *Omnes Franci*: Identifications and Identities of the Early Medieval Franks, in: Franks, Northmen, and Slavs. Identities and State Formation in Early Medieval Europe, ed. by Ildar

H. Garipzanov, Patrick J. Geary, and Przemysław Urbańczyk (Cursor Mundi 5), Turnhout 2008, S. 51–68.

Kurt Reindel, Die politische Entwicklung, in: Handbuch der bayerischen Geschichte, Bd. 1: Das alte Bayern. Das Stammesherzogtum bis zum Ausgang des 12. Jahrhunderts, hg. von Max Spindler, München ²1981, S. 99–176.

–, Herkunft und Stammesbildung der Bajuwaren nach den schriftlichen Quellen, in: Die Bajuwaren, S. 56–60.

Timothy Reuter, Plunder and Tribute in the Carolingian Empire, in: Transactions of the Royal Historical Society 35 (1985) S. 75–94; wieder abgedruckt in: Warfare in the Dark Ages, S. 271–290.

–, »Kirchenreform« und »Kirchenpolitik« im Zeitalter Karl Martells: Begriffe und Wirklichkeit, in: Karl Martell in seiner Zeit, S. 35–59.

Michael Richter, Die »lange Machtergreifung« der Karolinger. Der Staatsstreich gegen die Merowinger in den Jahren 747–771, in: Große Verschwörungen. Staatsstreich und Tyrannensturz von der Antike bis zur Gegenwart, hg. von Uwe Schultz, München 1998, S. 48–59.

–, Bobbio in the early middle ages. The abiding legacy of Columbanus, Dublin 2008.

Barbara H. Rosenwein, Negotiating Space. Power, Restraint, and Privileges of Immunity in Early Medieval Europe, Ithaca 1999.

Ekkehart Rotter, Abendland und Sarazenen. Das okzidentale Araberbild und seine Entstehung im Frühmittelalter (Studien zur Sprache, Geschichte und Kultur des islamischen Orients. Beihefte zur Zeitschrift »Der Islam« Neue Folge 11), Berlin – New York 1986.

Michel Rouche, Les Aquitains ont-ils trahi avant la bataille de Poitiers? Un éclairage »événementiel« sur les mentalités, in: Le Moyen Âge 74 (1968) S. 5–26.

–, L'Aquitaine des Wisigoths aux Arabes, 418–781. Naissance d'une région, Paris 1979. (zitiert als Rouche, Aquitaine I)

–, L'Aquitaine des Wisigoths aux Arabes: Naissance d'une Région (418–781), in: Revue de Pau et du Béarn 7 (1979) S. 31–42. (zitiert als Rouche, Aquitaine II)

–, Remarques sur la géographie historique de la Neustrie (650–850), in: La Neustrie, S. 1–23.

Georg Scheibelreiter, Ein Galloromer in Flandern: Eligius von Noyon, in: Die Suche nach den Ursprüngen. Von der Bedeutung

des frühen Mittelalters, hg. von Walter Pohl (Forschungen zur Geschichte des Mittelalters 8), Wien 2004, S. 117–128.
Rudolf Schieffer, Karl Martell und seine Familie, in: Karl Martell in seiner Zeit, S. 305–315.
–, Die Zeit des karolingischen Großreichs (714–887) (Gebhardt. Handbuch der deutschen Geschichte 2), Stuttgart [10]2005.
–, Die Karolinger, Stuttgart [4]2006.
Walter Schlesinger, Das Frühmittelalter, in: Geschichte Thüringens, hg. von Hans Patze und Walter Schlesinger (Mitteldeutsche Forschungen 48/1), Köln – Graz 1968, S. 317–380.
Olaf Schneider, Erzbischof Hinkmar und die Folgen. Der vierhundertjährige Weg historischer Erinnerungsbilder von Reims nach Trier (Millennium-Studien zu Kultur und Geschichte des ersten Jahrtausends n. Chr./Millennium Studies in the culture and history of the first millennium C. E. 22), Berlin – New York 2010.
Reinhard Schneider, Königswahl und Königserhebung im Frühmittelalter. Untersuchungen zur Herrschaftsnachfolge bei den Langobarden und Merowingern (Monographien zur Geschichte des Mittelalters 3), Stuttgart 1972.
–, Das Frankenreich (Oldenbourg Grundriss der Geschichte 5), München [4]2001.
Clausdieter Schott, Lex und Skriptorium – Eine Studie zu den süddeutschen Stammesrechten, in: Leges – Gentes – Regna. Zur Rolle von germanischen Rechtsgewohnheiten und lateinischer Schrifttradition bei der Ausbildung der frühmittelalterlichen Rechtskultur, hg. von Gerhard Dilcher und Eva-Marie Distler, Berlin 2006, S. 257–290.
Norbert Schröer, Die Annales Mettenses priores. Literarische Form und politische Intention, in: Geschichtsschreibung und geistiges Leben im Mittelalter. Festschrift für Heinz Löwe zum 65. Geburtstag, hg. von Karl Hauck und Hubert Mordek, Köln – Wien 1978, S. 139–158.
Heinz Joachim Schüssler, Die fränkische Reichsteilung von Vieux-Poitiers (742) und die Reform der Kirche in den Teilreichen Karlmanns und Pippins. Zu den Grenzen der Wirksamkeit des Bonifatius, in: Francia 13 (1985) S. 47–112.
Josef Semmler, Episcopi potestas und karolingische Klosterpolitik, in: Mönchtum, Episkopat und Adel zur Gründungszeit des Klosters Reichenau, hg. von Arno Borst (Vorträge und Forschungen 20), Sigmaringen 1974, S. 305–396.

–, Zur pippinidisch-karolingischen Sukzessionskrise 714–723, in: Deutsches Archiv für Erforschung des Mittelalters 33 (1977) S. 1–36.

–, Die Aufrichtung der karolingischen Herrschaft im nördlichen Burgund im VIII. Jahrhundert, in: Aux origines d'une seigneurie ecclésiastique. Langres et ses évêques, VIIIe–XIe siècles. Actes des Colloques Langres – Ellwangen, Langres 28 juin 1985, Langres 1986, S. 19–42.

–, Spätmerowingische Herrscher. Theuderich III. und Dagobert II., in: Deutsches Archiv für Erforschung des Mittelalters 55 (1999) S. 1–28.

–, Per Iussorium Gloriosi Principis Childerici Regis, in: Mitteilungen des Instituts für Österreichische Geschichtsforschung 107 (1999) S. 12–49.

–, Der Dynastiewechsel von 751 und die fränkische Königssalbung (Studia humaniora. Series minor 6), Düsseldorf 2003.

–, Die Friesenmission und der Eintritt der in der alten Provinz Germania II gelegenen Bistümer in die karolingische Reichskirche. Eine Skizze, in: Rheinisch – Kölnisch – Katholisch. Beiträge zur Kirchen- und Landesgeschichte sowie zur Geschichte des Buch- und Bibliothekswesens der Rheinlande. Festschrift für Heinz Finger zum 60. Geburtstag, hg. von Siegfried Schmidt in Zusammenarbeit mit Konrad Groß, Harald Horst und Werner Wessel, Köln 2008, S. 63–80.

Gabrielle M. Spiegel, The Reditus Regni ad Stirpem Caroli Magni: A New Look, in: French Historical Studies 7 (1971) S. 145–174; wieder abgedruckt in: Dies., The Past as text. The Theory and Practice of medieval Historiography, Baltimore – London 1999, S. 111–137.

Matthias Springer, Die Sachsen, Stuttgart 2004.

Franz Staab, Die Gründung der Bistümer Erfurt, Büraburg und Würzburg durch Bonifatius im Rahmen der fränkischen und päpstlichen Politik, in: Archiv für mittelrheinische Kirchengeschichte 40 (1988) S. 13–41.

Annalena Staudte-Lauber, *Carlus princeps regionem Burgundie sagaciter penetravit*. Zur Schlacht von Tours und Poitiers und dem Eingreifen Karl Martells in Burgund, in: Karl Martell in seiner Zeit, S. 79–100.

Wilhelm Störmer, Das Herzogsgeschlecht der Agilolfinger, in: Die Bajuwaren, S. 141–152.

–, Zu Herkunft und Wirkungskreis der merowingerzeitlichen »mainfränkischen« Herzöge, in: Festschrift für Eduard Hlawitschka zum 65. Geburtstag, hg. von Karl Rudolf Schnith und Roland Pauler (Münchener Historische Studien. Abteilung Mittelalterliche Geschichte 5), Kallmünz 1993, S. 11–21.

–, Die Baiuwaren. Von der Völkerwanderung bis Tassilo III., München 2002.

Richard E. F. Straub, David Aubert, escripvain et clerc (Etudes de langue et littérature françaises publiées 96), Amsterdam – Atlanta 1995.

Jürgen Strothmann, Königsherrschaft oder nachantike Staatlichkeit? Merowingische Monetarmünzen als Quelle für die politische Ordnung des Frankenreiches, in: Millennium-Jahrbuch zu Kultur und Geschichte des ersten Jahrtausends n. Chr. 5 (2008) S. 353–381.

Karl Ubl, Inzestverbot und Gesetzgebung. Die Konstruktion eines Verbrechens (300–1100) (Millennium-Studien zu Kultur und Geschichte des ersten Jahrtausends n. Chr./Millennium Studies in the culture and history of the first millennium C. E. 20), Berlin – New York 2008.

Adriaan E. Verhulst, Roman cities, *emporia* and new towns (sixth-ninth centuries), in: The long eighth century. Production, distribution and demand, ed. by Inge Lyse Hansen and Chris Wickham (The Transformation of the Roman World 11), Leiden – Boston – Köln 2001, S. 105–120.

Vielfalt der Geschichte. Lernen, Lehren und Erforschen vergangener Zeiten. Festgabe für Ingrid Heidrich zum 65. Geburtstag, hg. von Sabine Happ und Ulrich Nonn, Berlin 2004.

John Michael Wallace-Hadrill, The Frankish Church, Oxford 1983.

Warfare in the Dark Ages, ed. by John France and Kelly DeVries, Aldershot – Burlington 2008.

Wilhelm Wattenbach, Wilhelm Levison und Heinz Löwe, Deutschlands Geschichtsquellen im Mittelalter. Vorzeit und Karolinger, Heft 1: Die Vorzeit von den Anfängen bis zur Herrschaft der Karolinger, Weimar 1952; Heft 2: Die Karolinger vom Anfang des 8. Jahrhunderts bis zum Tode Karls des Großen, Weimar 1953; Heft 3: Die Karolinger vom Tode Karls des Großen bis zum Vertrag von Verdun, Weimar 1957; Heft 6: Die Karolinger vom

Vertrag von Verdun bis zum Herrschaftsantritt der Herrscher aus dem sächsischen Hause. Das ostfränkische Reich, Weimar 1990.

Reinhard Wenskus, Stammesbildung und Verfassung. Das Werden der frühmittelalterlichen gentes, Köln – Graz 1961.

Karl Ferdinand Werner, Les principautés périphériques dans le monde franc du VIIIe siècle, in: I problemi dell'Occidente nel secolo VIII, 6–12 aprile 1972 (Settimane di studio del Centro italiano di studi sull'alto medioevo 20), Spoleto 1973, S. 483–514; wieder abgedruckt in: Ders., Structures politiques du monde franc (VIe–XIIe siècles). Etudes sur les origines de la France et de l'Allemagne (Collected studies series 93), London 1979, Nr. II S. 483–514.

–, Alemannien und die fränkische Zentralgewalt (5.–8. Jahrhundert), in: Meinrad Schaab und ders., mit einem Beitrag von Otto Clavadetscher, Das merowingische Herzogtum Alemannien (*Ducatus Alemanniae*) (Beiwort zu Karte V, 1 des Historischen Atlas von Baden-Württemberg, Erläuterungen), Stuttgart 1988, S. 4–7.

Matthias Werner, Der Lütticher Raum in frühkarolingischer Zeit. Untersuchungen zur Geschichte einer karolingischen Stammlandschaft (Veröffentlichungen des Max-Planck-Instituts für Geschichte 62), Göttingen 1980.

–, Adelsfamilien im Umkreis der frühen Karolinger. Die Verwandtschaft Irminas von Oeren und Adelas von Pfalzel. Personengeschichtliche Untersuchungen zur frühmittelalterlichen Führungsschicht im Maas-Mosel-Gebiet (Vorträge und Forschungen Sonderbd. 28), Sigmaringen 1982.

Lynn White, Medieval technology and Social Change, London – Oxford – New York 1962 (Neudruck 1979).

Herwig Wolfram, Der heilige Rupert und die antikarolingische Adelsopposition, in: Mitteilungen des Instituts für Österreichische Geschichtsforschung 80 (1972) S. 4–34.

–, Baiern und das Frankenreich, in: Die Bajuwaren, S. 130–135.

–, Karl Martell und das fränkische Lehenswesen. Aufnahme eines Nichtbestandes, in: Karl Martell in seiner Zeit, S. 61–78.

Ian N. Wood, The Merovingian North Sea (Occasional Papers on medieval Topics 1), Alingsås 1983.

–, Saint-Wandrille and its Hagiography, in: Church and Chronicle in the Middle Ages. Essays presented to John Taylor, hg. von Ian Wood und G. A. Loud, London – Rio Grande 1991, S. 1–14.

–, The Merovingian Kingdoms 450–751, Harlow u. a. 1994.

–, Teutsind, Witlaic and the history of Merovingian precaria, in: Property and power in the early middle ages, ed. by Wendy Davies and Paul Fouracre, Cambridge – New York – Melbourne 1995, S. 31–52.
–, The Missionary Life. Saints and the evangelisation of Europe, 400–1050, Harlow u. a. 2001.
–, Beyond Satraps and Ostriches: Political and Social Structures of the Saxons in the Early Carolingian Period, in: The Continental Saxons from the Migration Period to the Tenth Century: An Ethnographic Perspective, ed. by Denis H. Green and Frank Siegmund (Studies in Historical Archeoethnology 6), Woodbridge 2003, S. 271–290.
–, Usurpers and Merovingian Kingship, in: Der Dynastiewechsel von 751, S. 15–31.
–, Assimilation von Romanen und Burgundern im Rhône-Raum, in: Die Burgunder, S. 215–236.

Anmerkungen

Kapitel 1   Einleitung

1. S. zu diesen Einschätzungen Schieffer, Karl Martell, S. 305; Joch, Karl Martell, S. 167; Mikoletzky, Karl Martell, S. 137 und 141; Richter, »Lange Machtergreifung«, S. 59. Zu Karl dem Großen zuletzt Hartmann, Karl der Große.
2. Schieffer, Karl Martell, S. 305.
3. So der Titel des Aufsatzes von Richter, »Lange Machtergreifung«; zur Bezeichnung als »Epochenscheide« s. Mordek, Hedenen, S. 345.
4. Annales regni Francorum ad a. 741, S. 2. Vgl. Schieffer, Karolinger, S. 50; Reimitz, *Omnes Franci*, S. 55 f.; Becher, Verschleierte Krise, S. 95–98; s. auch Wattenbach/Levison/Löwe, Geschichtsquellen 2, S. 245–254.
5. Annales Mettenses priores ad a. 688, S. 1.
6. Miller, Hammer; Nicolle, Poitiers; Carpentier, Batailles. In Romanform wurde das Leben Karls aufgearbeitet von Mielke, Karl Martell, und Lippert, Karl Martell.
7. Fouracre, Age; Deviosse, Charles Martel. Kritisch zur Darstellung von Deviosse Fouracre, Writing, S. 13 Anm. 5.
8. Karl Martell in seiner Zeit, hg. von Jarnut/Nonn/Richter; zu den einzelnen Beiträgen s. die Bibliographie; Burckhardt, Carl Martell; Breysig, Jahrbücher.
9. Hierzu und zum Folgenden Nelson, Writing; Fouracre, Writing, bes. S. 14.
10. Zu dieser Forderung s. Wood, Kingdoms, S. 275.
11. Die Urkunden sind gedruckt in Urkunden der Arnulfinger, S. 76–92 Nr. 9–14; vgl. ebd. S. 136–145 Nr. 32–34 (Fälschungen) und S. 158–162 Nr. 62–73 (Deperdita).
12. Liber historiae Francorum. Vgl. Fouracre/Gerberding, Late Merovingian France, S. 79–87; knapp auch Wattenbach/Levison, Geschichtsquellen 1, S. 114–116.
13. So etwa Ebling, Opposition, S. 295 f.
14. Continuationes Fredegarii. Vgl. Collins, Fredegar-Chroniken, S. 82–145, bes. S. 82–92; knapp auch Wattenbach/Levison/Löwe, Geschichtsquellen 2, S. 161 f., mit dem Zitat Levisons auf S. 162. Zu Childebrand

und Nibelung s. Ulrich Nonn, Art. »Childebrand«, in: Lexikon des Mittelalters 2 (1983) Sp. 1817; Levillain, Nibelungen.
15 Annales Mettenses priores. Vgl. Fouracre/Gerberding, Late Merovingian France, S. 330–349; Haselbach, Aufstieg, S. 12–40 (mit dem Zitat S. 192); Schröer, Annales; Hoffmann, Untersuchungen, S. 53–68; Wattenbach/Levison/Löwe, Geschichtsquellen 2, S. 260–264.
16 Annales Sancti Amandi; Annales Tiliani; Annales Laubacenses; Annales Petaviani; Annales Laureshamenses; Annales Mosellani; Annales Alamannici; Annales Guelferbytani; Annales Nazariani. Vgl. Wattenbach/Levison/Löwe, Geschichtsquellen 2, S. 180–189; Kaschke, Reichsteilungen, S. 131–134.
17 Annales Laureshamenses ad a. 740, S. 26; Annales Petaviani ad a. 740, S. 9; Annales Nazariani ad a. 740, S. 151; auch die Annales Mettenses priores ad a. 740, S. 30.
18 Annales regni Francorum; Annales qui dicuntur Einhardi. Vgl. Wattenbach/Levison/Löwe, Geschichtsquellen 2, S. 247–256.
19 Erchanbert, Breviarium regum Francorum. Das Breviarium ist in der MGH-Ausgabe allerdings unvollständig gedruckt. Vollständiger Text in: Erchambert, Breviarium regum Francorum et maiorum-domus, ed. Aemilianus Ussermann, S. XLI-XLIX. Vgl. Wattenbach/Levison/Löwe, Geschichtsquellen 3, S. 349 f.; Becher, Reise, S. 238; Joch, Legitimität, S. 19 f. mit Anm. 52 und 54.
20 Beda Venerabilis, Historia ecclesiastica; vgl. DeGregorio, Cambridge Companion to Bede; zur Chronik von 754 s. Continuatio Hispana. Vgl. Collins, Conquest, S. 26–28; López Pereira, Estudio, dessen Edition des Geschichtswerks mir leider nicht zugänglich war. Paulus Diaconus, Historia Langobardorum. Vgl. Wattenbach/Levison/Löwe, Geschichtsquellen 2, S. 221–224; Stefano Gasparri, Art. »Paulus Diaconus«, in: Lexikon des Mittelalters 6 (1993) Sp. 1825 f.
21 Vita Eucherii; Vita Pardulfi; Vita Erminonis. Vgl. insgesamt Wattenbach/Levison/Löwe, Geschichtsquellen 2, S. 167 f. Zur Datierung des Todes von Eucherius auf 738 oder 743 s. Dierkens, Carolus, S. 281 f. mit Anm. 33; vgl. Glatthaar, Bonifatius, S. 224 mit Anm. 27. Zur Vita Pardulfi s. auch Rotter, Abendland, S. 222 f.; Nonn, Schlacht I, S. 45; Goetz, Karl Martell, S. 111.
22 Alcuin, Vita Willibrordi. Vgl. Wood, Kingdoms, S. 317–320; ders., Missionary Life, S. 80–83; Wattenbach/Levison/Löwe, Geschichtsquellen 2, S. 172. Willibald, Vita Sancti Bonifatii. Vgl. Wood, Kingdoms, S. 305 f.; ders., Missionary Life, S. 61–64; Wattenbach/Levison/Löwe, Geschichtsquellen 2, S. 176.
23 Calendar of St. Willibrord, wo die Einritzungen jedoch nicht hervorgehoben sind. Vgl. Levison, A propos du calendrier; Gerchow, Gedenküberlieferung, S. 201, 210; Freise, Grundformen, S. 515, 517; Ange-

nendt, Willibrord als römischer Erzbischof, S. 34f.; zuletzt Hen, Culture, S. 102–106; ders., Liturgy, S. 57–59.
24 Briefe des heiligen Bonifatius. Vgl. Wattenbach/Levison/Löwe, Geschichtsquellen 2, S. 175.
25 Codex Carolinus; Liber pontificalis I. Zu den hier genannten Quellen s. Hack, Codex Carolinus, S. 61–63; Harald Zimmermann, Art. »Liber pontificalis«, in: Lexikon des Mittelalters 5 (1991) Sp. 1946f.
26 Passio Sancti Salvii, ed. Coens, Passion, S. 164–187. Chronique des abbés de Fontenelle. Vgl. dazu Howe, Hagiography, S. 168–171; Wood, Saint-Wandrille, S. 4–6; Becher, Chronologie; Wattenbach/Levison/Löwe, Geschichtsquellen 3, S. 344f. Reuter, »Kirchenreform«, S. 45, setzt sie mit einem »archivalisierten Gedächtnis« gleich. Gesta episcoporum Autisiodorensium. Die Edition von Louis-Maximilian Duru, Bibliothèque historique de l'Yonne 1 (1850) S. 309–509, war mir leider nicht zugänglich. Zur Fehlerhaftigkeit dieser Quelle Staudte-Lauber, Carlus, S. 80f. Vita Rigoberti. Vgl. zur kontroversen Einschätzung Wattenbach/Levison/Löwe, Geschichtsquellen 2, S. 168, und die unten S. 241 Anm. 18 angegebene Literatur.

Kapitel 2 Familiäre Wurzeln: Pippiniden und Arnulfinger im Merowingerreich

1 Zur frühen Geschichte der Franken s. Nonn, Franken; Pohl, Völkerwanderung, S. 165–175; Postel, Ursprünge, S. 124–137; Ewig, Merowinger, S. 9–17; Kaiser, Erbe, S. 15–27; Schneider, Frankenreich, S. 6–12; Wood, Kingdoms, S. 33–38. »Stammesschwarm«: Wenskus, Stammesbildung, S. 54 und 518; vgl. zur Diskussion Schneider, Frankenreich, S. 8; Pohl, Völkerwanderung, S. 168.
2 Zu den Anfängen der Merowinger s. Ewig, Merowinger, S. 14f.; Wood, Kingdoms, S. 33–41; Murray, Post vocantur. Zu Chlodwig s. zuletzt Becher, Chlodwig I., bes. S. 199 zum Datum der Taufe; Ewig, Merowinger, S. 18–31; Pohl, Völkerwanderung, S. 176–185; Postel, Ursprünge, S. 142–147; Wood, Kingdoms, S. 37f.; Kaiser, Erbe, S. 19–21 mit Resümee des Forschungsstands zur Taufe Chlodwigs auf S. 23.
3 Zu den Teilungen im 6. Jahrhundert s. Ewig, Merowinger, S. 31–33, 41f. und 43f.; ders., Teilungen; Kaiser, Franken, S. 41f.; Wood, Kingdoms, S. 55–58.
4 Zum Hausmeieramt s. Georg Scheibelreiter, Art. »Hausmeier«, in: Reallexikon der Germanischen Altertumskunde[2] 14 (1999) S. 70–74; Josef Fleckenstein, Art. »Hausmeier«, in: Lexikon des Mittelalters 4 (1989)

Sp. 1974f.; Goetz, Maior domus, bes. S. 11–13 (mit Forschungsüberblick); Heidrich, Maires; Kaiser, Franken, S. 44; Fouracre, Francia, S. 375.

5 Zur Bedeutung des Schatzes s. Hardt, Gold; die Bezeichnung als »Saugpumpe« findet sich bei Pirenne, Geburt, S. 105. Zu den Versammlungen und Geschenken s. Fouracre, Observations, S. 3, 11.
6 Zu den Ämtern s. Kaiser, Franken, S. 44; ders., Erbe, S. 89–91; Becher, Merowinger, S. 27f.; Schneider, Frankenreich, S. 52f. Zur Rolle des Herrschers im Krieg s. Halsall, Warfare, S. 27–29.
7 Fredegar, Chronicae IV, c. 40, S. 140. S. dazu und zur Vorgeschichte Schieffer, Karolinger, S. 12–14; Becher, Merowinger, S. 38–40; Fouracre, Francia, S. 373–375; Wood, Kingdoms, S. 141.
8 S. die Artikel 12 und 19 in Capitularia regum Francorum I, S. 20–23 Nr. 9, hier S. 22f.; zur *pax et disciplina* ebd. S. 22 § 11. Vgl. Kaiser, Erbe, S. 33 und 96; Ewig, Merowinger, S. 118f.; Schieffer, Karolinger, S. 14; Fouracre, Age, S. 12–14; ders., Francia, S. 374; Wood, Kingdoms, S. 142f.; Becher, Merowinger, S. 38f.; Esders, Rechtstradition, S. 102–105; das Zitat nach Ewig, Überlegungen, S. 233. Zum Hintergrund s. ferner Murray, ›Pax et disciplina‹, bes. S. 384f.
9 Zu Arnulf s. Schieffer, Karolinger, S. 15; Becher, Merowinger, S. 40.
10 Fredegar, Chronicae IV, c. 42 S. 142 (Rado); vgl. ebd. c. 45 S. 144 mit Anm. 2. Vgl. dazu Schieffer, Karolinger, S. 15; Ewig, Merowinger, S. 117.
11 S. dazu Vita Arnulfi c. 3f. S. 433. Vgl. Schieffer, Karolinger, S. 13f.; Becher, Merowinger, S. 40.
12 Zur Erhebung Dagoberts zum *consors regni* s. Fredegar, Chronicae IV, c. 47 S. 144; zur Bezeichnung Pippins als Hausmeier ebd. c. 52 S. 146. Vgl. Schieffer, Karolinger, S. 14f.; Wood, Kingdoms, S. 146f.; Ewig, Merowinger, S. 120f.; Eiten, Unterkönigtum, S. 2–9.
13 Fredegar, Chronicae IV, c. 52 S. 146. S. dazu Wood, Kingdoms, S. 146f.; Schieffer, Karolinger, S. 16; Jahn, Hausmeier, S. 317, 323; Hammer, From *Ducatus*, S. 40–46.
14 Vita Arnulfi c. 17 und 22 S. 439 und 442; Fredegar, Chronicae IV, c. 53 S. 146f. Vgl. Schieffer, Karolinger, S. 16f.; Ewig, Merowinger, S. 123, 131; Becher, Merowinger, S. 40f.; Müller, Kunibert, S. 13f. Zu Arnulf als »Hausheiligem« s. Oexle, Karolinger, S. 273–275.
15 Fredegar, Chronicae IV, c. 61 und 85 S. 151 und 164. Vgl. dazu Schieffer, Karolinger, S. 17f.; Müller, Kunibert, S. 16; zur »Entmachtung« und »politische[n] Kaltstellung« s. Werner, Lütticher Raum, S. 351 mit Anm. 42. Zum Hintergrund s. Fouracre, Francia, S. 376f., Ewig, Merowinger, S. 126–133.

16 Fredegar, Chronicae IV, c. 85, 86 und 88 S. 164 f. S. dazu Heidrich, Maires, S. 223; Schieffer, Karolinger, S. 19; Fouracre, Francia, S. 385; Wood, Kingdoms, S. 157.
17 Ewig, Merowinger, S. 181, 183; Schieffer, Karolinger, S. 19 f.; Werner, Lütticher Raum, S. 354–368; Le Jan, Convents, S. 247–249, 254; Becher, Merowinger, S. 40. Zweifel an der tatsächlichen Verbindung der Familien meldet Wood, Kingdoms, S. 259 mit Anm. 35, an.
18 Zu dieser Episode s. Liber historiae Francorum c. 43 S. 315 f. Vgl. ferner (mit teilweise abweichenden Ansichten) Ewig, Merowinger, S. 145 f. mit S. 237; ders., Königskataloge, S. 271 f.; Kaiser, Erbe, S. 35 f. und 97 f.; Schieffer, Karolinger, S. 21; Schneider, Frankenreich, S. 19; Wood, Kingdoms, S. 222–224; Fouracre, Francia, S. 386 f.; Gerberding, Rise, S. 47–66, bes. S. 50; Becher, Staatsstreich; ders., Merowinger, S. 43–45; Hamann, Chronologie.
19 Vita Sanctae Geretrudis c. 6 S. 460. Zu Stablo-Malmedy und Maastricht s. Schieffer, Karolinger, S. 21 f.; Ewig, Merowinger, S. 163 f.; Gerberding, Rise, S. 123. Vgl. ferner Le Jan, Convents, S. 247–249, 256 f., 268.
20 Annales Mettenses priores ad a. 688 und 689, S. 5–7. Zum Hintergrund s. Schieffer, Karolinger, S. 24 f.; Ewig, Merowinger, S. 152–172; Wood, Kingdoms, S. 224–234; Fouracre, Francia, S. 389–391; Becher, Merowinger, S. 46. Zu Ebroin s. Fischer, Hausmeier.
21 Zu Lambert von Tongern-Maastricht s. Semmler, Friesenmission, S. 72; Ewig, Merowinger, S. 170 f.; abweichend zu den Gründen der Vertreibung und der Beteiligung der Pippiniden Werner, Lütticher Raum, S. 256–263, bes. S. 262 f.; Gerberding, Rise, S. 123 f., 126.
22 Annales Mettenses priores ad a. 687, S. 1 f.; zu Gundoin vgl. Fouracre, Observations, S. 7 f. Der Wahrheitsgehalt der Episode wird in der Forschung kontrovers beurteilt; vgl. Haselbach, Aufstieg, S. 45 f.; Fouracre, Age, S. 38 f.; Werner, Lütticher Raum, S. 100–111, bes. S. 108 f.; Schieffer, Karolinger, S. 24 (mit dem Zitat); Ewig, Merowinger, S. 170 f. und 183 f. Zu den materiellen Grundlagen pippinidischer Macht s. Ewig, Merowinger, S. 182–184; Werner, Lütticher Raum, S. 343–354, 405–475.
23 Werner, Lütticher Raum, S. 368–396; Ewig, Merowinger, S. 183 f.
24 Zur Heirat und ihren Folgen s. Ewig, Merowinger, S. 184 (mit der Datierung auf um 665); Gerberding, Rise, S. 124 f. (675 oder kurz danach); Joch, Legitimität, S. 25–27 (vor 679); Schieffer, Karolinger, S. 23 f.; Heidrich, Von Plectrud, S. 5 f.; Hartmann, Königin, S. 92 f.
25 Zu Berchar s. Liber historiae Francorum c. 48 S. 322 f.; Continuationes Fredegarii c. 5 S. 171. Zu Tertry und den Folgen s. Annales Mettenses priores ad a. 688 und 691, S. 4 und 12; vgl. Ewig, Merowinger, S. 185 f.; Schieffer, Karolinger, S. 24 f.; Wood, Kingdoms, S. 255–260; Becher, Merowinger, S. 47; Semmler, Friesenmission, S. 73.

26 Hierzu und zum Folgenden s. Fouracre, Observations, S. 4–7, 10–13; ders., Age, S. 50; Becher, Merowinger, S. 49. Zur urkundlichen Überlieferung s. auch Wood, Kingdoms, S. 261–263. Zum Hintergrund s. Ewig, Merowinger, S. 186; Schieffer, Karolinger, S. 29.

27 Schieffer, Karolinger, S. 28; Ewig, Merowinger, S. 189; Becher, Merowinger, S. 50; Heidrich, Maires, S. 226. Zur Ausdehnung des Machtbereichs Drogos und der Datierung des Amtsantritts s. Joch, Legitimität, S. 42–46; zu Grimoald ebd. S. 48 f.

28 Zur Politik Pippins s. Ewig, Merowinger, S. 186 f.; Schieffer, Karolinger, S. 27 f.; Wood, Kingdoms, S. 260 f.; zu Ansfled s. auch ders., Saint-Wandrille, S. 11.

29 Zur »Klosterpolitik« s. Felten, Äbte, S. 129–131, 133 f.; Ewig, Merowinger, S. 189, 193; Schieffer, Karolinger, S. 31 f.; Fouracre, Francia, S. 392; ders., Age, S. 49 f. (mit dem Zitat auf S. 50); Wood, Kingdoms, S. 264 f. Zu Susteren s. die Literatur S. 238 in Anm. 14.

30 Einzig in Soissons fassten die Pippiniden Fuß; s. Ewig, Merowinger, S. 189.

31 Wood, Kingdoms, S. 262 f.; Wallace-Hadrill, Frankish Church, S. 131 f.; Fouracre, Observations, S. 5, 9, 11 f.; vgl. abweichend zu dieser Darstellung Rosenwein, Negotiating Space, S. 91–96.

32 Fouracre, Observations, S. 9, setzt den Aufstand Antenors mit dem Tod Childeberts III. 711 in Verbindung; vgl. Ewig, Merowinger, S. 188 f.; Schieffer, Karolinger, S. 30.

33 Annales Mettenses priores ad a. 691, S. 12 f.; zu den Alemannenfeldzügen ebd. ad a. 709, 710 und 712, S. 18; Annales Sancti Amandi ad a. 709, 710, 711, 712, S. 6; Annales Tiliani ad a. 709, 711, 712, S. 6; Annales Petaviani ad a. 709, 710, 711, 712, S. 7; Annales Laureshamenses ad a. 710, S. 22; Annales Alamannici ad a. 711, S. 146; Annales Nazariani ad a. 710, S. 147; Annales Mosellani ad a. 710, S. 494. Hierzu und zum Folgenden Schieffer, Karolinger, S. 29 f.; Ewig, Merowinger, S. 190, 193–199.

34 So Ewig, Merowinger, S. 189. Zur Charakterisierung Tertrys als »Wendemarke« treffend Schieffer, Karolinger, S. 26; vgl. auch Fouracre, Francia, S. 391. Vgl. ferner den Überblick über die Forschungspositionen dazu bei dems., Observations, S. 21 f. Anm. 12.

35 Liber historiae Francorum c. 48 S. 323; s. auch die Annales Mettenses priores ad a. 692, S. 13; vgl. aber ebd. ad a. 688, S. 1, wo dieser Titel schon auf Ansegisel angewandt wurde, und ebd. ad. a. 691, S. 13, wo Pippin I. damit bezeichnet worden zu sein scheint. Zum Titel und seinen Implikationen s. Schneider, Frankenreich, S. 20, und unten S. 261 f. Anm. 14.

36 Hierzu und zum Folgenden s. Ewig, Merowinger, S. 190, 199 f.; Schieffer, Karolinger, S. 28; Fouracre, Francia, S. 391–394.

37 Zum Tod Pippins s. Liber historiae Francorum c. 51 S. 325; Continuationes Fredegarii c. 8 S. 173; ferner Annales Sancti Amandi ad a. 714, S. 6; Annales Tiliani ad a. 714, S. 6; Annales Laubacenses ad a. 714, S. 7; Annales Petaviani ad a. 714, S. 7; Annales Laureshamenses ad a. 714, S. 24; Annales Alamannici ad a. 714, S. 148; Annales Nazariani ad a. 714, S. 149; Annales Mosellani ad a. 714, S. 494; Annales Mettenses priores ad a. 714, S. 19.

Kapitel 3 Die Herkunft Karl Martells

1 Joch, Legitimation, S. 30–32; Gerberding, Rise, S. 124; Breysig, Jahrbücher, S. 7f. Anm. 5; Mikoletzky, Karl Martell, S. 130; Schieffer, Karl Martell, S. 306; vgl. zur Datierung und zu den Gründen für die Verbindung zwischen Pippin und Chalpaida auch die Thesen von Gerberding, Rise, S. 125; dagegen Kasten, Königssöhne, S. 73.
2 Zum Namen s. Nonn, Karl Martell, bes. S. 575–578; Joch, Legitimität, S. 32f.; Schieffer, Karl Martell, S. 305; Breysig, Jahrbücher, S. 8. Zum Namen Karls sowie zum Lob Karls und Chalpaidas s. Continuationes Fredegarii c. 6 S. 172; Liber historiae Francorum c. 49 S. 324.
3 Zur Taufe durch Rigobert s. Vita Rigoberti c. 8 S. 66. Vgl. dazu Joch, Legitimität, S. 21 f. Zum Folgenden s. Angenendt, Taufe; ders., Bündnis; Jussen, Patenschaft.
4 Continuationes Fredegarii c. 6 S. 172.
5 Schieffer, Karl Martell, S. 306.
6 Urkunden der Arnulfinger S. 76–78 Nr. 9 (=Wampach, Geschichte I, 2, S. 65–68 Nr. 27) (Heidrich, Titulatur, S. 240 A 7) (Bollendorf); Diplomata Belgica S. 306–308 Nr. 174 (Heidrich, Titulatur, S. 241 A 11) (*villa* Elst). Vgl. Joch, Legitimität, S. 42, 61–63; Kasten, Königssöhne, S. 70; Werner, Adelsfamilien, S. 275f. mit Anm. 426f.
7 Zum Tod Drogos s. Liber historiae Francorum c. 49 S. 324; Continuationes Fredegarii c. 6 S. 172; Annales Sancti Amandi ad a. 708, S. 6; Annales Tiliani ad a. 708, S. 6; Annales Petaviani ad a. 708, S. 7; Annales Laureshamenses ad a. 708, S. 22; Annales Alamannici ad a. 709, S. 146; Annales Nazariani ad a. 708, S. 147; Annales Mosellani ad a. 708, S. 494; Annales Mettenses priores ad a. 708, S. 17f. Zur Ermordung Grimoalds s. Annales Mettenses priores ad a. 714, S. 19; ferner Liber historiae Francorum c. 50 S. 324f.; Continuationes Fredegarii c. 7 S. 173; ferner Annales Sancti Amandi ad a. 714, S. 6; Annales Tiliani ad a. 714, S. 6; Annales Laubacenses ad a. 714, S. 7; Annales Petaviani ad a. 714, S. 7. Vgl. Schieffer, Karolinger, S. 32f.; Ewig, Merowinger, S. 200f.; Semmler, Sukzessionskrise, S. 1; Joch, Legitimität, S. 70.

8 Zu Theudoald s. Continuationes Fredegarii c. 6 und 7 S. 172f; Liber historiae Francorum c. 50 S. 325; ebd. c. 51 S. 325 zum *discretum regimen* Plektruds; s. ferner Annales Mettenses priores ad a. 714, S. 20. Vgl. zu Theudoald Joch, Legitimität, S. 71–76; Semmler, Sukzessionskrise, S. 3f.; zur angeblichen Rache Pippins ebd. S. 2; zu Grimoald ebd. S. 4f.
9 In Teilen der Forschung wird die Angabe über das Alter Theudoalds in den Fredegar-Fortsetzungen kritisch gesehen; s. Joch, Legitimität, S. 75f.; Kasten, Königssöhne, S. 84–87; Offergeld, Reges pueri, S. 302 mit Anm. 10; Collins, Deception, S. 229–235; vgl. dagegen Kaiser, Zeit, S. 396; Urkunden der Arnulfinger, ed. Heidrich, S. 85 zu Dokument Nr. 12. Zur Diskussion darüber s. auch Fouracre/Gerberding, Late Merovingian France, S. 364 Anm. 194; Semmler, Sukzessionskrise, S. 3f. Anm. 20 und 22.
10 Hierzu und zum Folgenden Schieffer, Karl Martell, S. 307, 312; zu Pippins Geburtsdatum s. Gerberding, Rise, S. 131. Zu Bernhard, Remigius und Hieronymus s. Genealogiae comitum Flandriae I S. 302; vgl. Hlawitschka, Vorfahren, S. 80f. Nr. 42–44; Esmyol, Geliebte, S. 145; Joch, Legitimität, S. 37 Anm. 170; Hartmann, Königin, S. 94. Zu Hieronymus s. ferner Vita Arnulfi S. 429; Oexle, Karolinger, S. 273f. Zur Quelle s. Nonn, Karl Martell, S. 578f.
11 S. zum Folgenden den Überblick bei Joch, Legitimität, S. 11–24; dies., Karl Martell; s. ferner Mikoletzky, Karl Martell, S. 131f.
12 Als Ehe deutet Joch, Legitimität, S. 21–24, die Beziehung; vgl. dies., Karl Martell, S. 149–163; Becher, Merowinger, S. 50f.; Schieffer, Karolinger, S. 32f.; Esmyol, Geliebte, S. 142–144; ebd. S. 13–36 zur Friedelehe. Kritisch zur Interpretation als Ehe Kaschke, Reichsteilungen, S. 76–81; vgl. Kasten, Königssöhne, S. 71–77, die die Hauptfrau Plektrud von der Nebenfrau Chalpaida unterscheidet; so schon Mikoletzky, Karl Martell, S. 130. S. auch Hartmann, Königin, S. 92f.
13 Ewig, Milo, S. 194.
14 Zu Fleury-en-Vexin s. Chronique des abbés de Fontenelle II, c. 2 S. 28–33 (Heidrich, Titulatur, S. 268f. Nr. 18). Zu den Urkunden für Willibrord s. Urkunden der Arnulfinger S. 61–66 Nr. 4 und 5 (Echternach) und ebd. S. 66–69 Nr. 6 (Susteren) (Heidrich, Titulatur, S. 238f. Nr. A 3, A 4 und A 5); vgl. Joch, Karl Martell, S. 165; Kasten, Königssöhne, S. 73; Gerberding, Rise, S. 127f.; Angenendt, Willibrord, S. 70f.; Felten, Äbte, S. 129; Schieffer, Karolinger, S. 32; Schneider, Erzbischof, S. 168–170; zur Stellung Plektruds bes. Heidrich, Von Plectrud, S. 5f., 15.
15 Continuationes Fredegarii c. 8 S. 173; Liber historiae Francorum c. 51 S. 325. Vgl. Schieffer, Karolinger, S. 35f.; Busch, Attentat, S. 571; Kasten, Stepmothers, S. 65.
16 Zu diesem Argument s. Kasten, Königssöhne, S. 79.

Kapitel 4 Der Kampf um die Herrschaft: Karl Martell und die »pippinidisch-karolingische Sukzessionskrise« (714–718/23)

1 So der Titel des Aufsatzes von Semmler, Sukzessionskrise. S. ferner Annales Mettenses priores ad. a. 714, S. 20; die Urkunden Theudoalds und Arnulfs finden sich in Chronique des abbés de Fontenelle III, c. 4 S. 50 f. (Theudoald); Urkunden der Arnulfinger S. 69–75 Nr. 7 und 8 (Heidrich, Titulatur, S. 239 f. Nr. A 6 und 251 f. Nr. A Metz 4) (Arnulf); vgl. dazu Fouracre, Age, S. 59; Schneider, Erzbischof, S. 70 f. mit Anm. 15. Zum Urteil über Plektrud s. die Annales Mettenses priores ad a. 714, S. 20; vgl. Mikoletzky, Karl Martell, S. 133; Kasten, Stepmothers, S. 61.

2 Liber historiae Francorum c. 51 S. 325; Continuationes Fredegarii c. 8 S. 173 (mit dem Zitat); s. ferner Annales Mettenses priores ad a. 714, S. 19 f.; Annales Lauresh amenses ad a. 715, S. 24; Annales Alamannici ad a. 715, S. 148; Annales Nazariani ad a. 715, S. 149; Annales Mosellani ad a. 715, S. 494. Die genaue Datierung der Schlacht erfolgt nach der Einritzung im Kalender Willibrords; s. Levison, A propos du calendrier, S. 344, und die oben S. 232 f. Anm. 23 genannte Literatur. Zum Hintergrund s. Semmler, Sukzessionskrise, S. 5–7; Schieffer, Karolinger, S. 35 f. – Collins, Deception, S. 229–235, versucht den Nachweis zu führen, dass der in den Annales Laureshamenses ad a. 741, S. 26, den Annales Alamannici ad a. 741, S. 150, und den Annales Nazariani ad a. 741, S. 151, als ermordet verzeichnete *Theodald(us)* mit Theudoald identisch ist. Skeptisch dagegen Kaiser, Zeit, S. 396; Lendi, Untersuchungen, S. 42. Vgl. auch die oben S. 238 Anm. 9 genannte Literatur.

3 Liber historiae Francorum c. 51 S. 325; Continuationes Fredegarii c. 8 S. 173; Annales Mettenses priores ad a. 714, S. 20.

4 Liber historiae Francorum c. 52 S. 325 f.; Continuationes Fredegarii c. 9 S. 173 f.; Annales Mettenses priores ad a. 714, S. 21. Zum Hintergrund s. Semmler, Sukzessionskrise, S. 7 f.

5 So der Liber historiae Francorum c. 51 S. 325, ihm folgend auch die abhängigen Continuationes Fredegarii c. 8 S. 173, und das Chronicon universale ad a. 715, S. 18; in diesem Sinne noch elaborierter die Darstellung in den Annales Mettenses priores ad a. 714, S. 20 f.

6 So das Urteil von Schieffer, Karl Martell, S. 306, 309. Zu den Mutmaßungen über die Verwandtschaft Chalpaidas und Chrodtruds s. zusammenfassend Joch, Legitimität, S. 27–30, 52–61, 130–145; vgl. auch Gerberding, Rise, S. 116–132, bes. S. 131 Anm. 94. S. ferner Hartmann, Königin, S. 93.

7 Gerberding, Rise, S. 130; zum Widerstand lokaler Kräfte gegen Plektrud ebd. S. 125–127; zu Godobald Werner, Lütticher Raum, S. 126–139.
8 Liber historiae Francorum c. 52 S. 326; Continuationes Fredegarii c. 9 S. 173f. Die Annales Mettenses priores ad a. 714, S. 21–23, bieten den ausführlichsten Bericht zu den Ereignissen, der gleichwohl erheblich von den Darstellungen der beiden anderen Texte abweicht. Zum Kampf gegen Radbod s. auch Annales Sancti Amandi ad a. 716, S. 6; Annales Tiliani ad a. 716, S. 6; Annales Petaviani ad a. 716, S. 7; Annales Laureshamenses ad a. 716, S. 24; Annales Alamannici ad a. 716, S. 148; Annales Nazariani ad a. 716, S. 149; Annales Mosellani ad a. 716, S. 494. Vgl. auch Semmler, Sukzessionskrise, S. 8.
9 Zur Taufe Pippins s. Alcuin, Vita Willibrordi c. 23 S. 133. Vgl. Gerberding, Rise, S. 134f.; ders, 716, S. 208–213, bes. S. 210f.; Fouracre, Age, S. 62; zum Vorschlag, die Taufe habe die Teile der Familie versöhnen sollen, Wood, Kingdoms, S. 271.
10 Chronique des abbés de Fontenelle VIII, c. 1 S. 94. Vgl. Becher, Chronologie, S. 42f.
11 Vita Erminonis c. 6, 7 und 9 S. 465–469. Gerberding, Rise, S. 139; Breysig, Jahrbücher, S. 9f.; Semmler, Sukzessionskrise, S. 24; Goetz, Karl Martell, S. 107f. Skeptisch gegenüber der tatsächlichen Haltung Erminos Fouracre, Age, S. 63.
12 Vita Landiberti vetustissima c. 25 S. 379 (mit dem Zitat); zur Lambertkirche in Bakel s. Wampach, Geschichte I, 2, S. 71f. Nr. 30; zum Kalender s. Calendar of St. Willibrord, ed. Wilson, fol. 38b, vgl. S. 40. Zum Hintergrund Semmler, Friesenmission, S. 68, 73f.; zur Bewertung vgl. Gerberding, Rise, S. 133 und 136, und ders., 716, S. 213f., allerdings in Anknüpfung an seine Thesen zur Verwandtschaft Chalpaidas und Karls mit Adeligen im Raum Lüttich und Maastricht; ebenso Fouracre, Age, S. 61.
13 Ewig, Milo; Fouracre, Age, S. 61–63; Gerberding, Rise, S. 136; ders., 716, S. 215; Semmler, Friesenmission, S. 71.
14 Zu Benignus s. Chronique des abbés de Fontenelle III, c. 1 S. 38–43. S. dazu Gerberding, Rise, S. 137–139; ders., 716, S. 215. Zu einem möglichen anderen Gefolgsmann Karls, Rotbert/Chrodobert, s. Semmler, Sukzessionskrise, S. 15f., 24; Fouracre, Age, S. 63.
15 Zu dieser Schenkung s. Wampach, Geschichte I, 2 S. 63–65 Nr. 26; vgl. Lindner, Untersuchungen, S. 73 und 91–93; Werner, Adelsfamilien, S. 156f.; Kälble, Ethnogenese, S. 358f.; Grahn-Hoek, Recht, S. 441; Mordek, Hedenen, S. 345–347.
16 Hierzu und zum Folgenden Mordek, Hedenen, S. 346f.; Lindner, Untersuchungen, S. 71–74; Kälble, Ethnogenese, S. 361f. mit Anm. 159; Störmer, Herkunft, S. 16; Werner, Adelsfamilien, S. 153–170.

17 Liber historiae Francorum c. 53 S. 326 f.; Continuationes Fredegarii c. 10 S. 174; Annales Mettenses priores ad a. 717, S. 23.
18 Vita Rigoberti c. 9 S. 67. Vgl. dazu Joch, Legitimität, S. 149 f.; Nonn, Bild, S. 117 f.; skeptisch zum Wahrheitsgehalt und der Datierung ebd.; Joch, Legitimität, S. 150 f.; Schneider, Erzbischof, S. 96–98; wogegen Ewig, Milo, S. 193 Anm. 23, »keinen Anlaß zu Beanstandungen« sieht. Der Darstellung der Vita hinsichtlich der späteren Absetzung folgt Semmler, Sukzessionskrise, S. 19; vorsichtig Kasten, Königssöhne, S. 104 mit Anm. 183; vgl. ferner Kaschke, Reichsteilungen, S. 79. Zu Celestinus s. Liber Traditionum S. 125 Nr. 49; vgl. dazu Semmler, Sukzessionskrise, S. 18, 28; Fouracre, Age, S. 67, 123, 125.
19 Zum Schlachtenerfolg s. Liber historiae Francorum c. 53 S. 327 (mit dem Datum 21. März. Vgl. aber den Kalender Willibrords mit dem Datum 28. März; Levison, A propos du calendrier, S. 344 f.); Continuationes Fredegarii c. 10 S. 174; Annales Mettenses priores ad a. 717, S. 23–25; vgl. auch Annales Sancti Amandi ad a. 717, S. 6; Annales Tiliani ad a. 717, S. 6; Annales Laubacenses ad a. 717, S. 7; Annales Petaviani ad a. 717, S. 7; Annales Laureshamenses ad a. 717, S. 24; Annales Alamannici ad a. 717, S. 148; Annales Nazariani ad a. 717, S. 149; Annales Mosellani ad a. 717, S. 494. Zum Hintergrund s. Schieffer, Karolinger, S. 37; Joch, Legitimität, S. 85 f., 148 f.; Gerberding, Rise, S. 132, 140; Fouracre, Age, S. 64 f. Semmler, Sukzessionskrise, S. 8, hält es für denkbar, dass Karl Martells Friedensangebot einen Vorschlag zur Herrschaftsteilung beinhaltet haben könnte (vgl. aber ebd. Anm. 59). S. zum Datum der Schlacht Kamradt, mit einer anderen Sicht.
20 Zu Rigoberts Absetzung s. Vita Rigoberti c. 12 und 15 S. 69 f., 71 f.; vgl. Semmler, Sukzessionskrise, S. 25 f. Zur Glaubwürdigkeit der Erzählung s. die oben in Anm. 18 genannte Literatur.
21 Zur Entmachtung Plektruds s. Liber historiae Francorum c. 53 S. 327; Continuationes Fredegarii c. 10 S. 174; Annales Mettenses priores ad a. 717, S. 25; vgl. Schieffer, Karolinger, S. 37; Semmler, Sukzessionskrise, S. 9 (zum eigenen Herrschaftsbereich und seiner Aufhebung ebd. S. 23, 33 und 36); ders., Friesenmission, S. 77; Gerberding, Rise, S. 141; Hartmann, Königin, S. 93. Zur angeblichen Ehe mit Raganfred s. Breysig, Jahrbücher, S. 11 Anm. 1 mit dem entsprechenden Quellenzitat; vgl. ebd. S. 28.
22 Zur Urkunde für die Metzer Kirche s. Urkunden der Merowinger S. 434–436 Nr. 175; vgl. Gerberding, Rise, S. 140; Semmler, Sukzessionskrise, S. 20. Zur Urkunde Hugos und Arnulfs s. Urkunden der Arnulfinger S. 71–75 Nr. 8 (Heidrich, Titulatur, S. 251 f. Nr. A Metz 4). Zur Gegnerschaft der Wulfoalde s. Ebling, Opposition.
23 Ausführlich hierzu Semmler, Sukzessionskrise, S. 11–23.

24 Zur Erhebung Chlothars s. Liber historiae Francorum c. 53 S. 327; Continuationes Fredegarii c. 10 S. 174. Vgl. Schieffer, Karolinger, S. 37; Gerberding, Rise, S. 142; zur unklaren Abkunft Chlothars s. Hartmann, Pater incertus, S. 5 f. Zur Relativierung der Bedeutung des Sieges s. auch Semmler, Sukzessionskrise, S. 9, 15.
25 Liber historiae Francorum c. 53 S. 327 f.; Continuationes Fredegarii c. 10 S. 174; Annales Mettenses priores ad a. 718, S. 25. Hierzu und zum Folgenden s. auch Semmler, Sukzessionskrise, S. 9–11, 25; Schieffer, Karolinger, S. 37 f. Zum weiteren Schicksal Raganfreds s. Continuationes Fredegarii c. 11 S. 174 f.; Annales Mettenses priores ad a. 725, S. 26; Chronique des abbés de Fontenelle III, c. 1 S. 38–41; Annales Laureshamenses ad a. 724 und 731, S. 24; Annales Petaviani ad a. 724 und 731, S. 9; Annales Nazariani ad a. 724 und 731, S. 151; Annales Alamannici ad a. 731, S. 150; vgl. Fouracre, Observations, S. 10; ders., Age, S. 74.
26 S. dazu Fouracre, Observations, S. 13; Ewig, Milo, S. 207.
27 Semmler, Sukzessionskrise, S. 25–33; ders., Episcopi potestas, S. 357 f.
28 S. dazu seine Vita in Chronique des abbés de Fontenelle IV, c. 1 S. 58–63. Semmler, Sukzessionskrise, S. 29–31; Wallace-Hadrill, Church, S. 136 f.; Kaiser, Königtum, S. 98; Ewig, Milo, S. 202; Schieffer, Karolinger, S. 38; Becher, Merowinger, S. 52. Schneider, Erzbischof, S. 79 Anm. 43, betrachtet das von der Vita und anderen Quellen gezeichnete Bild Hugos als »spätere Projektionen«.
29 Zu den Vorgängen s. Angenendt, Frühmittelalter, S. 263 (mit dem Zitat); Semmler, Episcopi potestas, S. 308 f.; ders., Sukzessionskrise, S. 12 (der die Absetzung allerdings auf einen Zeitpunkt nach dem 25. März 716 datiert); Wood, Saint-Wandrille, S. 11 f.
30 Chronique des abbés de Fontenelle IV, c. 1 S. 58–63; vgl. Annales Mettenses priores ad a. 693, S. 16 f.
31 Chronique des abbés de Fontenelle IV, c. 2 S. 62–65; vgl. Urkunden der Arnulfinger S. 163 f. Nr. 77.
32 Zum Bild Hugos s. Chronique des abbés de Fontenelle IV, c. 2 S. 62–65. Vgl. dazu Ewig, Milo, S. 202; Angenendt, Frühmittelalter, S. 263. Die Eigenständigkeit Hugos und seiner Handlungen gegenüber pippinidischem Einfluss ebenso wie die kritische Haltung der Gesta zur Politik Karl Martells betont Wood, Saint-Wandrille, S. 11; vgl. Fouracre, Observations, S. 5.
33 Zur Regierungszeit und zum Tod Chlothars abweichend vom hier Dargestellten Gerberding, Rise, S. 142–144; Hartmann, Pater incertus, S. 3–5. Zum Tod Radbods s. Annales Sancti Amandi ad a. 719, S. 6; Annales Tiliani ad a. 719, S. 6; Annales Petaviani ad a. 719, S. 7; Annales Laureshamenses ad a. 719, S. 24; Annales Alamannici ad a. 719, S. 148; Annales Nazariani ad a. 719, S. 149; Annales Mosellani ad a. 719, S. 494.

34 Zur Königserhebung Theuderichs s. Continuationes Fredegarii c. 10 S. 174; vgl. den Bericht des Liber historiae Francorum c. 53 S. 328, wonach Theuderich durch die *Franci* erhoben wurde. S. dazu Gerberding, Rise, S. 145.
35 Annales Petaviani ad a. 723, S. 7; Annales Laureshamenses ad a. 723, S. 24; Annales Alamannici ad a. 723, S. 148; Annales Nazariani ad a. 723, S. 149; Annales Mosellani ad a. 723, S. 494. Zu den Vorgängen und ihrer Bewertung als Ende der Krise s. Semmler, Sukzessionskrise, S. 33 f.; vgl. ferner Joch, Legitimität, S. 102–116, mit einer deutlich anderen Sichtweise als der hier dargestellten.

Kapitel 5 Wellen der Expansion: Die militärischen Aktivitäten an den Rändern des Reiches (718–739)

1 Vgl. zum Folgenden die Übersicht bei Fouracre, Age, S. 80; Breysig, Jahrbücher, S. 29–103; Bachrach, Early Carolingian Warfare, S. 24–36.
2 Annales Petaviani ad a. 740, S. 9; Annales Laureshamenses ad a. 740, S. 26; Annales Nazariani ad a. 740, S. 151; Annales Mettenses priores ad a. 740, S. 30.
3 Zu den Friesen Wood, Kingdoms, S. 160 f.; ders., North Sea, S. 7; Kurowski, Friesen, S. 9–29.
4 Briefe des heiligen Bonifatius S. 234–236 Nr. 109, hier S. 235. Vgl. Fritze, Entstehung, S. 118, 124 f.; Wood, Kingdoms, S. 298, 320; von Padberg, Christianisierung, S. 55; Semmler, Friesenmission, S. 63. Zu Kunibert s. Müller, Kunibert.
5 Zu Amandus s. Wood, Kingdoms, S. 313 f.; ders., Missionary Life, S. 39–42; Angenendt, Frühmittelalter, S. 222; Semmler, Friesenmission, S. 64 f.
6 Wood, Kingdoms, S. 293–303; ferner ders., North Sea, S. 18 f.; zu den *emporia* s. Hodges, Dream cities; Verhulst, Roman cities; zu den Monetaren und Monetarmünzen Strothmann, Königsherrschaft.
7 Eddius Stephanus, Life of Bishop Wilfrid c. 26 f. S. 52–55. Vgl. Wood, Kingdoms, S. 297, 315; Ewig, Merowinger, S. 171; Semmler, Friesenmission, S. 68 f.
8 Annales Mettenses priores ad. a. 691 und 692, S. 12 f. Vgl. ferner Liber historiae Francorum c. 49 S. 323. Zur Datierung des Geschehens s. Fritze, Entstehung, S. 140–144.
9 Annales Mettenses priores ad a. 697, S. 17; Continuationes Fredegarii c. 6 S. 172; Liber historiae Francorum c. 49 f. S. 323 f. Vgl. dazu Fritze, Entstehung, S. 140–144 (mit der Datierung auf das Jahr 695).

10 So Wood, Kingdoms, S. 301 f. Zur Verschiebung der fränkischen Grenze nach Norden s. Fritze, Entstehung, S. 129 und 145–148; ihm folgend Ewig, Merowinger, S. 192; Gerberding, Rise, S. 126; zu Toxandrien s. Costambeys, Community, S. 59 f.
11 S. die Vita des Sergius c. XVI im Liber pontificalis I S. 376; ferner Alcuin, Vita Willibrordi c. 6 f. S. 121 f. Vgl. Briefe des heiligen Bonifatius S. 234–236 Nr. 109, hier S. 235; Beda Venerabilis, Historia Ecclesiastica V, c. 11 S. 486 f. Vgl. Angenendt, Willibrord als römischer Erzbischof; ders., Willibrord, S. 106 mit Anm. 272; von Padberg, Christianisierung, S. 56; Semmler, Friesenmission, S. 63, 69–71; Fritze, Entstehungsgeschichte, S. 118, 126, 149, zur Kirchenorganisation mit Utrecht als Zentrum ebd. S. 118 f., 127–129; danach Ewig, Merowinger, S. 191.
12 Liber historiae Francorum c. 50 S. 324; Continuationes Fredegarii c. 7 S. 172 f.; Annales Mettenses priores ad a. 711, S. 18. Vgl. Fritze, Entstehungsgeschichte, S. 145; Wood, Kingdoms, S. 256; Ewig, Merowinger, S. 192.
13 So Collins, Deception, S. 229–235, bes. S. 235; s. dagegen Offergeld, Reges pueri, S. 302 Anm. 10; Kaschke, Reichsteilungen, S. 81 Anm. 139.
14 Liber historiae Francorum c. 51 f. S. 325 f.; Continuationes Fredegarii c. 8 f. S. 173 f.; Annales Sancti Amandi ad a. 716, S. 6; Annales Tiliani ad a. 716, S. 6; Annales Petaviani ad a. 716, S. 7; Annales Laureshamenses ad a. 716, S. 24. Einen Seitenwechsel Radbods vermutet Wood, Kingdoms, S. 269 f.
15 Willibald, Vita Sancti Bonifatii c. 4 S. 16.
16 S. dazu oben S. 72 zu Anm. 9.
17 Alcuin, Vita Willibrordi c. 11 S. 125 f. Vgl. Fritze, Entstehungsgeschichte, S. 130; Wood, Kingdoms, S. 318; zur Bitte um Missionserlaubnis s. Willibald, Vita Sancti Bonifatii c. 4 S. 16 f.; vgl. Wood, Kingdoms, S. 305; von Padberg, Bonifatius, S. 26 f.
18 Vita Wulframni c. 9 S. 668. Vgl. Howe, Hagiography, S. 154–159; Wood, Saint-Wandrille, S. 13 f.; ders., Kingdoms, S. 44 und 318; ders., Missionary Life, S. 92–94.
19 Alcuin, Vita Willibrordi c. 23 S. 133. Zu den Einträgen im Kalendar Willibrords s. die oben S. 232 f. Anm. 23 genannte Literatur.
20 Zur Schenkung des Jahres 723 s. Urkunden der Arnulfinger S. 84–89 Nr. 12 und 13 (Heidrich, Titulatur, S. 241 Regest A 10 und A 11). Vgl. Fritze, Entstehungsgeschichte, S. 116.
21 Vgl. zu den Verbindungen der Pippiniden nach Toxandrien Costambeys, Community, bes. S. 59–62.
22 Continuationes Fredegarii c. 9 S. 173; Liber historiae Francorum c. 52 S. 326; Annales Mettenses priores ad a. 714, S. 21. Knapp: Annales

Petaviani ad a. 716, S. 7; Annales Laureshamenses ad a. 716, S. 24; Annales Alamannici ad a. 716, S. 148; Annales Nazariani ad a. 716, S. 149.
23 Zum geplanten Feldzug s. Vita Erminonis c. 7 S. 466; vgl. Breysig, Jahrbücher, S. 30f. mit Anm. 1 auf S. 31. Zum Tod Radbods und seinen Folgen ebd.; Fritze, Entstehungsgeschichte, S. 115f., 137, 145f.
24 Annales Petaviani ad a. 722, S. 7; Annales Laureshamenses ad a. 722, S. 24; Annales Nazariani ad a. 722, S. 149; Annales Mosellani ad a. 722, S. 494. Vgl. Costambeys, Community, S. 59; Fritze, Entstehungsgeschichte, S. 137; zur Rückkehr Willibrords nach Friesland ebd. S. 150.
25 Zur Urkunde von 723 s. oben Anm. 20. Zur Schenkung an Echternach s. Urkunden der Arnulfinger S. 136–138 Nr. 32; Wampach, Geschichte I, 2, S. 98–102 Nr. 41 (Heidrich, Titulatur, S. 261 Falsum A 5). Zur Echtheitsdiskussion s. Wampach ebd. S. 99f. Als echt noch in Diplomatum imperii I S. 100f. Nr. 13, bewertet, als Fälschung in Urkunden der Arnulfinger S. 137.
26 Continuationes Fredegarii c. 17 S. 176; Annales Petaviani ad a. 734, S. 9; Annales Laureshamenses ad a. 734, S. 24; Annales Alamannici ad a. 734, S. 150; Annales Nazariani ad a. 734, S. 151; vgl. auch Annales Sancti Amandi ad a. 733 und 734, S. 8; Annales Tiliani ad a. 733, S. 8.
27 Continuationes Fredegarii c. 31 S. 181. Zum Feldzug und der Grenzverschiebung s. Fritze, Entstehungsgeschichte, S. 138, 146–148.
28 Beda, Historia ecclesiastica V, c. 10 S. 480 und 482; vgl. Becher, Non enim habent, S. 4–16; ders., Sachsen, S. 149–152; Wood, Satraps, S. 273, 280; Springer, Sachsen, S. 32–42 und (abweichend von der hier erfolgten Darstellung) S. 131–134. Zum Begriff »Satrapen« s. allgemein den Überblick von Brandes, Satraps, zur Stelle S. 122.
29 Annales Mettenses priores ad a. 691, S. 12. Vgl. Springer, Sachsen, S. 166f. Zu früheren Auseinandersetzungen und Verträgen s. ebd. S. 42–45, 97–107, 111–115 und 120; Becher, Sachsen, S. 146f.
30 Zu den beiden Ewalden und der Mission in Sachsen s. Angenendt, Frühmittelalter, S. 296; Wallace-Hadrill, Frankish Church, S. 144f.; Springer, Sachsen, S. 131, 134; Semmler, Friesenmission, S. 69.
31 Annales Sancti Amandi ad a. 715, S. 6; Annales Tiliani ad a. 715, S. 6; Annales Petaviani ad a. 715, S. 7. S. hierzu und zum Folgenden Springer, Sachsen, S. 167f.
32 Annales Mettenses priores ad a. 718, S. 26; Annales Sancti Amandi ad a. 718, S. 6; Annales Tiliani ad a. 718, S. 6; Annales Petaviani ad a. 714, S. 7; Annales Laureshamenses ad a. 718, S. 24; Annales Alamannici ad a. 718, S. 148; Annales Nazariani ad a. 718, S. 149; Annales Mosellani ad a. 718, S. 494; zum Einfall in den Hattuariergau 715 s. Annales Sancti Amandi ad a. 715, S. 6; Annales Tiliani ad a. 715, S. 6; Annales Petaviani ad a. 715, S. 7.

33 Annales Sancti Amandi ad a. 720, S. 6; Annales Tiliani ad a. 720, S. 6; Annales Laubacenses ad a. 720, S. 7; Annales Petaviani ad a. 720, S. 7; Annales Alamannici ad a. 720, S. 148; Annales Nazariani ad a. 720 und 722, S. 149; Annales Laureshamenses ad a. 720 und 722, S. 24; Annales Mosellani ad a. 720 und 722, S. 494. S. dazu Glatthaar, Bonifatius, S. 506, 511 f.; ders., Gregor II., S. 87 mit Anm. 50; Springer, Sachsen, S. 168; auch Breysig, Jahrbücher, S. 44.
34 Continuationes Fredegarii c. 11 S. 174 f.
35 Annales Tiliani ad a. 729, S. 8; Annales Petaviani ad a. 729, S. 9. Nur letztere melden zum Jahr 728 einen Aufenthalt Karls in Sachsen; ebd. Zur Datierung des Zugs auf 729 und zu seinem Charakter s. Glatthaar, Bonifatius, S. 526–528; ders., Gregor II., S. 82–85; zum vermeintlichen Feldzug des Jahres 728 ebd. S. 82 f. Anm. 19. Vgl. ferner Springer, Sachsen, S. 168; Fouracre, Age, S. 117.
36 Continuationes Fredegarii c. 19 S. 177; Annales Mettenses priores ad a. 736 und 738, S. 28 und 30; Annales Petaviani ad a. 738, S. 9; Annales Laureshamenses ad a. 738, S. 26; Annales Alamannici ad a. 738, S. 150; Annales Nazariani ad a. 738, S. 151; Annales Mosellani ad a. 738, S. 495. Vgl. zur Stelle Springer, Sachsen, S. 168 f.; zum Feldzug Glatthaar, Gregor II., S. 86.
37 Annales Mettenses priores ad a. 789, S. 77 f.; vgl. Glatthaar, Gregor II., S. 87 Anm. 50.
38 Fouracre, Age, S. 116 f.
39 Zum Vorgehen Karlmanns und Pippins s. Springer, Sachsen, S. 169–172; zu den Sachsenkriegen Karls des Großen ebd. S. 175–218; zuletzt auch Hartmann, Karl der Große, S. 98–106.
40 Geuenich, Geschichte, S. 70–92; ders., Chlodwig(s) Alemannenschlacht(en); Postel, Ursprünge, S. 81 f. Zur Diskussion über die Taufe Chlodwigs s. die oben S. 233 in Anm. 2 genannte Literatur.
41 Zu seiner Person Geuenich, Geschichte, S. 103. Zu den früheren Herzögen s. ders., Geschichte, S. 93–100; Keller, Herrschaft.
42 Erchanbert, Breviarium regum Francorum, ed. Pertz, S. 328; ed. Ussermann, S. XLVI; Übersetzung zitiert nach Geuenich, Geschichte, S. 104; vgl. dazu Fouracre, Observations, S. 12 f.
43 Geuenich, Geschichte, S. 103 f.; das Zitat von Werner findet sich in ders., Alemannien, S. 6.
44 Hierzu und zum Folgenden s. Annales Mettenses priores ad a. 709, 710, 712, S. 18; Annales Sancti Amandi ad a. 709, 710, 711, 712, S. 6; Annales Tiliani ad a. 709, 711, 712, S. 6; Annales Petaviani ad a. 709, 710, 711, 712, S. 7; Annales Laureshamenses ad a. 710, S. 22; Annales Alamannici ad a. 711, S. 146; Annales Nazariani ad a. 710, S. 147; Annales Mosellani ad a. 710, S. 494; Ado, Chronicon, S. 318. Vgl. Jarnut, Untersuchungen I, S. 109 f.; Geuenich, Geschichte, S. 104 f.

45 Zum Hintergrund Jarnut, Untersuchungen I, S. 120f.; vgl. auch Borgolte, Geschichte, S. 26; Geuenich, Geschichte, S. 106.
46 Chronicon Laurissense breve II, 9 S. 24; Annales Fuldenses ad a. 722 und 723, S. 2. Zum Hintergrund Geuenich, Geschichte, S. 105f.; zu den Quellen s. Wattenbach/Levison/Löwe, Geschichtsquellen 2, S. 264f. und 6 S. 671–687.
47 Continuationes Fredegarii c. 12 S. 175. S. hierzu und zum Folgenden die Ausführungen von Jarnut, Untersuchungen I, S. 115f., 118.
48 Der Text der Reichenauer »Gründungsurkunden«, aus denen diese Überlegungen abgeleitet werden, bei Heidrich, Text, S. 82–84 Nr. 1 und S. 85–88 Nr. 2 (auch: Urkunden der Arnulfinger S. 138–145 Nr. 33 und 34). S. dazu dies., Titulatur, S. 271f. Nr. 32 und 33; dies., Grundausstattung, bes. S. 58f., 61f.; Ewig, Bemerkungen; Borgolte, Geschichte, S. 25; zum Hintergrund Jarnut, Untersuchungen I, S. 116f. Zu Nebi s. ebd. S. 123–128 und Borgolte, Geschichte, S. 27. Zu Pirmin s. von Padberg, Christianisierung, S. 52f.; Angenendt, Frühmittelalter, S. 268.
49 Zur Recensio Lantfridana s. Geuenich, Geschichte, S. 108–110, bes. S. 109 zur Stellung des Herzogs und seiner Söhne; Jarnut, Untersuchungen I, S. 117f. Abweichende Auffassungen zur Entstehung der Lex bei Schott, Lex, bes. S. 277–283.
50 Jarnut, Untersuchungen I, S. 117; Borgolte, Geschichte, S. 25.
51 Vgl. dazu Fouracre, Age, S. 106 und 157, der die Selbstständigkeit Theuderichs stärker betont; dagegen Hummer, Politics, S. 58.
52 Hermann der Lahme, Chronicon ad a. 727, S. 98. Zur Diskussion um die Passage s. Geuenich, Geschichte, S. 105f.; abweichend von der hier dargestellten Sicht Jarnut, Untersuchungen I, S. 118–120.
53 Zu den Etichonen s. Hummer, Politics, S. 46–55 und S. 57–65; Fouracre, Age, S. 105–108.
54 Annales Sancti Amandi ad a. 730, S. 8; Annales Tiliani ad a. 730, S. 8; Annales Laubacenses ad a. 730, S. 9; Annales Petaviani ad a. 730, S. 9; zum Tod Lantfrids s. Annales Laureshamenses ad a. 730, S. 24; Annales Alamannici ad a. 730, S. 148; Annales Nazariani ad a. 730, S. 149; Annales Mosellani ad a. 730, S. 495. Vgl. Geuenich, Geschichte, S. 106.
55 S. dazu Hermann der Lahme, Chronicon ad a. 732, S. 98. Zum Aufenthalt im Elsass s. den Eintrag in den Annales Guelferbytani ad a. 741, S. 151. Vgl. insgesamt Jarnut, Untersuchungen I, S. 122f.; Hummer, Politics, S. 96.
56 Vgl. Borgolte, Geschichte, S. 27f.
57 Hummer, Politics, S. 49 und 57–62; Fouracre, Age, S. 107f.
58 Continuationes Fredegarii c. 23, ed. Krusch, S. 179.
59 Ebd. c. 27 und 29 S. 180f.; Annales Alamannici ad a. 744–746, S. 150–152; Annales Guelferbytani ad a. 744–746, S. 151f.; Annales Nazariani

ad a. 744–746, S. 151 f. Zu den Feldzügen s. Geuenich, Geschichte, S. 107 f.
60 Zum Hintergrund s. Reindel, Entwicklung, S. 101–138; ders., Herkunft; Störmer, Baiuwaren, S. 9–31, 46–49; Dopsch, Anteil.
61 Gregor von Tours, Libri Historiarum X, IV, c. 9 S. 141; s. auch Paulus Diaconus, Historia Langobardorum I, c. 21 S. 60. Vgl. zu Garibald Jarnut, Agilolfingerstudien, S. 50–54; Reindel, Entwicklung, S. 139 f.; Störmer, Baiuwaren, S. 59–64; ders., Herzogsgeschlecht, S. 141 f.; Wolfram, Baiern, S. 130.
62 Fredegar, Chronicae IV, c. 52 und 87 S. 146 und 164. Vgl. Jarnut, Agilolfingerstudien, S. 67–78; Schieffer, Karolinger, S. 16; Störmer, Herzogsgeschlecht, S. 146 f.
63 Annales Mettenses priores ad a. 688 und 691, S. 4 und 12. Zum Hintergrund s. Reindel, Entwicklung, S. 156 f.
64 Reindel, Entwicklung, S. 158–160; Jarnut, Beiträge, S. 77 f.
65 Zur Kirchenorganisation Theodos s. Freund, Von den Agilolfingern, S. 8–42; knapp Störmer, Baiuwaren, S. 78 f.; ders., Herzogsgeschlecht, S. 149; Jahn, Hausmeier, S. 331–333.
66 Vgl. hierzu die Positionen von Wolfram, Rupert; Jahn, Hausmeier, S. 331 f.; Freund, Von den Agilolfingern, S. 16 f. mit Anm. 28 und S. 19 f. Zu den Quellen s. Wood, Missionary Life, S. 146–150, der ebd. S. 162 Anm. 12 das Problem der Rückkehr Ruperts nach Worms allgemein als ungelöst betrachtet.
67 Paulus Diaconus, Historia Langobardorum VI, c. 35 S. 176 f. Vgl. hierzu und zum Folgenden Reindel, Entwicklung, S. 157 f.; Störmer, Baiuwaren, S. 79; Wolfram, Baiern, S. 132–134; Jarnut, Beiträge, S. 77, 81 f.
68 S. dazu aufführlich Freund, Von den Agilolfingern, S. 8–42, bes. S. 24–34; Hammer, From *Ducatus*, S. 72–80; Noble, Boniface, S. 333; Reindel, Entwicklung, S. 161; Jarnut, Beiträge, S. 82–84; ders., Genealogie, S. 146.
69 Arbeo von Freising, Vita Corbiniani c. 15 S. 203; zu Text und Autor s. Wood, Missionary Life, S. 150–158. Vgl. zur Teilung Freund, Von den Agilolfingern, S. 21 f.; Reindel, Entwicklung, S. 161 f.; Wolfram, Baiern, S. 134; Störmer, Baiuwaren, S. 80–82; Jarnut, Genealogie, S. 146–148; Jahn, Hausmeier, S. 334 f.
70 Hierzu und zum Folgenden Freund, Von den Agilolfingern, S. 43 f.; Reindel, Entwicklung, S. 162–164; Wolfram, Baiern, S. 134. Zu Inzestvorwürfen Korbinians gegen Grimoald und ihrer Rolle bei der Positionierung Liutprands Jarnut, Beiträge, S. 84 f.; Ubl, Inzestverbot, S. 93 f.
71 Continuationes Fredegarii c. 12 S. 175; Annales Mettenses priores ad a. 719, S. 26; ferner Annales Sancti Amandi ad a. 725, S. 8; Annales Tiliani ad a. 725, S. 8; Annales Laubacenses ad a. 725, S. 9; Annales Petaviani ad

a. 725, S. 9. Vgl. Reindel, Entwicklung, S. 162; Wolfram, Baiern, S. 134; Störmer, Baiuwaren, S. 81.
72 Annales Petaviani ad a. 725, S. 9.
73 S. dazu ausführlich Jarnut, Untersuchungen II; ferner Reindel, Entwicklung, S. 162f.; Mikoletzky, Karl Martell, S. 144f.; Hammer, From *Ducatus*, S. 57, 68f.; auch Becher, Verschleierte Krise, S. 110–114.
74 Zur Diskussion darüber s. Becher, Verschleierte Krise, S. 110–112; Freund, Von den Agilolfingern, S. 44 Anm. 123; Jahn, Hausmeier, S. 336; Hartmann, Königin, S. 94.
75 Annales Sancti Amandi ad a. 728, S. 8; Annales Tiliani ad a. 728, S. 8. Die Annales Petaviani ad a. 728, S. 9, führen fälschlich Sachsen statt Bayern als Ziel des Feldzugs an; vgl. dazu Glatthaar, Gregor II., S. 82f. Anm. 19. Zum Hintergrund s. Reindel, Entwicklung, S. 163; Wolfram, Baiern, S. 134; Störmer, Herzogsgeschlecht, S. 150.
76 Annales Mettenses priores ad a. 743 und ad a. 735, S. 33 und 28. Kritisch zur Bemerkung in den Annales Mettenses priores Freund, Von den Agilolfingern, S. 63f. mit Anm. 188; anders Jarnut, Genealogie, S. 150.
77 Zur Person des landfremden Herzogs s. Wolfram, Baiern, S. 134f.; Reindel, Entwicklung, S. 163–166; Störmer, Baiuwaren, S. 82–85; zur möglichen Ursache s. Freund, Von den Agilolfingern, S. 66f.; Jahn, Hausmeier, S. 338.
78 Continuationes Fredegarii c. 25 S. 180; Annales Mettenses priores ad. a. 743, S. 33. Vgl. Schieffer, Karolinger, S. 51–53; Kasten, Stepmothers, S. 61f.; Jarnut, Genealogie, S. 151–155; Jahn, Hausmeier, S. 339–343; Hammer, From *Ducatus*, S. 69–71; Freund, Von den Agilolfingern, S. 70f. Zu Grifo s. Mikoletzky, Karl Martell; zu seinem Namen Becher, Staatsstreich, S. 123 Anm. 22.
79 Zur Frühgeschichte der Thüringer und den Grenzen ihres Reiches s. Kälble, Ethnogenese, S. 332–346; Schlesinger, Frühmittelalter, S. 316–326.
80 Zu Radegunde s. die Beiträge in Radegunde, hg. von Eidam/Noll. Vgl. Kälble, Ethnogenese, S. 347; Schlesinger, Frühmittelalter, S. 334f.
81 Hierzu und zum Folgenden ausführlich Kälble, Ethnogenese, S. 352–355; Schlesinger, Frühmittelalter, S. 336–338. Zur Thüringenreise s. Vita Arnulfi c. 12 S. 436f.; zur Datierung der Vita s. Wood, Kingdoms, S. 259f., der sich gegen eine Datierung ins 7. Jahrhundert ausspricht. Vgl. zum Hintergrund Kälble, Ethnogenese, S. 350f.; Schlesinger, Frühmittelalter, S. 336f.; Pohl, Awaren, S. 256 (mit dem Zitat).
82 Kälble, Ethnogenese, S. 358; zur Diskussion darüber s. ebd. S. 356–358; vgl. ebd. S. 372 und auch Störmer, Herkunft, S. 16 mit Anm. 22.
83 Störmer, Herkunft, S. 11f.; Mordek, Hedenen, S. 348f. Zur Passio Kiliani s. Wood, Missionary Life, S. 160–162; zu ihrer Datierung s.

Petersohn, Franken, S. 96 mit Anm. 9; zu anderen zeitlichen Ansätzen vgl. Mordek, Hedenen, S. 346 Anm. 7.
84 S. dazu die unterschiedlichen Auffassungen von Friese, Studien, S. 36, 38; Störmer, Herkunft, S. 13 und 18; Mordek, Hedenen, S. 363; Kälble, Ethnogenese, S. 356 mit Anm. 140.
85 Mordek, Hedenen, S. 351.
86 Annales Mettenses priores ad a. 691, S. 12 f.
87 Wampach, Geschichte I, 2 S. 27–31 Nr. 8, hier S. 30. Vgl. dazu und zum Folgenden Lindner, Untersuchungen, S. 73.
88 Kälble, Ethnogenese, S. 358.
89 Wampach, Geschichte I, 2 S. 63–65 Nr. 26; vgl. Lindner, Untersuchungen, S. 73 und 91–93; Werner, Adelsfamilien, S. 156 f.; Kälble, Ethnogenese, S. 358 f.; Grahn-Hoek, Recht, S. 441; Mordek, Hedenen, S. 345–347.
90 Passio Kiliani c. 8–14 S. 725–727 (mit dem Zitat in c. 14 S. 727); vgl. Petersohn, Franken, S. 97.
91 Hierzu und zum Folgenden s. Mordek, Hedenen, S. 347 f.; Störmer, Herkunft, S. 18 Anm. 37; Petersohn, Franken, S. 97 f.
92 Diese Deutung bei Mordek, Hedenen, S. 347. Zu Immina und der Kirche auf dem Würzburger Marienberg s. ebd. und Petersohn, Franken, S. 108 f. (mit den dort zitierten Quellen).
93 Schlesinger, Frühmittelalter, S. 340; Lindner, Untersuchungen, S. 72; Kälble, Ethnogenese, S. 361.
94 Störmer, Herkunft, S. 16; Werner, Adelsfamilien, S. 153.
95 So Fouracre, Age, S. 114. Zum Brief des Papstes s. Briefe des heiligen Bonifatius S. 33 Nr. 19.
96 Willibald, Vita Sancti Bonifatii c. 6 S. 32; vgl. auch Chronicon Laurissense breve III, 5 S. 26.
97 Petersohn, Franken, S. 98.
98 Rouche, Aquitaine I, S. 183–220 und 254 f.; ders., Aquitaine II, S. 38; Geary, Merowinger, S. 202 f.
99 Zur Auseinandersetzung mit den Westgoten s. Ewig, Merowinger, S. 19–21, 24–28, 30; Postel, Ursprünge, S. 142–146; Wood, Kingdoms, S. 46–48; zu den Reichsteilungen und ihren Auswirkungen s. die oben S. 233 in Anm. 3 genannte Literatur und Rouche, Aquitaine I, S. 51–98. Zu den Austauschbeziehungen ebd. S. 239–248, 424–430; Geary, Merowinger, S. 203.
100 Geary, Merowinger, S. 203; vgl. Rouche, Aquitaine I, S. 98–111 (mit Betonung der Unabhängigkeit); zur »Ethnogenese« ders., Peut-on parler. Kritisch zu den Thesen von Rouche Fouracre, Age, S. 82–84.
101 Zu Felix und Lupus s. Miracula Sancti Martialis II, c. 3 S. 281; Rouche, Aquitaine I, S. 98–103; Wood, Kingdoms, S. 229, 282; Geary, Merowinger, S. 203 f.; Ewig, Merowinger, S. 164, 169.

102 Ewig, Merowinger, S. 187f.
103 Zu Eudo s. Ebling, Prosopographie, S. 148f.; zur Frage seines Herrschaftsbeginns s. Rouche, Aquitaine I, S. 103.
104 Continuationes Fredegarii c. 10 S. 174; Liber historiae Francorum c. 53 S. 327f.; Annales Mettenses priores ad a. 718, S. 25.
105 Continuationes Fredegarii c. 10 S. 174; anders der Liber historiae Francorum c. 53 S. 327. Zur Tendenz der Fredegar-Fortsetzungen in Bezug auf Eudo s. Collins, Deception, S. 229–235. Zum Begriff des *regnum* s. die Positionen von Rouche, Aquitaine, S. 108, und Fouracre, Age, S. 83; s. ferner Karl Ferdinand Werner, Art. »Regnum«, in: Lexikon des Mittelalters 7 (1995) Sp. 587–596, bes. Sp. 587; ders., Principautés, S. 499–503.
106 Liber historiae Francorum c. 53 S. 327f. Vgl. dazu Continuationes Fredegarii c. 13 S. 175.
107 S. hierzu und zum Folgenden Herbers, Geschichte, S. 74–82; ders., Covadonga, S. 98f., 101–104; Nonn, Schlacht II, S. 49–51.
108 Chronicon Moissiacense ad a. 715, S. 290. Zur Vertreibung von seinem Land (*terra sua*) s. Annales Petaviani ad a. 721, S. 7; vgl. auch Annales Laureshamenses ad a. 721, S. 24; Annales Alamannici ad a. 721, S. 148; Annales Nazariani ad a. 721, S. 149. Vgl. zu diesen Ereignissen Rotter, Abendland, S. 215; Nonn, Schlacht I, S. 39; ders., Schlacht II, S. 49f.; Herbers, Covadonga, S. 99; Geary, Merowinger, S. 204; Becher, Merowinger, S. 53.
109 Zum Schreiben an den Papst s. die Vita Gregors II. c. XI im Liber pontificalis I S. 401; zur Herbeirufung des heiligen Pardulf s. Vita Pardulfi c. 21 S. 38f. Vgl. Rotter, Abendland, S. 214f., 222f.; Nonn, Schlacht I, S. 45–48; ders., Schlacht II, S. 56f.
110 Chronicon Moissiacense ad a. 715 und 725, S. 290f. Vgl. Rotter, Abendland, S. 215; Nonn, Schlacht I, S. 39; ders., Schlacht II, S. 50.
111 Hierzu und zum Folgenden Nonn, Schlacht I, S. 39f.; ders., Schlacht II, S. 50f.; Herbers, Covadonga, S. 99f.; ders., Geschichte, S. 82; Geary, Merowinger, S. 205.
112 Chronicon Moissiacense ad a. 732, S. 291; Continuationes Fredegarii c. 13 S. 175.
113 Continuationes Fredegarii c. 13 S. 175; Annales Sancti Amandi ad a. 731, S. 8; Annales Tiliani ad a. 731, S. 8; Annales Laubacenses ad a. 731, S. 9; Annales Petaviani ad a. 731, S. 9; Annales Laureshamenses ad a. 731, S. 24; Annales Mosellani ad a. 731, S. 495; Annales Alamannici ad a. 731, S. 150; Annales Nazariani ad a. 731, S. 151; Annales Mettenses priores ad a. 731 und 732, S. 26f. Vgl. Nonn, Schlacht I, S. 39f.; ders., Schlacht II, S. 51; Rotter, Abendland, S. 220–222; Rouche, Aquitains, bes. S. 21–25.
114 So Collins, Deception, S. 239.

115 Continuationes Fredegarii c. 13 S. 175; Annales Sancti Amandi ad a. 732, S. 8; Annales Tiliani ad a. 732, S. 8; Annales Laubacenses ad a. 732, S. 9; Annales Petaviani ad a. 732, S. 9; Annales Laureshamenses ad a. 732, S. 24; Annales Mosellani ad a. 732, S. 495; Annales Alamannici ad a. 732, S. 150; Annales Nazariani ad a. 732, S. 151; Annales Mettenses priores ad a. 732, S. 27; Vita Pardulfi c. 15 S. 33 f.; Vita Eucherii c. 8 S. 49 f.; s. auch die Continuatio Hispana ad a. 769 S. 361 f. Vgl. Rotter, Abendland, S. 222; Herbers, Covadonga, S. 104 f.; Nonn, Schlacht I, S. 40–52 (mit Nennung weiterer, auch späterer Quellen); ders. Schlacht II, S. 51 f. Zur Bezeichnung der Schlacht sowie zu den Schwierigkeiten bei der Lokalisierung ihres Ortes, ihrer Datierung und ihres Verlaufs s. ebd. S. 51, 55; Rotter, Abendland, S. 223 f.; Carpentier, Batailles, S. 14–18; Nicolle, Poitiers, bes. die Karten S. 66 f. und 78 f.; Wood, Kingdoms, S. 283; ders., Teutsind, S. 41.
116 Beda Venerabilis, Historia ecclesiastica V, c. 23 S. 556 f. Zur Terminologie der übrigen Quellen s. die in der vorangehenden Anm. verzeichneten Stellen; vgl. Herbers, Covadonga, S. 104 f., 107 f.
117 Continuatio Hispana ad a. 769 S. 361 f. Vgl. Herbers, Covadonga, S. 104; Nonn, Schlacht I, S. 40, 44 f.
118 Einhard, Vita Caroli Magni c. 2 S. 4. Vgl. Nonn, Bild Karl Martells in den mittelalterlichen Quellen, S. 99 f.
119 Burckhardt, Carl Martell, S. 74 und 11 mit den Zitaten. Zur Beurteilung des Zuges Abd ar-Rahmans als Strafexpedition und Beutezug sowie der Schlacht bei Poitiers s. Nonn, Schlacht I, bes. S. 53 f.; ders., Schlacht II, S. 52, 54 f., 57 f.; Nicolle, Poitiers, S. 7, 36 f.; Herbers, Geschichte, S. 82; Becher, Merowinger, S. 54.
120 Continuationes Fredegarii c. 15 S. 175 f.; Annales Sancti Amandi ad a. 735 und 736, S. 8; Annales Tiliani ad a. 735 und 736, ed. Pertz, S. 8; Annales Laubacenses ad a. 735, S. 9; Annales Petaviani ad a. 735 und 736, S. 9; Annales Laureshamenses ad a. 735, S. 24; Annales Alamannici ad a. 735, S. 150; Annales Nazariani ad a. 735, S. 151; Annales Mosellani ad a. 735, S. 495. Zum angeblichen Feldzug nach 732 s. Gesta episcoporum Autisiodorensium c. 27 S. 394. Vgl. insgesamt auch die Darstellung von Fouracre, Age, S. 88 f.
121 Vita Pardulfi c. 21 S. 38; Annales Mettenses priores ad a. 735 und 742, S. 28 und 33; Continuationes Fredegarii c. 23 und 25 S. 179 f.
122 Kaiser, Burgunder, S. 57–74; Postel, Ursprünge, S. 112–123; Pohl, Völkerwanderung, S. 152–165; ferner Wood, Assimilation, S. 223–228. Zur Provence s. Buchner, Provence, S. 4; s. ferner Geary, Aristocracy, S. 1–11; ders., Merowinger, S. 205–208.
123 Zu Burgund unter den Merowingern s. Kaiser, Burgunder, S. 177–179 (mit der Karte auf S. 178). Zur Terminologie s. Pohl, Völkerwan-

derung, S. 164; Kaiser, Burgunder, S. 73f. und 177 (mit weiteren Belegen) sowie 191.
124 Postel, Ursprünge, S. 112; Wallace-Hadrill, Church, S. 128; Fouracre, Age, S. 66 und 94.
125 Kaiser, Burgund, S. 187 und 194; Haubrichs, Volk, bes. S. 158–165.
126 Fredegar, Chronicae IV, c. 44 und 89f. S. 142f. und 165–168. Vgl. Kaiser, Burgunder, S. 190, 196–198, 239 mit Anm. 582; Ewig, Merowinger, S. 119; Wood, Assimilation, S. 235.
127 Ewig, Milo, S. 212f.; vgl. ebd. S. 214 mit der Bezeichnung als »Bistumsrepubliken« und S. 211 mit der Charakterisierung Lyons als »eine Art Kirchenstaat«. Kritisch zum Begriff der »Republik« Fouracre, Age, S. 90; Staudte-Lauber, Carlus, S. 95 Anm. 97.
128 Ewig, Milo, S. 207–216; zum Hintergrund s. Fouracre, Why, bes. S. 31–35.
129 Geary, Provence, S. 383, 385, 388f.; ders., Aristocracy, S. 34 Anm. 89; S. 126f. und 139; Fouracre, Observations, S. 8f.; ders., Age, S. 66 und 93–95; zu Antenor auch Buchner, Provence, S. 23f., 98f. Nr. 19.
130 Gesta epicoporum Autisiodorensium c. 26 S. 394. Vgl. zu Savarich Ewig, Milo, S. 204f.; Fouracre, Observations, S. 8; zur Ausdehnung seines und Ainmars Herrschaftsbereichs s. Rouche, Remarques, S. 10 mit Karte Nr. 2 auf S. 12.
131 Gesta episcoporum Autisiodorensium c. 27 S. 394 mit dem Zitat Z. 15f. Zu seinem möglichen Laienstatus vgl. Ewig, Milo, S. 205, und Fouracre, Age, S. 90. Kritisch zum Wert der Quelle Staudte-Lauber, Carlus, S. 80f., doch scheint c. 27 nicht durchgehend die von ihr thematisierten Fehler aufzuweisen. Vgl. auch Anm. 136 und 138.
132 Vita Eucherii c. 4 S. 48 (auch zur Verwandtschaft mit Savarich).
133 Ebd. S. 48 Z. 18. S. auch Staudte-Lauber, Carlus, S. 93f.
134 Vita Eucherii c. 7–9 S. 49f.; zur Datierung des Todes von Eucherius auf 738 oder 743 s. Dierkens, Carolus, S. 281f. mit Anm. 33; vgl. Glatthaar, Bonifatius, S. 224 mit Anm. 27. Hierzu und zum Folgenden s. Staudte-Lauber, Carlus, S. 92–99; Ewig, Milo, S. 205f.; Wood, Teutsind, S. 50f.; Schieffer, Karolinger, S. 47.
135 Karl selbst soll die Familie als äußerst wild, kriegerisch und reich bezeichnet haben; Vita Eucherii c. 7 S. 49.
136 Gesta episcoporum Autisiodorensium c. 27 S. 394. Staudte-Lauber, Carlus, S. 80f., beurteilt die Quelle aufgrund der sachlichen Fehler in diesem Abschnitt Text für eine Beurteilung der Entwicklung und der Verhältnisse in Burgund als »nahezu wertlos«. Anders Becher, Reise, S. 243 Anm. 65. Vgl. auch Wood, Kingdoms, S. 276.
137 Continuationes Fredegarii c. 14 S. 175. Zu diesem Passus und den Bezeichnungen für Karl Staudte-Lauber, Carlus, S. 86f.

138 Ado von Vienne, Chronicon, S. 319; vgl. Fouracre, Age, S. 92 f. Skeptisch Staudte-Lauber, Carlus, S. 81, vgl. aber ebd. S. 91; anders Glatthaar, Bonifatius, S. 226 f.
139 Liudger, Vita Gregorii c. 9 S. 74; vgl. Semmler, Friesenmission, S. 71. Zur Datierung Werner, Adelsfamilien, S. 298; s. ferner Wood, Missionary Life, S. 107–112.
140 Liudger notiert dazu, die Brüder hätten einen *principatum non modicum* innegehabt; Liudger, Vita Gregorii c. 9 S. 74. Zur Bewertung in der Forschung s. Werner, Adelsfamilien, S. 301–303; Fouracre, Age, S. 93; kritisch Staudte-Lauber, Carlus, S. 87 f.
141 Joch, Legitimität, S. 23 mit dem Quellenzitat in Anm. 84. Auch im südlich von Paris gelegenen Melun war Childebrand begütert; s. ebd. S. 23; Collins, Fredegar-Chroniken, S. 90 mit Anm. 235.
142 Annales Sancti Amandi ad a. 737, S. 8; Annales Tiliani ad a. 737 (736), S. 8; Annales Laubacenses ad a. 737, S. 9; Annales Petaviani ad a. 737, S. 9 (mit der Lokalisierung *in Gozia*); Annales Laureshamenses ad a. 737, S. 26; Annales Alamannici ad a. 737, S. 150; Annales Nazariani ad a. 737, S. 151; Annales Mosellani ad a. 737, S. 495. Vgl. Rotter, Abendland, S. 224; Fouracre, Age, S. 97; Nonn, Schlacht I, S. 43.
143 Continuationes Fredegarii c. 20 S. 177; zum friedlichen Einzug in der Stadt s. Chronicon Moissiacense ad a. 734, S. 291 Z. 43 f. Nach den *Gesta abbatum Fontanellensium* ermöglichte der Verrat einiger Provenzalen den Einzug in die Stadt; Chronique des abbés de Fontenelle VI, c. 4 S. 84 f. Rotter, Abendland, S. 225 f., möchte die Eroberung Avignons nach der Angabe des *Chronicon Moissiacense* auf das Jahr 734 datieren. Die Reaktion Karls wird jedoch gemeinhin auf das Jahr 736 oder 737 datiert, die Einnahme Avignons dürfte also kurz zuvor erfolgt sein; vgl. Fouracre, Age, S. 96; Schieffer, Karolinger, S. 46; ferner Buchner, Provence, S. 24, mit einer Datierung auf 736–739. Zu Maurontus und zum Hintergrund Geary, Merowinger, S. 205, 207 f.
144 Rotter, Abendland, S. 226; Nonn, Schlacht I, S. 43; Ewig, Königsgedanken, S. 40 f.
145 Hierzu und zum Folgenden Continuationes Fredegarii c. 20 S. 177 f.; ferner Chronique des abbés de Fontenelle VI, c. 1–4 S. 84–87. Vgl. Rotter, Abendland, S. 227 f.
146 Continuationes Fredegarii c. 21 S. 178; zur Datierung auf 739 und dem Zug nach Marseille s. Annales Petaviani ad a. 739, S. 9; Annales Laureshamenses ad a. 739, S. 26; Annales Alamannici ad a. 739, S. 150; Annales Nazariani ad a. 739, S. 151; Annales Mosellani ad a. 739, S. 495. Vgl. insgesamt Rotter, Abendland, S. 229.
147 Geary, Aristocracy, S. 76 f. (nach dem *Testamentum Abbonis*) und 126; vgl. ders., Merowinger, S. 207 f.; zu Abbo s. auch Buchner, Provence, S. 100 f. Nr. 21.

148 Paulus Diaconus, Historia Langobardorum VI, c. 54 S. 183. S. dazu Schieffer, Karolinger, S. 46; Nonn, Schlacht I, S. 46.
149 Geary, Aristocracy, S. 148 (mit dem dortigen Zitat nach Cipolla); Buchner, Provence, S. 100 Nr. 21.
150 Continuationes Fredegarii c. 24 S. 179.
151 Kaschke, Reichsteilungen, S. 84; vgl. Nonn, Nachfolge, S. 65 f.; Semmler, Aufrichtung, S. 33; Mikoletzky, Karl Martell, S. 147. Anders Becher, Verschleierte Krise, S. 122 f., der vermutet, Pippin könnte sich im Zusammenhang mit der Auseinandersetzung mit Grifo nach Burgund zurückgezogen haben.
152 Briefe des heiligen Bonifatius S. 146–155 Nr. 73, hier S. 151; zur Stelle Rotter, Abendland, S. 230.

Kapitel 6   Karl Martell und die Kirche

1 Zur Kirche im Frankenreich s. allgemein Angenendt, Frühmittelalter, bes. S. 169–182; Wallace-Hadrill, Frankish Church; Schneider, Frankenreich, S. 85–88. Zur Rolle der Bischöfe s. Heinzelmann, Bischof; Kaiser, Königtum; Jussen, ›Bischofsherrschaften‹; Semmler, Episcopi potestas; Ewig, Milo, bes. S. 199–219.
2 Zu Verdun s. Gregor von Tours, Libri historiarum X, III, c. 34 S. 129 f.; zur Steuererhebung ebd. V, c. 28 S. 233 f.; ebd. IX, c. 30 S. 448 f.
3 Ewig, Milo, S. 207–216; zum Begriff des »Kirchenstaats« ebd. S. 212 und Kaiser, Königtum, S. 94 mit Anm. 46. Vgl. ferner Fouracre, Why; Wood, Kingdoms, S. 224.
4 Zu Ansbert und dem möglichen Motiv Pippins bei seiner Exilierung s. Semmler, Episcopi potestas, S. 306–309; zu seiner Gefangensetzung, der geplanten Freilassung und dem Leichenzug Vita Ansberti c. 22–36 S. 634–641; Howe, Hagiography, S. 129–140; Wood, Saint-Wandrille, S. 10–12. Zu Gripo s. Schieffer, Karolinger, S. 28; Kaiser, Königtum, S. 98.
5 Wood, Kingdoms, S. 264 f.; Ewig, Privileg, S. 576–583.
6 Wallace-Hadrill, Frankish Church, S. 123–129; Wood, Kingdoms, S. 193 f., 204 f.
7 Angenendt, Frühmittelalter, S. 213–223; Wallace-Hadrill, Frankish Church, S. 63–67, bes. S. 66; Wood, Kingdoms, S. 184–192; Ewig, Milo, S. 209 f. Zu Columban s. Richter, Bobbio, S. 24–48.
8 Schieffer, Karolinger, S. 19 f.; Wood, Kingdoms, S. 190; Le Jan, Convents, S. 247–249, 254, 268.
9 Zum Folgenden s. Wood, Kingdoms, S. 264 f.; Wallace-Hadrill, Frankish Church, S. 131; Fouracre, Age, S. 49; Angenendt, Willibrord, S. 68–76, bes. S. 70 f., 76 f.

10 S. hierzu und zu Echternach Schieffer, Karolinger, S. 31 f. (S. 32 der Begriff der »Sakrallandschaft«); Angenendt, Willibrord, S. 68–73; ders., Frühmittelalter, S. 268 f.
11 Zu Fleury-en-Vexin s. Heidrich, Titulatur, S. 268 Nr. 15; zu Saint-Wandrille und Bainus ebd. S. 268 f. Nr. 18. S. ferner Angenendt, Willibrord, S. 65 f. und 101; Semmler, Episcopi potestas, S. 305–309. Zu Jumièges s. ebd. S. 308; Wood, Kingdoms, S. 264; Fouracre, Age, S. 48.
12 Zu Liutwin und seinem Sohn Milo s. Ewig, Milo, S. 190–199; Semmler, Sukzessionskrise, S. 26; ders., Episcopi potestas, S. 372; Angenendt, Frühmittelalter, S. 263; Wallace-Hadrill, Frankish Church, S. 137; Wood, Kingdoms, S. 278 f.; Gerberding, Rise, S. 136 f.; zuletzt Schneider, Erzbischof, bes. S. 66–108 und 388 f., der das negative Bild Milos als spätere Konstruktion deutet. Skeptisch zu fehlenden Weihen Reuter, »Kirchenreform«, S. 47.
13 Briefe des heiligen Bonifatius S. 194–201 Nr. 87, hier S. 198. Vgl. dazu Schneider, Erzbischof, S. 71 f.
14 Briefe des heiligen Bonifatius S. 80–86 Nr. 50, hier S. 82 f. Vgl. Hartmann, Synoden, S. 47; Schneider, Erzbischof, S. 86.
15 Zur späteren Reimser Historiographie s. Nonn, Bild, S. 109 f., 118; Ewig, Milo, S. 197 f.; zur einzig positiven Stimme ebd. S. 198. Vgl. dazu auch Schneider, Erzbischof, S. 105 f.; zu den Beziehungen Mettlachs zu Milo und Karl Martell s. ferner ebd. S. 74 f.
16 Wood, Kingdoms, S. 250 f., zur Bewertung der Kritik des Bonifatius und ihrer Gründe s. ebd. S. 252, 254, 320 f.; Reuter, »Kirchenreform«, S. 36 f., bes. S. 37 mit dem Zitat. Zu Gewilib s. Glatthaar, Bonifatius, S. 278–286; Ewig, Milo, S. 196, 199 f.; Fouracre, Age, S. 133. Abweichend von Reuter Glatthaar, Bonifatius, S. 217–238, bes. S. 219 f. Zur Mission in Thüringen s. auch Chronicon Laurissense breve III, 5 S. 26.
17 Chronique des abbés de Fontenelle IV, c. 1 S. 58. S. dazu Wallace-Hadrill, Frankish Church, S. 136; Hinschius, System, S. 243–246.
18 Zu den Trierer Schenkungen s. Lupus von Ferrières, Vita Maximini c. 17 S. 80; vgl. Ewig, Milo, S. 198. Zu den in Personalunion geleiteten Bistümern s. ebd. S. 195. Zu Hugo s. seine Vita in Chronique des abbés de Fontenelle IV, c. 1–2 S. 58–63. Semmler, Sukzessionskrise, S. 29–31; Wallace-Hadrill, Frankish Church, S. 136 f.; Kaiser, Königtum, S. 98; Ewig, Milo, S. 202; Schieffer, Karolinger, S. 38. Zu den »gefolgsrechtlichen Gesichtspunkten« vgl. Angenendt, Frühmittelalter, S. 263.
19 Zu Benignus s. Chronique des abbés de Fontenelle III, c. 1 S. 38–41; zu Hugo s. die oben S. 242 in Anm. 28 genannte Quelle und die Literatur.
20 Hierzu und zum Folgenden Nonn, Bild; ders., Bild Karls in den mittelalterlichen Quellen; kritisch Glatthaar, Bonifatius, S. 217–238.
21 Brunner, Reiterdienst; vgl. Wolfram, Karl Martell, S. 64, und Fouracre, Age, S. 2 f., 121 f., in dessen Karls-Biographie die kritische Auseinander-

setzung mit den Thesen Brunners eine zentrale Position einnimmt. Zum Steigbügel s. White, Medieval Technology, S. 28, 38.
22 Bachrach, Merovingian Military Organization, S. 111 f.; ders., Charles Martel, bes. S. 244–247; ebd. S. 230–240 zur Kritik an Whites Thesen (wie vorherige Anm.). Zu den militärgeschichtlichen Entwicklungen der frühen Karolingerzeit ders., Early Carolingian Warfare.
23 Wolfram, Karl Martell; Fouracre, Age, S. 137–154.
24 Geary, Aristocracy, S. 74–76 und 120 f.; ders., Provence, S. 385–388; Wood, Teutsind, S. 34.
25 Zur Diskussion um das Todesjahr des Eucherius s. oben S. 232 Anm. 21.
26 Als salvatorische Klausel bewertet dies Nonn, Bild Karl Martells in mittelalterlichen Quellen, S. 14. Vgl. zur Stelle auch Wood, Teutsind, S. 34, 50; Goetz, Karl Martell, S. 110 f.
27 Konzilien, ed. Hartmann, S. 403–427 Nr. 41 c. 7, hier S. 414 f.; vgl. Vita Eucherii c. 9 Anm. * S. 51. Vgl. dazu Dutton, Politics, S. 173 f.; Nonn, Bild, S. 107; ders., Bild Karl Martells in mittelalterlichen Quellen, S. 16–18; Schneider, Erzbischof, S. 85 f.
28 Lupus von Ferrières, Vita Maximini c. 17 S. 80. Vgl. Nonn, Bild, S. 78 f.; ders., Bild Karl Martells in den mittelalterlichen Quellen, S. 14 f.; Goetz, Karl Martell, S. 108 f.
29 Hierzu und zum Folgenden Nonn, Bild Karl Martells in mittelalterlichen Quellen, S. 15 f., der den Text treffend als »politische Vision« bezeichnet (S. 16); anders Glatthaar, Bonifatius, S. 223–226.
30 Konzilien S. 403–427 Nr. 41 c. 7, hier S. 414. Vgl. auch Vita Eucherii c. 9 Anm. * S. 51.
31 Nonn, Bild, S. 111–114; ders., Bild Karl Martells in mittelalterlichen Quellen, S. 16–18; Dutton, Politics, S. 174–176 und 181 f. Allgemein zur Überlieferung der Visio Eucherii s. Reuter, »Kirchenreform«, S. 56 mit der in Anm. 100 angegebenen Literatur.
32 Briefe des heiligen Bonifatius S. 146–155 Nr. 73, hier S. 153 Anm. **. S. dazu Dierkens, Carolus; ferner Nonn, Bild, S. 83–89; Fouracre, Age, S. 134–136; Reuter, »Kirchenreform«, S. 51–58; Glatthaar, Bonifatius, S. 221–223.
33 Chronique des abbés de Fontenelle VI, c. 1–4 S. 74–87. Zur Bewertung Karl Martells in der Vita des Abts Teutsind und zu den *homines regii* s. Wood, Teutsind, S. 49 f.; ders., Saint-Wandrille, S. 11; Wolfram, Karl Martell, S. 73. Zum Verhältnis zu Stablo s. ebd. S. 73. Zur Passio Sancti Salvii s. Coens, Passion, mit der Edition S. 164–187, bes. c. 16 S. 183 (zur Stiftung).
34 Reuter, »Kirchenreform«, S. 46 (mit dem Zitat von Heinz Löwe in Anm. 56); Wood, Teutsind, S. 50–52; Mikoletzky, Karl Martell, S. 141 f., zur fehlenden Planmäßigkeit. Zu älteren Vorläufern s. Fredegar, Chronicae IV, c. 80 S. 161 f.; Wolfram, Karl Martell, S. 68 f.; Wallace-

Hadrill, Frankish Church, S. 131; ferner auch Glatthaar, Bonifatius, S. 235 f.
35 Wolfram, Karl Martell, S. 75–77, bes. S. 75; vgl. aber Reuter, »Kirchenreform«, S. 44.
36 S. dazu Hartmann, Synoden, S. 47–59 (mit teilweise anderen Datierungen); Schieffer, Zeit, S. 24 (mit der Literatur in Anm. 26 zur kontroversen Chronologie der Versammlungen); ders., Karolinger, S. 54 f. (mit den dort zitierten Formulierungen); Becher, Merowinger, S. 60 f. Zur Bezugnahme auf Handlungen Karl Martells s. Glatthaar, Bonifatius, S. 217–220, bes. S. 219; vgl. aber Goffart, Le Mans Forgeries, S. 9 f. mit Anm. 14 S. 10.
37 Von Padberg, Christianisierung, S. 42–52; Angenendt, Frühmittelalter, S. 222, 266 f.; zu Columban s. ferner Wood, Missionary Life, S. 31–35; Richter, Bobbio, S. 24–48.
38 Zu Amandus s. die Literatur oben S. 243 in Anm. 5. Zu Eligius s. Scheibelreiter, Galloromer; Prinz, Monchtum, S. 132–135.
39 Zur Mission der Angelsachsen auf dem Kontinent s. Wallace-Hadrill, Frankish Church, S. 143–161; Angenendt, Frühmittelalter, S. 268–272; von Padberg, Christianisierung, S. 60–70. Zur Verwandtschaft von Angelsachsen und Sachsen s. Angenendt, Frühmittelalter, S. 268; Noble, Boniface, S. 332; vgl. auch von Padberg, Christianisierung, S. 55, mit dem dort angeführten Beda-Zitat, und Wood, Kingdoms, S. 316; ders., Missionary Life, S. 59. Vgl. ferner Briefe des heiligen Bonifatius S. 74 f. Nr 46, hier S. 75.
40 Hierzu und zum Folgenden Beda Venerabilis, Historia Ecclesiastica V, c. 11 S. 484–487; Wood, Kingdoms, S. 316.
41 Wallace-Hadrill, Frankish Church, S. 146; Angenendt, Frühmittelalter, S. 269 f.; Schieffer, Karolinger, S. 31 f.
42 Fritze, Entstehungsgeschichte, S. 150.
43 Briefe des heiligen Bonifatius S. 234–236 Nr. 109. Hierzu und zum Folgenden Fritze, Entstehungsgeschichte, S. 118, 124 f.; Wood, Kingdoms, S. 320; Angenendt, Willibrord als römischer Erzbischof, S. 41.
44 Zur Bischofsweihe und zur Inschutznahme vgl. von Padberg, Bonifatius, S. 38 f.; zur Begegnung mit Radbod ebd. S. 26 f.; vgl. insgesamt auch ders., Christianisierung, S. 63; Angenendt, Frühmittelalter, S. 270–272; Wood, Kingdoms, S. 305.
45 Briefe des heiligen Bonifatius S. 36–38 Nr. 22, die Zitate S. 37 f. Der Brief des Papstes an Karl selbst ist verloren; das Schreiben ebd. S. 33 f. Nr. 20 wird als unecht betrachtet. Dennoch besteht kein Zweifel daran, dass die Inschutznahme des Bonifatius durch ein päpstliches Schreiben angeregt wurde; vgl. dazu Noble, Boniface, S. 334 f.
46 Zur Verleihung des Palliums s. Briefe des heiligen Bonifatius S. 49–52 Nr. 28, hier S. 49. Vgl. dazu von Padberg, Bonifatius, S. 49; Schieffer,

Zeit, S. 35. Zur späteren Gründung der Bistümer s. ders., Christianisierung, S. 61; vgl. dazu die abweichenden Auffassungen von Hartmann, Synoden, S. 48, und Reuter, »Kirchenreform«, S. 47–51.
47 Briefe des heiligen Bonifatius S. 71–74 Nr. 45, hier S. 72. Vgl. dazu Becher, Reise, S. 251 f.; Noble, Boniface, S. 336; von Padberg, Bonifatius, S. 59; Glatthaar, Bonifatius, S. 544–547; Wood, Missionary Life, S. 59 f.
48 Von Padberg, Bonifatius, S. 58 f. Becher, Reise, S. 251, sieht in dem Schreiben Nr. 45 (s. vorherige Anm.) einen Beleg für weitergehende, konkret auf Sachsen bezogene Pläne Bonifatius' zur Errichtung eines Bistums. Freund, Von den Agilolfingern, S. 68 (mit weiterer Literatur in Anm. 207) bezieht dies auf die bayerische Metropolitenwürde.
49 Zum Folgenden s. von Padberg, Bonifatius, S. 58–63; Jarnut, Bonifatius, bes. S. 271, 273–276; Freund, Von den Agilolfingern, S. 45–62; ders., Bonifatius, S. 281 f.
50 Willibald, Vita Sancti Bonifatii c. 6 S. 35 f.; vgl. Freund, Von den Agilolfingern, S. 51; ders., Bonifatius, S. 284 f.
51 Vgl. Freund, Von den Agilolfingern, S. 51, der eine Initiative des Bayernherzogs oder die Einflussnahme Karl Martells ausschließt.
52 Kritisch zum Bericht der Bonifatius-Vita Wood, Kingdoms, S. 305 f.; zuletzt Freund, Bonifatius. Vgl. ferner Jahn, Hausmeier, S. 337 f. Zur Legatenernennung s. Glatthaar, Bonifatius, S. 230.
53 Hier und im Folgenden im Anschluss an Jarnut, Bonifatius.
54 Zu den Planungen für ein bayerisches Erzbistum s. Freund, Von den Agilolfingern, S. 68 (mit weiterer Literatur in Anm. 207). S. dazu auch Noble, Boniface, S. 337, der davon ausgeht, dass Bonifatius nach dem Willen des Papstes nur eine beschränkte Zeit in Bayern bleiben sollte.
55 Von Padberg, Bonifatius, S. 49 f.; Schieffer, Zeit, S. 35. Abweichend von der hier erfolgten Darstellung Staab, Gründung (mit älterer Literatur).
56 Ein weiteres Empfehlungsschreiben an Karl, das durch Gregor III. ausgestellt wurde, ist in Brief Nr. 28 bezeugt; Briefe des heiligen Bonifatius S. 49–52 Nr. 28, hier S. 50.
57 Briefe des heiligen Bonifatius S. 41–43 Nr. 24, hier S. 42. Zu den gemeinsamen Interessen in Sachsen s. Becher, Reise, S. 251 f.; zur Aufforderung Karls an Gregor, in das Gebiet zu reisen, s. Glatthaar, Gregor II., S. 85, 88 f.
58 Zur Geschichte der Langobarden s. Jarnut, Geschichte; Postel, Ursprünge, S. 233–266; Pohl, Völkerwanderung, S. 186–201.
59 Jarnut, Geschichte, S. 66–71; Angenendt, Frühmittelalter, S. 168 f. Zur Auseinandersetzung mit dem Papsttum s. Noble, Republic, S. 23–57; Jarnut, Geschichte, S. 44; Postel, Ursprünge, S. 252.
60 Jarnut, Geschichte, S. 61–66; Postel, Ursprünge, S. 248 f., 259 f.

61 Hierzu und zum Folgenden s. Jarnut, Geschichte, S. 80–97; Postel, Ursprünge, S. 260 f.
62 Codex Carolinus S. 476–479 Nr. 1 und 2. Zu diesen Briefen s. Hack, Codex Carolinus, S. 591 f. und 595 f. sowie unter den im Register Bd. 2 S. 1270 angegebenen Stellen; Becher, Reise, S. 247–250; Jarnut, Adoption, S. 222; Pohl, Papsttum, S. 149. Vgl. auch die Vita Gregors III. c. XIV im Liber pontificalis I S. 420.
63 Continuationes Fredegarii c. 22 S. 178 f. mit dem einschlägigen Zitat S. 179: [...] *eo pacto patrato, ut a partibus imperatoris recederet et Romano consulto praefato principe Carlo sanciret*. Vgl. dazu Becher, Reise, S. 245–247; zu den skizzierten älteren Deutungen s. Hlawitschka, Karl Martell; Classen, Italien, S. 101–104; im Anschluss an letzteren auch Jarnut, Adoption, S. 223 f. Zu den Gesandtschaften und ihrer Gesamtzahl s. Hack, Codex Carolinus, S. 592 f. und 595 f.
64 Continuationes Fredegarii c. 22 mit dem Zitat S. 179.
65 Paulus Diaconus, Historia Langobardorum VI, c. 53 S. 183. S. dazu Jarnut, Adoption; Becher, Reise, S. 244 f.; Kasten, Königssöhne, S. 110 f.; Kaschke, Reichsteilungen, S. 83 f.; Fouracre, Age, S. 158 f.
66 Paulus Diaconus, Historia Langobardorum VI, c. 54 S. 183. Becher, Reise, S. 232; Jarnut, Adoption, S. 222.
67 Jarnut, Adoption, S. 224 f.; Mikoletzky, Karl Martell, S. 142.
68 Capitularia regum Francorum I S. 126–130 Nr. 45, hier S. 129 § 15 und S. 354 f. Nr. 172. Vgl. Jarnut, Adoption, S. 224.

Kapitel 7   Die letzten Jahre Karl Martells: Alleinherrschaft und Erbteilung (737–741)

1 Intensiv damit auseinandergesetzt haben sich Fouracre, Age, S. 155–174, und Becher, Reise, bes. S. 233–245.
2 Zum Dynastiewechsel von 751 s. die Beiträge des gleichnamigen Sammelbandes. Einen Überblick über die Ereignisse der Jahre 751 und 754 gibt Schieffer, Karolinger, S. 58–63; zum Charakter der Salbung s. Semmler, Dynastiewechsel, S. 48–50 (mit dem Zitat S. 50).
3 Vgl. Semmler, Spätmerowingische Herrscher; ders., Per Iussorium; Kölzer, Merowinger. Zur möglichen Herkunft und Entwicklung der Begriffe »rois fainéants« und »Schattenkönig« s. ebd., S. 33 f.
4 Differenziert zu den Kompetenzen der Könige Kölzer, Merowinger, bes. S. 56 zu deren Übernahme durch die Hausmeier; zum Ende der unabhängiger agierenden Könige spätestens mit Chilperich II. s. Wood, Kingdoms, S. 271; vgl. zur Diskussion auch Fouracre, Observations,

S. 8–12. Nach Kaiser, Erbe, S. 37, war der 675 ermordete Childerich II. »der letzte Merowinger, der noch versuchte, selbstständig zu regieren.« Ähnlich Becher, Merowinger, S. 46, der mit der Schwäche von dessen Nachfolger Theuderich »den Niedergang der merowingischen Dynastie« eingeläutet sieht; vgl. auch ebd. S. 49.

5 S. dazu Goetz, Maior domus, S. 18 und S. 22. Zur Aussage des *Breviarium Erchanberti* s. oben S. 246 Anm. 42.
6 Pardessus, Diplomata 2, S. 299 f. Nr. 491, hier S. 300. Vgl. Nonn, Beobachtungen, S. 37 f. mit Anm. 75; Becher, Reise, S. 237.
7 Erchanbert, Breviarium regum Francorum, ed. Pertz, S. 328; ed. Ussermann, S. XLVII. Vgl. dazu Becher, Reise, S. 233–244, mit dem Zitat S. 242; ders., Merowinger, S. 55.
8 Zur Titulatur und zum Wandel der Datierungsformel *anno X regni domni nostri N regis* in *anno X regnante N rege* s. Heidrich, Titulatur, S. 156–158; Nonn, Beobachtungen, S. 37–39; Becher, Reise, S. 234; ders., Merowinger, S. 55. Die letzte Urkunde Karl Martells vom 17. September 741, die zugleich die einzige aus dem Interregnum ist, findet sich gedruckt in Urkunden der Arnulfinger S. 90–92 Nr. 14.
9 Nonn, Maior Domus, S. 112–116; zur *monarchia* s. ebd. S. 108. Ein weiteres Zeugnis für die Anwendung der Titualtur *rex* auf Karl Martell stellt die Passio Sancti Salvii dar; s. Coens, Passion, S. 157 f.
10 Hierzu und zum Folgenden Levison, A propos du calendrier, S. 343; Nonn, Maior Domus, S. 111 f.; Gerchow, Gedenküberlieferung, S. 201, 210; Angenendt, Willibrord als römischer Erzbischof, S. 35; Freise, Grundformen, S. 515, 517; zuletzt Hen, Liturgy, S. 57–59.
11 Continuationes Bedae ad a. 741, S. 574.
12 Zu diesem Unterschied s. Nonn, Beobachtungen, S. 44–46; zu den Titeln Karls in den Fortsetzungen der Fredegar-Chronik ebd. S. 45.
13 Zum Königskatalog s. Ewig, Königskataloge, S. 269–271 (mit dem ebd. zitierten Auszug) und 279 f.
14 Zu den Titeln im Testament Abbos s. Nonn, Maior Domus, S. 108 f.; vgl. ders., Beobachtungen, S. 38, und Becher, Reise, S. 235 f. Zu den vom Papsttum in den beiden Briefen (Codex Carolinus S. 476–479 Nr. 1 und 2) gebrauchten Anredeformen und dem Begriff *subregulus* s. Nonn, Maior Domus, S. 109–111; Becher, Reise, S. 249 f. Mikoletzky, Karl Martell, S. 142, bewertet den *subregulus*-Titel als pejorative Anrede im Sinne von »Unterköniglein«. Zur Verbreitung dieses Titels in der Überlieferung des 7. Jahrhunderts s. Eckhardt, Lex Ribuaria I, S. 58–60; zum *patricius*-Titel ebd. S. 39–84; Hlawitschka, Karl Martell, S. 113. Ferner zu den vom Papsttum verwendeten Titelformen Heidrich, Titulatur, S. 79, 85 f. (zur Bezeichnung als *princeps*), 93, 95–98, 103 (zum *patricius*-Titel und zur Bezeichnung als *excellentissimus*), 100 (zum *sub-*

regulus-Titel); Werner, Principautés, S. 492. Zum *princeps*-Titel s. auch Goetz, Maior domus, S. 16.
15 S. hierzu Ewig, Königskataloge, S. 280.
16 Continuationes Fredegarii c. 10 und 33 S. 174 und 182. Die Annales Mettenses priores ad a. 718, S. 25, nennen zuletzt Chilperich II. Danach findet im Text kein weiterer Merowinger Erwähnung. Zum Schweigen der Quellen s. auch Fouracre, Writing, S. 26.
17 S. dazu die Gesta Vuidonis mit der Datierung des ersten Jahres Childerichs III. auf 738; Chronique des abbés de Fontenelle VII, S. 90; Erchanbert, Breviarium regum Francorum, ed. Pertz, S. 328; ed. Ussermann, S. XLVII.
18 Continuationes Fredegarii c. 23 S. 179.
19 Erchanbert, Breviarium regum Francorum, ed. Pertz, S. 328; ed. Ussermann, S. XLVII; Annales Mettenses priores ad a. 741, S. 31 f.
20 Annales qui dicuntur Einhardi ad a. 741, S. 3.
21 Hierzu und zum Folgenden Schüssler, Reichsteilung, S. 50–58; Kasten, Königssöhne, S. 110–120; Kaschke, Reichsteilungen, S. 81–89. Matthias Becher, Verschleierte Krise, vertritt die These, Karl habe Grifo zu seinem Alleinerben machen wollen (bes. S. 124f., 131), die spätere Teilung von Vieux-Poitiers sei vom Verfasser der Fredegar-Fortsetzungen auf die Teilungspläne Karls vor seinem Tod 741 zurückprojiziert worden (S. 132), um die Kontinuität zwischen Karl Martell und seinen Söhnen Karlmann und Pippin zu betonen. Vgl. auch ders., Merowinger, S. 56. Zu dieser Frage s. auch Nonn, Nachfolge, S. 73; Schieffer, Karolinger, S. 49.
22 Zur Datierung des Teilungsvorhabens s. Kaschke, Reichsteilungen, S. 85; Nonn, Nachfolge, S. 64.
23 S. dazu Haselbach, Aufstieg, S. 31; Becher, Reise, S. 240 mit Anm. 56; Nonn, Nachfolge, S. 65, bescheinigt den Annalen »chronologische Inkompetenz«.
24 Zur späten Einbeziehung der Söhne s. Schieffer, Karl Martell, S. 309; vgl. auch Nonn, Nachfolge, S. 62, der auf den »stark persönlich geprägte[n] Herrschaftsstil Karl Martells« verweist. Heidrich, Titulatur, S. 150, nimmt dagegen anhand der Urkunde für Utrecht vom Jahr 723 eine frühe Beteiligung Karlmanns und Pippins an der Herrschaft des Vaters an. Zum Aquitanienfeldzug des Jahres 735 und der Eidleistung, die in den Annales Mettenses priores ad a. 735, ed. von Simson, S. 28, bezeugt sind, s. Nonn, Nachfolge, S. 63 f. Zur Datierung des Teilungsvollzugs auf 741 s. Kasten, Königssöhne, S. 111 f.; anders Nonn, Nachfolge, S. 65 f.
25 S. die Quellenangabe oben in Anm. 8. Vgl. zum Folgenden Nonn, Nachfolge, S. 68 f.; Kasten, Stepmothers, S. 66. Zu Chrodegang von Metz s. Otto Gerhard Oexle, Art. »Chrodegang«, in: Lexikon des Mittelalters 2 (1983) Sp. 1948–1950.

26 S. dazu die unterschiedliche Lesarten und Deutungen einer Passage in einer Gerichtsurkunde Pippins III. von 753, die Aufschluss über Swanahilds Macht in der Region um Paris geben kann, bei Nonn, Nachfolge, S. 67; Mikoletzky, Karl Martell, S. 146; Becher, Verschleierte Krise, S. 114f.; Jahn, Hausmeier, S. 341f.; Glatthaar, Gregor II., S. 78 Anm. 3; ders., Bonifatius, S. 127–130. S. ferner Kaschke, Reichsteilungen, S. 84–86; Kasten, Königssöhne, S. 114–118; Hartmann, Königin, S. 90, 94.

27 Annales qui dicuntur Einhardi ad a. 741, S. 3; vgl. Nonn, Beobachtungen, S. 66. Vgl. zum Hintergrund Mikoletzky, Karl Martell, S. 146–156; Kasten, Stepmothers, S. 66f.

28 Zur Diskussion um die Minderjährigkeit Grifos s. Becher, Verschleierte Krise, S. 107f.; Kasten, Königssöhne, S. 114; zum Hintergrund s. Offergeld, Reges pueri, S. 303–305.

29 Zum Begriff *principatus* in der Historiographie der frühen Karolingerzeit s. Nonn, Beobachtungen, S. 43–46. Zur Ausdehnung des *principatus* s. die Rekonstruktion bei Rouche, Remarques, S. 10, 13 und die Karte Nr. 3 auf S. 14; Schüssler, Reichsteilung, S. 55–58, 103; Mikoletzky, Karl Martell, S. 146f.; Nonn, Nachfolge, S. 69 und 71; ebd. auch zur Frage des Anteils Grifos am Hausmeieramt. Zum möglichen Rückhalt Swanahilds in der Region um Paris s. oben Anm. 26.

30 Becher, Verschleierte Krise, S. 108. Vgl. Nonn, Nachfolge, S. 69.

31 Annales Mettenses priores ad a. 741, S. 32f.; anders Annales qui dicuntur Einhardi ad a. 741, S. 3. Vgl. Schieffer, Karolinger, S. 51; Nonn, Nachfolge, S. 71; Mikoletzky, Karl Martell, S. 149f.

32 Annales regni Francorum ad a. 742, S. 2 und 4; Annales qui dicuntur Einhardi ad a. 742, S. 3 und 5; Annales Mettenses priores ad a. 742, S. 33. Zu dieser Reichsteilung s. Schüssler, Reichsteilung, bes. S. 59–87; Kaschke, Reichsteilungen, S. 82 und 86; Nonn, Nachfolge, S. 71–73 (mit einer weiteren Deutungsvariante S. 73); Becher, Verschleierte Krise, S. 98, 123f., 132; ders., Merowinger, S. 56; auch Schieffer, Karolinger, S. 52.

33 Kaschke, Reichsteilungen, S. 86.

34 Zur rekonstruierten Grenzziehung und der daran anschließenden Argumentation s. Schüssler, Reichsteilung, S. 59–87 mit der Karte auf S. 60; vgl. Schieffer, Karolinger, S. 52; Nonn, Nachfolge, S. 72.

35 Mikoletzky, Karl Martell, S. 150–155; Schieffer, Karolinger, S. 57f.

36 Zum Jahr 740s. die Annales Petaviani ad a. 740, S. 9 (*sine hoste fuit hic annus*); Annales Nazariani ad a. 740, S. 151 (*sine hostilitate ulla*); Annales Laureshamenses ad a. 740, S. 26 (*sine ulla*); Annales Mosellani ad a. 740, S. 495 (*hostilitas nulla in terra nostra*); vgl. hierzu und zu den *interiora regni sui* auch die Annales Mettenses priores ad a. 740, S. 30. Zur Hinrichtung Widos und dessen Verwandtschaft mit Karl s. Chronique des abbés de

Fontenelle VII, S. 90–93; vgl. Mikoletzky, Karl Martell, S. 138; Wood, Teutsind, S. 41. Zur umstrittenen Datierung Becher, Chronologie, S. 40–42. Vgl. zur Bewertung der letzten Jahre Karl Martells ferner Nonn, Bild, S. 70; anders dagegen Becher, Reise, S. 242–244, der die Zeit nach 737 als nach wie vor kritische Phase für die Herrschaft Karls deutet. Zu den Erkrankungen Karls s. Annales Petaviani ad a. 723, S. 7; Annales Laureshamenses ad a. 723, S. 24; Annales Alamannici ad a. 723, S. 148; Annales Nazariani ad a. 723, S. 149; Continuationes Fredegarii c. 21 und 24 S. 178 f.; vgl. Glatthaar, Bonifatius, S. 125–131.
37 Continuationes Fredegarii c. 24 S. 179; dort auch das Datum 22. Oktober. Die Datierung auf den 15. Oktober ergibt sich aus der Randbemerkung *Carlus regis* zu diesem Tag im Kalender Willibrords; Levison, A propos du calendrier, S. 343. Den 15. Oktober als Todestag überliefern auch die Annales Sancti Amandi ad a. 741, S. 10. Zur Möglichkeit der Erkrankung an Malaria s. Glatthaar, Gregor III., S. 78 Anm. 3; ders., Bonifatius, S. 125 f. Zu den Sonnen- und Mondfinsternissen des Jahres 740 s. die Edition der Continuationes Fredegarii S. 179 Anm. 2; vgl. Glatthaar, Bonifatius, S. 124.
38 S. die Schilderung der Ereignisse in Continuationes Fredegarii c. 26 S. 180; Annales Mettenses priores ad. a. 743, S. 33–35; Annales Sancti Amandi, Continuatio ad a. 743, S. 10; Annales Petavianorum, Continuatio ad a. 744, S. 11; Annales Laureshamenses ad a. 742, S. 26; Annales Alamannici ad a. 742, S. 150; Annales Guelferbytani ad a. 742, S. 151; Annales Nazariani ad a. 742, S. 151. Vgl. auch die oben S. 249 Anm. 78 genannte Literatur. Das Zitat findet sich bei Schieffer, Karolinger, S. 52.
39 Zur Königserhebung s. Schneider, Königswahl, S. 183–186; Schieffer, Karolinger, S. 52; vgl. auch Kölzer, Merowinger, S. 44.
40 Schieffer, Karolinger, S. 59; Becher, Merowinger, S. 64 f.
41 Zum Schweigen der Quellen s. oben S. 176 mit Anm. 16. Vgl. Becher, Merowinger, S. 57.
42 S. hierzu Becher, Merowinger, S. 66–68; Semmler, Dynastiewechsel. Zu den Hintergründen s. Wood, Usurpers, bes. S. 31.

Kapitel 8   Nachleben

1 Vgl. dazu Ewig, Merowinger, S. 190, 205 f.; Kölzer, Merowinger, S. 40.
2 Leistenschneider, Königsgrablege, S. 19 f.; zum Zitat s. Ewig, Teilreiche, S. 180.
3 Leistenschneider, Königsgrablege, S. 24.
4 Zur ähnlichen bildlichen Darstellung in der Weltchronik Hartmann Schedels aus dem Jahr 1493 s. Nonn, Bild Karl Martells in mittelalterlichen Quellen, S. 21.

5 Chronicon Sancti Dionysii recentius ad a. 1264, in: Annales de Saint-Denis S. 282–295, hier S. 293. Zur Umgestaltung von Saint-Denis durch Ludwig IX. s. Leistenschneider, Königsgrablege, S. 24, 31, 49–53; die Bezeichnung als »dynastisches Memorialprogramm« ebd. S. 31 und öfter. Zum *reditus*-Konzept ebd. S. 55; Spiegel, Reditus.
6 Leistenschneider, Königsgrablege, S. 54 mit Anm. 176.
7 Nonn, Bild, S. 111–119; ders., Bild Karl Martells in den mittelalterlichen Quellen.
8 S. hierzu Liber historiae Francorum c. 53 S. 327; Continuationes Fredegarii c. 10–14, 17–21 und 24 S. 174–179.
9 Annales Mettenses priores ad a. 718, 732, 735, 740, 741, S. 25, 27f., 30f.
10 Zu dieser Prophezeiung s. Ewig, Königsgedanken, S. 41.
11 Zum Christusbezug s. Continuationes Fredegarii c. 20 S. 178; zur Bezeichnung der Sarazenen als *gens perfida* s. ebd. c. 13 S. 175.
12 Zu Einhard s. oben S. 119f. mit Anm. 118. Zu den Zahlen s. Nonn, Schlacht II, S. 56f.
13 Ermoldus Nigellus, In honorem Hludowici 4, V. 2156–2163 S. 164; zur Bezeichnung als *Carolus magnus* s. den zweiten Brief an Pippin ebd. S. 219–233, hier S. 219 V. 151. Zu Ermoldus Nigellus' Bild von Karl Martell s. Nonn, Bild, S. 104–106; Dutton, Politics, S. 205; allgemein Wattenbach/Levison/Löwe, Geschichtsquellen 3, S. 329–332.
14 Hugo von Flavigny, Chronicon I, S. 339. Hierzu und zum Folgenden s. Nonn, Bild, S. 125f.; ders., Karl Martell, S. 579–581.
15 Adrevald von Fleury, Miracula Sancti Benedicti c. 14 S. 483; Vita Rigoberti c. 8 S. 59. Vgl. Nonn, Bild, S. 124–137, bes. S. 124 zu den Erstbelegen der Beinamen und S. 130f. zu den möglichen biblischen Bezügen; vgl. dazu auch Herbers, Covadonga, S. 109; Breysig, Jahrbücher, S. 8f. Anm. 3.
16 Zu Karl Martell s. Ingeborg Walter, Art. »Carlo Martello d'Angiò«, in: Dizionario Biografico Italiano 20 (1977) S. 379–382; Hodgkin, Charles Martel, bes. S. 137f. zur Namenswahl; Nonn, Karl Martell, S. 582f., zu Karl und anderen Anjou, die den Beinamen »der Hammer« trugen.
17 Rech, Sage.
18 Hierzu und zum Folgenden Straub, David Aubert, S. 192–212; Naudet, Compilation.
19 S. dazu die Rubriken der Handschrift 6 bei Straub, David Aubert, S. 206–212 ab Nr. 6.46 mit dem Königstitel, S. 206 Nr. 6.42 zum Kampf gegen die Sarazenen vor Laon und Soissons. Zum Treffen mit dem byzantinischen Kaiser ebd. S. 204 Nr. 6.22.
20 Zum »Groupe Charles Martel« s. Fouracre, Writing, S. 12; ders., Age, S. 1. Zum Schlachtschiff »Charles Martel« s. Jean-Michel Roche, Dictionnaire des bâtiments de la Flotte de guerre française de Colbert à nos jours, Bd. 2: 1870–2006, Toulon 2005, S. 129.

Kapitel 9 Resümee

1 Vita Leutfredi c. 17 S. 15 (nach 850 entstanden). Vgl. Goetz, Karl Martell, S. 108.
2 Allgemein zur Thematik Reuter, Plunder.

Stammtafeln

Stammtafel 1   ARNULFINGER, PIPPINIDEN, KAROLINGER

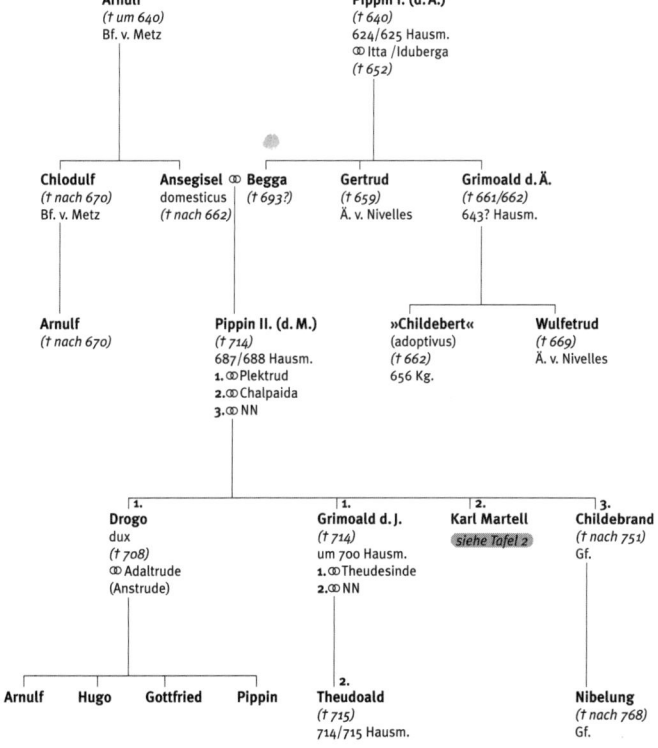

Ausführliche Genealogien siehe auch Rudolf Schieffer, Die Karolinger und Wilfried Hartmann, Karl der Große

Stammtafel 2

VON KARL MARTELL ZU KARL DEM GROSSEN

Karl Martell
(† 741)
vor 720 Hausm.
1.⚭ Chrodtrud
2.⚭ Swanahild
3.⚭ (Ruodhaid?)

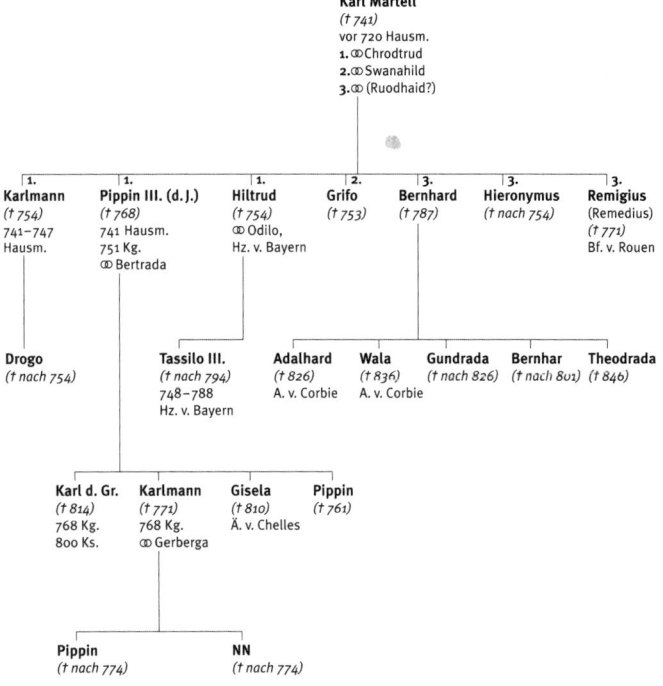

1.	1.	1.	2.	3.	3.	3.
Karlmann *(† 754)* 741–747 Hausm.	**Pippin III. (d.J.)** *(† 768)* 741 Hausm. 751 Kg. ⚭ Bertrada	**Hiltrud** *(† 754)* ⚭ Odilo, Hz. v. Bayern	**Grifo** *(† 753)*	**Bernhard** *(† 787)*	**Hieronymus** *(† nach 754)*	**Remigius** (Remedius) *(† 771)* Bf. v. Rouen

Drogo *(† nach 754)*

Tassilo III. *(† nach 794)* 748–788 Hz. v. Bayern

Adalhard *(† 826)* A. v. Corbie

Wala *(† 836)* A. v. Corbie

Gundrada *(† nach 826)*

Bernhar *(† nach 801)*

Theodrada *(† 846)*

Karl d. Gr. *(† 814)* 768 Kg. 800 Ks.

Karlmann *(† 771)* 768 Kg. ⚭ Gerberga

Gisela *(† 810)* Ä. v. Chelles

Pippin *(† 761)*

Pippin *(† nach 774)*

NN *(† nach 774)*

Stammtafel 3 DIE HERRSCHER DER SPÄTEREN MEROWINGERZEIT

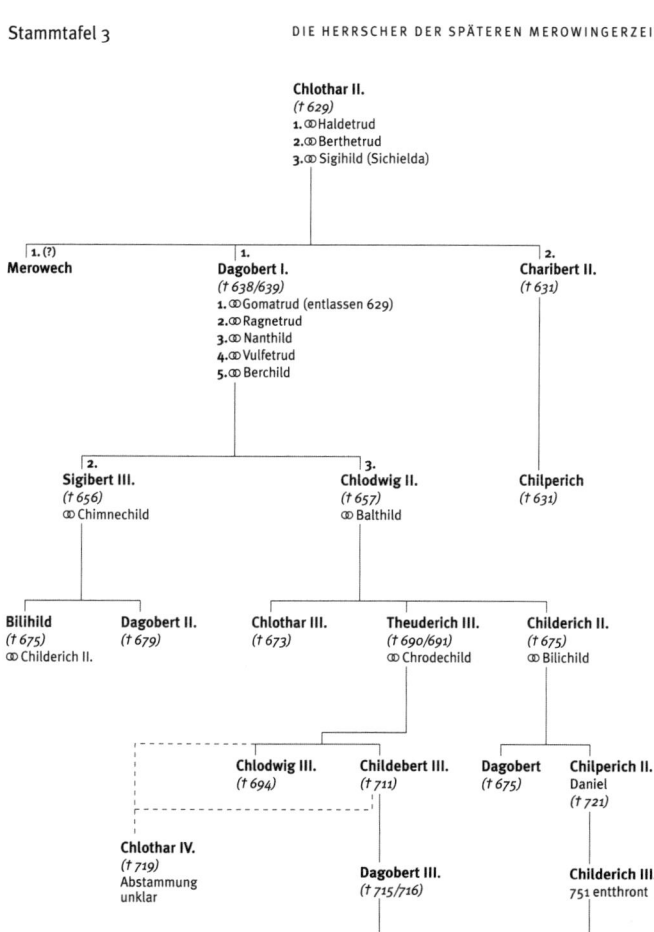

Ausführliche Genealogien siehe auch Eugen Ewig, Die Merowinger und das Frankenreich

Karte

Das Frankenreich

Karte

Personenregister

Aufgeführt sind nur Personen, die im Text mehrfach genannt werden.

A

Abbo, patricius (Provence), Abt von Novalesa 133, 135 f., 146, 174
Abd al-Aziz, Provinzstatthalter von al-Andalus († 716) 115 f.
Abd ar-Rahman, Provinzstatthalter von al-Andalus (720, 730–732) 116–118, 121, 126
Adaltrude (Anstrude), Ehefrau Drogos 37 f.
Adela von Pfalzel (ca. 660-ca. 735) 35, 130
Ado von Vienne (um 800–875) 129, 135
Adrevald von Fleury 191, 194
Ainmar, Bischof von Auxerre († ca. 731) 40, 63, 125 f., 128 f., 142
Aldgisl, dux (Friesen) 65, 71 f., 154
Alkuin (um 730–804) 18, 75 f., 154
Amandus, Bischof von Tongern-Maastricht (648/49, † um 675) 30, 70, 140, 153
Ansbert, Bischof von Rouen († um 695) 38, 138 f.
Ansegisel, domesticus († nach 662) 31, 33 f.
Ansfled, Ehefrau des Waratto 37 f., 64
Antenor, patricius (Provence) 40, 125, 135
Arnulf, Bischof von Metz († um 640) 15, 25–31, 35, 45, 47, 70, 94, 104
Arnulf, dux († vor 726) 45 f., 48, 50, 60, 66, 76, 201

B

Bainus, Abt von Saint-Wandrille, Bischof von Thérouanne (700–709) 38, 141
Balthild († um 680/81) 32, 139
Beda Venerabilis († 735) 17, 80, 119
Begga, Ehefrau Ansegisels († 693?) 31, 33 f.
Benignus, Abt von Saint-Wandrille (709/10–724) 56, 60, 63 f., 144

Berchar, Hausmeier (686–688/89) 36 f.
Bonifatius (672/75–754) 18, 75 f., 79, 84, 102, 109, 143 f., 148 f., 151 f., 155–160, 168, 191
Brunichilde († 613) 23, 26
Bubo (Poppo), dux (Friesen) 78 f.
Burckhardt, Jacob 11, 120

C
Celestinus, Abt von St. Peter in Gent 58, 60, 142
Chalpaida, Frau Pippins II. 43, 48, 52, 55, 142
Childebert III. (694–711) 37, 39, 86, 96, 106, 188
Childebertus adoptivus (656–662) 31 f., 35
Childebrand, Halbbruder Karl Martells († nach 751) 14, 47, 130–133, 136, 180, 192, 201
Childerich II. (662–675) 32–34, 37, 51, 111
Childerich III. (743–751) 167, 170, 176, 186 f., 204
Chilperich II. (716–721) 51, 53, 57–63, 65, 74, 81, 108, 112–114, 117, 125, 142, 169 f., 188, 199
Chlodulf, Bischof von Metz (654/55, † nach 670) 30 f., 35
Chlodwig I. (482–511) 22, 44, 85, 111, 152
Chlodwig II. (638/39–657) 32, 188 f.
Chlothar I. (511–561) 22, 26, 94, 123, 188
Chlothar II. (584–629) 25–29
Chlothar III. (657–673) 32 f.
Chlothar IV. (718–719) 61, 65, 169
Chrodegang, Bischof von Metz († 766) 52, 180
Chrodoald, Agilolfinger († 624/25) 28, 94
Chrodobert, dux (Haspengau), Verwalter des Bistums Sées 40, 59, 127
Chrodtrud, Ehefrau Karl Martells († 725) 47, 52, 99, 165
Chucus s. Hugo, Hausmeier
Columban († 615) 140, 153

D
Dagobert I. (623–638/39) 28–30, 70, 72, 104 f., 111, 139 f., 153, 188 f.
Dagobert III. (711–715/16) 46 f., 50 f., 61
Daniel s. Chilperich II.
Dionysius, heiliger 188, 190
Drogo, dux, Sohn Pippins II. († 708) 37–39, 41, 44 f., 47 f., 60, 63 f., 112, 144, 179, 201

E

Ebroin, Hausmeier (658/60−680/81) 32f., 36f., 71
Einhard (um 770−840) 16, 119f., 193
Emmeram (2. Hälfte 7. Jh.) 96, 98, 153
Erchanbert 16, 86
Ermino, Abt von Lobbes 17, 54f.
Eucherius, Bischof von Orléans (718/19−738) 17, 40, 63, 118, 126−129, 142, 147−150, 189
Eudo, dux (Aquitanien) († 735) 62f., 69, 81, 101, 110, 112−118, 120−122, 126−128, 199
Ewalde, Missionare († um 693/95) 80f.
Ewig, Eugen 27, 41, 48, 124, 189

F

Fouracre, Paul 11, 39

G

Gertrud, Tochter Pippins I. († 659) 105, 141
Gotfrid, dux (Alemannien) († 709) 85−87, 90, 101, 106, 169
Gozbert, dux (Mainfranken-Thüringen) 105−107
Gregor, Abt und Verwalter des Bistums Utrecht (707/08−774) 56, 130
Gregor II., Papst (715−731) 108f., 115, 156, 160, 162f., 203
Gregor III., Papst (731−741) 18, 102, 156−158, 160, 162−165, 174, 203
Grifo, Sohn Karl Martells (ca. 726−753) 12, 38, 47, 103, 166, 177f., 180−184, 198
Grimoald, dux (Bayern) († ca. 725/28) 98−101, 157, 165
Grimoald der Ältere, Hausmeier, Sohn Pippins I. († 661/62) 30−32, 34f., 43, 105, 140f., 175
Grimoald der Jüngere, Hausmeier, Sohn Pippins II. († 714) 37, 39, 41, 44−50, 55, 73, 75, 175, 179, 201
Gripo, Bischof von Rouen 38, 138
Gunthram I. (561−592) 22, 123
Guntrud, Tochter Theodeberts und Regintruds 95, 98f., 165

H

Heden II., dux (Mainfranken-Thüringen) (nach 689-ca. 719) 56f., 60, 105−109
Hermann von Reichenau (der Lahme) (1013−1054) 91f.
Hildeprand, Neffe des Langobardenkönigs Liutprand 163, 165

Hiltrud, Tochter Karl Martells († 754) 102 f.
Hinkmar, Erzbischof von Reims (845–882) 149, 189, 191
Hubert, Bischof von Tongern-Maastricht (705/06–727) 55 f.
Hugbert, dux (Bayern) (ca. 728-ca. 736) 89, 95, 99–101, 157 f., 165
Hugo, Bischof von Rouen, Paris, Bayeux, Lisieux und Avranches, Abt von Jumièges, Saint-Wandrille, La Croix-Saint-Leufroy und Saint-Denis († 731) 38, 60, 63–66, 144 f., 191, 201
Hugo von Flavigny (1065-um 1114) 191, 194
Hunoald, dux (Aquitanien) (735–745) 101, 122, 179, 183

I

Irmina von Oeren 35, 52, 95, 100, 141, 155
Itta (Iduberga), Ehefrau Pippins I. († 652) 30, 32, 140

J

Josua 132, 192

K

Karl der Große, König und Kaiser (768–814) 9 f., 15, 18, 29, 75, 84, 109, 120, 154, 164, 166, 168, 173, 187, 189, 192 f., 195
Karlmann, Hausmeier, Sohn Karl Martells (706/08–754) 12, 43, 47, 84, 93, 99, 103, 107, 110, 122, 151, 160, 166 f., 170–172, 175–187, 201, 203–205
Karlmann, König, Sohn Pippins III. (751–771, König 768–771) 168, 187
Kilian, heiliger († um 689) 106 f., 109
Korbinian, heiliger († um 728/30) 96, 153
Kunibert, Bischof von Köln († 663?) 29 f., 43, 70

L

Lambert, Bischof von Tongern-Maastricht (670–675, 682–705) 32, 34, 46, 52, 55 f.
Lantfrid, dux (Alemannien) († 730) 87–92, 101
Lantpert, Sohn Theodos 98 f.
Leon III., byzantinischer Kaiser (717–741) 162, 164
Liutprand, König der Langobarden (712–744) 17, 97–99, 133, 161–166, 174 f., 202 f.
Liutwin, Bischof von Trier und Reims († 722/23) 56, 59, 142
Ludwig der Fromme, Kaiser (814–840) 29, 149, 166, 193
Ludwig IX., französischer König (1226–1270) 189, 194 f.

Lupus, dux und princeps (Aquitanien) 111 f., 114

M
Maurontus, dux (Provence) 131–134
Milo, Bischof von Trier und Reims († 761/62) 56, 59, 142–144

O
Odilo, dux (Bayern) († 748) 100–103, 158, 185

P
Pardulf, heiliger 17, 116, 118
Paulus Diaconus (ca. 725-ca. 799) 17, 166
Petrus, Apostel 162–164
Pilitrud, Tante Swanahilds 99 f.
Pippin I. (der Ältere), Hausmeier († 640) 25–31, 43, 94, 141
Pippin II. (der Mittlere), Hausmeier († 714) 9–11, 14–16, 31, 33–50, 54 f., 57, 59, 72–75, 77, 80–82, 86 f., 95–98, 106, 110, 112, 125, 138 f., 141 f., 154 f., 169, 175, 179–181, 188, 204 f.
Pippin III. (der Jüngere), Hausmeier und König († 768) 10, 12, 15, 47, 52, 54 f., 76 f., 79, 84, 93, 99, 103, 122, 136, 148, 165–167, 170–187, 193, 201, 203–205
Pirmin, Abt des Reichenaukloster († gegen 755) 90–92, 156, 168 f., 203
Plektrud, Ehefrau Pippins II. 35, 37, 39, 44–56, 59, 64, 73 f., 76 f., 81, 95, 100, 130, 141, 154 f., 175, 179, 199, 201
Poppo s. Bubo

R
Radbod, dux (Friesen) († 719) 40, 51, 53–55, 65, 69, 72–78, 81, 154–156, 199
Radulf, dux (Thüringen) 104–106
Raganfred, Hausmeier († 731) 51, 53, 56–64, 74, 82, 108, 112 f., 117, 125, 142, 144, 199
Regintrud, Tochter des Pfalzgrafen Hugbert und Irminas von Oeren 95, 100
Rigobert, Bischof von Reims († vor 743) 43 f., 48, 57–59, 64, 108, 139, 142
Rupert, Bischof von Salzburg († nach 716) 96 f., 153

S
Salvius, heiliger 18, 150

Savarich, Bischof von Orléans († 718/19) 40, 125 f.
Schieffer, Rudolf 34, 141, 185
Semmler, Josef 50, 168
Sergius I., Papst (687–701) 73, 154
Sigibald, Bischof von Metz und Laon (ca. 716–740/41) 60, 144
Sigibert III. (638/39–656) 29–31, 70, 104 f.
Stephan II., Papst (752–757) 155, 167 f.
Swanahild, Ehefrau Karl Martells († nach 750) 47, 99–103, 165, 178, 180–183

T

Tassilo II. dux (Bayern) 98 f.
Tassilo III., dux (Bayern) (748–788, † nach 794) 102 f., 109
Theodebert, dux (Bayern) († vor 720) 95, 97–99
Theodo, dux (Bayern) (vor 696–717/18) 95–99, 101 f., 158, 161, 165
Theodoalt, dux (Bayern) († vor 725) 98 f.
Theudebald, dux (Alemannien) († 746?) 87 f., 91–93, 101, 185
Theudebert II. (596–612) 25, 28
Theuderich II. (596–612/13) 25 f.
Theuderich III. (673/75–690/91) 33, 36 f., 112
Theuderich IV. (721–737) 66, 90 f., 135, 167–174, 176–178, 184
Theudoald, Hausmeier († 715) 46–48, 50, 73–76, 181, 201

W

Wando, Abt von Saint-Wandrille (716–719) 63 f.
Waratto, Hausmeier († 686) 36, 64
Wilfrid, Bischof von York (634–709) 71, 73, 154
Willibald (um 700–787) 18, 109, 157 f.
Willibrord (um 657/58–739) 18, 49, 53 f., 56, 73, 75–78, 106–108, 141, 152, 154 f., 172, 199, 203
Willicarius, Bischof von Vienne 129, 135, 142
Winfrid s. Bonifatius
Wulfetrude, Tochter Grimoalds († 669) 32, 34 f., 140

Y

Yusuf ibn Abd ar-Rahman al-Fihri, Provinzstatthalter von al-Andalus (746–756) 131 f.

Z

Zacharias, Papst (741–752) 143, 186

Rudolf Schieffer
Die Karolinger

*4., überarb. u. erw. Auflage 2006
266 Seiten, 6 Stammtafeln. Kart.
€ 17,–
ISBN 978-3-17-019099-3*

Urban-Taschenbücher, Band 411

Wilfried Hartmann
Karl der Große

*2010. 333 Seiten, 10 Abb.,
2 Tab., 2 Karten. Kart. € 19,90
ISBN 978-3-17-018068-0*

Urban-Taschenbücher, Band 643

Ulrich Nonn
Die Franken

*2010. 180 Seiten. Kart. € 18,80
ISBN 978-3-17-017814-4*

Urban-Taschenbücher, Band 579

W. Kohlhammer GmbH · 70549 Stuttgart
Tel. 0711/7863 - 7280 · Fax 0711/7863 - 8430 · www.kohlhammer.de

Eugen Ewig
Die Merowinger und das Frankenreich

5., aktual. Auflage 2006
274 Seiten, 2 Karten. Kart. € 18,–
ISBN 978-3-17-019473-1

Urban-Taschenbücher, Band 392

Martina Hartmann
Die Königin im frühen Mittelalter

2009. XXIV, 246 Seiten,
13 Stammtafeln. Kart. € 27,–
ISBN 978-3-17-018473-2

Hans-Henning Kortüm
Kriege und Krieger
500–1500

2011. 290 Seiten, 12 Abb. Kart.
€ 27,–
ISBN 978-3-17-021416-3

Urban Akademie

W. Kohlhammer GmbH · 70549 Stuttgart
Tel. 0711/7863 - 7280 · Fax 0711/7863 - 8430 · www.kohlhammer.de